ナイチンゲール

「空気感染」対策の母

向野賢治

藤原書店

はじめに

二〇一九年一二月に中国武漢で発生した新型コロナウイルス感染症は、またたく間に世界に拡散し、多くの人を苦しめて来た。この国難ともいえる大変な時期に、ナイチンゲールの思想と人生について著書を出版できることに、私は少しだけ運命的なものを感じている。というのも、このコロナを解決する道がナイチンゲールの言葉の中にあると思うからだ。

どういうことかと言うと、それはナイチンゲールが教える感染対策の中にある。一言で言えば、換気の重要性である。なんだと思われたかもしれない。すでに、至る所で換気策はとられているではないかと。

ちょっと待っていただきたい。本当にナイチンゲールが教えた正しい換気策がとられているかといえば、けしてそうではない。しかも、ナイチンゲールの感染対策の思想自体が良く理解されていないと私は思う。

換気は空気感染対策の基本である。コロナは当初「感染経路は接触感染と飛沫感染の二つであり、空気感染はない」とされた。しかしその後「コロナはエアロゾル感染の可能性があり、換気が必要」と改められた。コロナが空気感染するという事実は日に日に明らかになってきている[1〜3]。

ナイチンゲールは生涯、空気による感染伝播を重視し、換気の重要性を説いた。彼女の代表作『看護覚え書』の中で「看護の第一原則は屋内の空気を屋外の空気と同じくらい清浄に保つことである」と述べている。[4] この言葉は「看護とは空気感染対策である」とさえ聞こえそうだ。さらに「清浄な空気は必須だが、患者を寒がらせないように室温も保証されねばならない」「看護師は立ち止まったとき、顔に空気の静かな流れを感じないならば、空気の清浄度についてけして満足してはならない」など、コロナ感染対策にとっても重要な換気の原則を記している。驚くべきことではないだろうか？

私は「換気を第一原則とするナイチンゲールの感染対策の思想」こそが世界をコロナ禍から救うと信じている。

それでは、皆さんも私と一緒にナイチンゲールの〝思想と人生〟を巡る長い旅に出発しよう。そしてナイチンゲールの真実の心に触れることができたならば、それはあなたのこれからの人生にとっても大きな糧となることだろう。

はじめに　参考文献

（1）Morawska L, Milton DK: It Is Time to Address Airborne Transmission of Coronavirus Disease 2019 (COVID-19). cid 2020:71, 2311-13, 2020.

（2）CDC: How COVID-19 Spreads, Updated Oct. 28, 2020. https://www.cdc.gov/coronavirus/2019-ncov/prevent-getting-sick/how-covid-spreads.html

（3）西村秀一：『新型コロナ「正しく恐れる」』藤原書店、二〇二〇年。

（4）薄井坦子ほか訳：『ナイチンゲール著作集』第1巻、現代社、一九九四年。

ナイチンゲール――「空気感染」対策の母　目次

第5章　ジョン・スノウ――もうひとりの感染対策の先駆者　129

本文イラスト　向野百絵

ナイチンゲール

「空気感染」対策の母

地図①　ナイチンゲール関連イギリス地図

ロンドンを基点とすると、リー・ハーストまで 200km、エンブリー 112km、オックスフォード 80km、エジンバラ 532km、バルモラル城 646km。

地図②　クリミア戦争関連地図

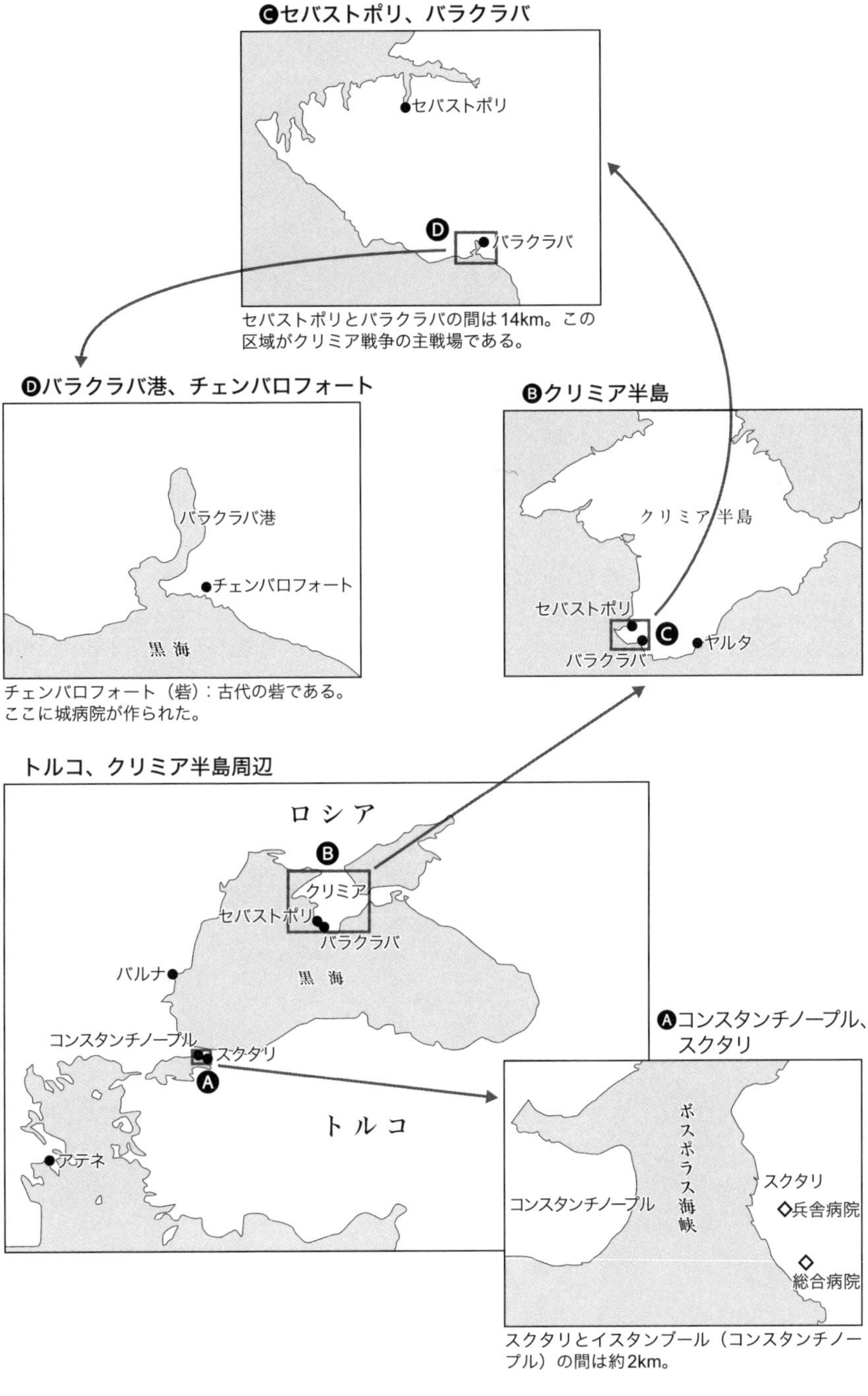

セバストポリとバラクラバの間は14km。この区域がクリミア戦争の主戦場である。

チェンバロフォート（砦）：古代の砦である。ここに城病院が作られた。

スクタリとイスタンブール（コンスタンチノープル）の間は約2km。

凡例

一　参考文献は（1）（2）…で示し各章末に示した。
一　注は▼1、▼2…で示し、当該ページの下段に置いた。
一　引用中の筆者による補足は〔　〕で示した。
一　ナイチンゲールの著作の引用は、既訳を参考にしつつ、本書の文脈に合わせて筆者が訳した。
一　ナイチンゲール自身の言葉の引用は楷書体で示した。

序章　ナイチンゲールの生涯

本書はテーマ別にナイチンゲールの人生を記載しており、ある程度の彼女の人生の時系列を理解していないと読んでいて混乱されるかもしれない。そこで、ナイチンゲールの人生と主な出来事、それと本書で記載された章を示したいと思う。

1　看護師になるまで

フロレンス・ナイチンゲール（一八二〇―一九一〇）は、両親（父ウィリアムと母フランシス）のヨーロッパ新婚旅行中、イタリアのフロレンス（フィレンツェ）で生まれたので、そう名付けられた。ちなみに姉のパーセノープ（パース）の名も、ナポリの旧名パルテノペからとられている。

父方のナイチンゲール家はもともとイギリス・ダービーシャー州の出である。先祖のピーター・ナイチンゲール（一七三七―一八〇三）は織物工業で財を成し、州知事、地方貴族となった。イギリス産業革命の立役者の一人である。亡くなった時、男子がいなかったので、ピーターの妹の孫にあたるウィリアム（フロレンスの父）がナイチンゲール家の莫大な財産を相続することになった。フロレンスの母のフランシス（ファニー）もロンドンの富豪スミス家の出であった（↓第1章「ナイチンゲールの家系」）。また、ナイチンゲール家・スミス家はともにユニタリアン（非国教徒の一つ）に属していた（↓第1章）。

ナイチンゲール家はダービーシャー州のリー・ハーストに邸宅があったが、冬はより温暖なハンプシャー州のエンブリーの別荘で過ごした。リー・ハーストの近くにはホロウェイ村、エンブリーの近くにはウェロウ村があり、フロレンスは母らと時々訪れては貧しい人の世話をしていた。

フロレンスが一六歳のころ、ナイチンゲール一家はリー・ハーストの邸宅の改築中にヨーロッパ旅行に出かけることになった。その出発準備中に、フロレンスは「私に従いなさい」という神の声を聞く。ヨーロッパ旅行中には、ジュネーブでは経済学者のシスモンディと出会い、その弟子となった（↓第3章「ユニタリアン派の人々に支えられて」）。また、パリでは社交界の著名人メアリー・クラーク（クラーキー）と出会い、彼女はフロレンスの生涯の友となった。

父ウィリアムは、パースとフロレンスに語学、音楽、科学などの様々な教育を施したが、フロレンスは二〇歳頃になると、とりわけ数学が好きになり、のめり込んでいった。メイ叔母（父ウィリアムの妹）と一緒に勉強をしたり、優秀な家庭教師に学ぶこともあった（↓第6章「理系女子ナイチンゲール」）。

しかし、この頃フロレンスは自分の進路について悩み始めていた。母は、早く結婚して立派な貴婦人となり、イギリスの社交界で活躍してくれることを願っていたが、フロレンスは裕福な人たちの世界をだんだん忌避するようになっていった。そして、神の声に従うには、看護の道に進む以外にないと考えるようになっていた。母や姉とは考え方や生き方が大きく異なることが明らかとなり、フロレンスはますます苦しむようになった。姉のパースは性格も考え方も母と瓜二つであり、二人してフロレンスの行動にことごとく反対した。

二〇代に入っても、フロレンスは自分の進むべき道がわからずに悶々とした日々が続いていたが、徐々に光もさしてきた。

フロレンスは知人のアシュリー卿（第6章一七三頁参照）の勧めにより公衆衛生や病院関係の資料

を取り寄せて、独自に勉強するようになった。また、プロシア大使ブンゼン男爵の知遇を得、彼からドイツのライン河畔にあるカイザースヴェルト学園で看護師の訓練が行われているとの示唆を受けた。同じ頃、詩人で政治家のモンクトン・ミルンズと出会い、婚約するかと思われたが、看護の道へ進むため、のちにミルンズの求婚を断っている。

看護の道に進もうとするフロレンスの背中をさらに強く押してくれたのは、エンブリーを訪れた慈善家のハウ博士であった（↓第3章）。

その後、クラーキーを通じて旅行家ブレースブリッジ夫妻と知り合った。夫妻とのローマ旅行中に運命的に出会ったのが、シドニー・ハーバート夫妻である。シドニー・ハーバートはクリミア戦争中、戦時大臣であり、フロレンスをクリミアに導く人物である。

一八五〇年、三〇歳になった時、フロレンスはブレースブリッジ夫妻のエジプト旅行に同行していたが、その帰途、母には無断でドイツのカイザースヴェルト学園を急遽訪問し、質素に看護に従事する人々に感銘を受けた。翌年も訪問し、三週間滞在して看護師としての訓練を受けた。

三年ののち、シドニー・ハーバート夫人の推薦を受けて、ロンドンのハーレー街にある小さな病院の看護監督に就職することが決まった。母と姉の激しい反対を受けたが、ようやく看護師として一歩を踏み出すことになったのである。フロレンスはここで看護管理者 superintendent（看護責任者のみならず施設の経営者でもある）としての才能を遺憾なく発揮する。

2　クリミア戦争での看護管理者としての活躍

そんな中、翌一八五四年三月、クリミア戦争が勃発し、ついにフロレンスの運命の鐘が遠くで鳴り始めた。

同年九月、ロンドンのブロード街でコレラの大流行が起こり、数百人が死亡した。フロレンスは近くのミドルセックス病院にコレラ患者の看護に加わった。一方、近くで開業していた麻酔科医ジョン・スノウも仕事が終わった後に、患者宅を訪問して、感染経路の究明に専念した。感染対策の歴史的人物二人がすぐ近くにいたのである（→第5章「ジョン・スノウ」）。

同年一〇月、クリミアやスクタリでのイギリス軍の悲惨な医療状況が新聞で報道されるや、「英軍兵士を助ける看護師はいないのか」とイギリスの世論は沸騰した。戦時大臣となっていたハーバートは、フロレンスに白羽の矢を立て、看護団を早急に編成して、クリミアに救援に向かうよう要請した。フロレンスはこの派遣要請にすぐに答えた（→第7章「スクタリで何があったのか」）。

三八名からなるナイチンゲール看護団が編成され、一〇月二一日クリミアに向けてロンドンを出発した。看護団はフランスを経由してマルセイユを出港し、一一月五日にコンスタンチノープル（現イスタンブール）対岸の街スクタリの兵舎病院に到着した。

兵舎病院には、新聞に記載されていた通り、医療設備も医療物資もなかった。下水設備も壊れており、病院は不潔の巣であった。クリミアから送られてきた兵士の多くが兵舎病院内で院内感染を起こしており、多数の兵士が戦傷よりも感染症が原因で死亡していた。フロレンスは傷病兵を助けるべく仕事を始めようとするが、すでにいた軍医・事務官ら保守勢力の反発にあい、いきなり苦境に立たされる。しかし、クリミアから送られてくる傷病兵が増加の一途をたどる一方、医療物資を運ぶ船が難破沈没したりして、軍医らもパニックに陥り、ナイチンゲール看護団に頼らざるを得ない状況となった。フロレンスは準備してきた資金を基に、様々な医療物資をコンスタンチノープルから買い入れたり、ボイラーを設置してリネン類の洗浄消毒に努め、病院環境を清潔にすべく孤軍奮闘した。さらに英国政府がフロレンスを助けるべく衛生委員会を派遣して、下水設備なども改善したことにより、病院内の感染は激減し、兵士の死亡も激減した（↓第7章）。

翌年五月、兵舎病院の院内感染を鎮静化させたフロレンスは、クリミア半島に向かった。ところが、バラクラバの英軍基地に到着した途端、感染症に罹患し、倒れてしまった。高熱と意識障害は二週間続いた。これは一種の風土病であるブルセラ症と考えられている（↓第2章「ナイチンゲールの病気は何だったのか」）。

その後、フロレンスは離床して活動を始めたが、体調はなかなか回復しなかった。同年九月には、メイ叔母がフロレンスに付き添うため、スクタリにやってきた。

一八五六年にクリミア戦争が終息すると、フロレンスはメイ叔母とひっそりと帰国し、リー・ハーストに着いたが、以前の潑溂としたフロレンスにはなかなか戻れなかった。ブルセラ症の症状は慢性化してフロレンスの体を痛めつけ、さらにクリミアで多くの若い兵士を死なせてしまったことが、彼女の心をひどく傷つけていたのだ。しかし、フロレンスは負けなかった。

3　衛生改革の道へ

帰国の一か月後、フロレンスはビクトリア女王夫妻から招待を受け、スコットランドのバルモラル城で謁見することになった。フロレンスはクリミアの体験を報告するとともに、陸軍病院の様々な欠陥と制度上の問題点を指摘し、衛生改革の必要性を訴えた。夫妻は深く共感して、フロレンスの唱える改革への支持を表明し、「英軍の衛生状態を改善するための王立委員会」設立の許可を与えた。帰国後のフロレンスの衛生改革への戦いがここに始まったのである。自身の病気による死への恐怖と闘いながら、フロレンスは前へと進んだ（↓第2章）。

その後もフロレンスの病状は悪化してゆき、ほとんど寝たきり状態となったが、統計学者ウィリアム・ファーらと共に一千ページにも及ぶ『英陸軍の死亡率』の報告書を完成させた。この報告書にはフロレンスの数学的・統計的才能が発揮されており、死亡率を比較した様々な図表が示された（↓第6章）。さらに、この報告書を基に、翌年（一八五九年）フロレンスは『病院覚え書』『看護覚え書』の二冊の記念碑的著作を書き上げて出版した。かねてよりフロレンスを新聞紙上で支援していた友人のジャーナリスト（全国紙『デイリーニューズ』主筆）ハリエット・マーティノはこの著作を激賞し、『看護覚え書』はベストセラーとなった（↓第3章）。これらの書は、今なお看護の基本書籍であり、ナイチンゲールの看護の方法が説かれているとともに、基本的な感染対策の原理が記されている。彼女は何よりも空気感染対策を最優先していたのである（↓第4章「ナイチンゲールの感染対策の先進性」）。

四〇歳になった時、ロンドンに「ナイチンゲール看護学校」が開校した。フロレンスの看護の方法を広く普及していくための場が生まれたのだ。この頃、オックスフォード大学教授ベンジャミン・ジョウェットと親友となった。彼はフロレンス晩年の大切な話し相手となる。

その後、リバプールの政治家ウィリアム・ラスボーンの依頼を受けて、リバプールに看護学校を設立した（↓第3章）。リバプールの救貧院病院に愛弟子のアグネス・ジョーンズを看護監督として派遣したが、腸チフスに罹患し死亡するという、不幸な事件があった。フロレンスは追悼文の中で「看護の仕事に従事している人ほど幸せな人はこの世にいない。それは神の仕事であるから」と述べた。その後もフロレンスのベッド上での活動は続き、インドの衛生改革にも尽力した。インド問題に関しては『インド駐在陸軍の衛生』（一八六三年）、『インドにおける生と死』（一八七四年）などの著作があり、生涯に渡って政府のアドバイザーとなった。

四五歳の時にロンドンのサウス街に居を定め、終の棲家とした。ここを拠点として、フロレンスは看護・衛生問題に関する相談、助言、執筆活動を生涯続けた。

その後も、リバプールでの看護活動に関連して『救貧院の看護に関する意見書』（一八六五年）を発表し、さらに『貧民覚え書』（一八六九年）、『産院覚え書』（一八七一年）、『貧しい病人のための看護』（一八七六年）を執筆した。

一八七四年には、ラスボーンの要請を受け、ロンドンの地域看護の実現に協力した。一八八〇年には、多くの地域看護を実践している看護師に面接し、この問題にも深くかかわった。その後も執筆を続け、フロレンスの看護思想のエッセンスを集めた『看護師の訓練と病人の看護』（一八八二年）、『病人の看護と健康を守る看護』（一八九三年）を発表している。

一八八〇年を過ぎると、長年不仲であった母や姉とようやく仲直りすることができた。そして、健康も回復してゆき、付き添いがあれば歩行できるまでになった。一八八二年には、はじめてナイチンゲール看護学校を訪問している。

そこで育った看護学生や看護師たちに宛てた手紙が多数残されている。その中で、看護の方法だけでなく、看護師の初心を失わないことや、看護師として人格を磨いていくことをこんこんと説いている。フロレンスは生涯に渡って、看護師の精神的な教育を忘れない人であった。

フロレンス・ナイチンゲールは一九一〇年に九〇歳で亡くなったが、その人生は伝説（レジェンド）として輝いている。そしてその輝きは、この現代においても変わることがない。いや、混迷する現代であるからこそ、より強く輝いているように私には思える。

さて、読者の皆様はナイチンゲールのおおまかな人生の流れを把握されただろうか？

では、本文に入っていこう。

第Ⅰ部——家族、病気、宗教

第1章　ナイチンゲールの家系

1 母方

フロレンス・ナイチンゲールはイギリスの上流階級に生まれた。このことはよく知られている。彼女の伝記を読めば、彼女の両親は父方、母方ともに大富豪の出であると同時に人道主義者の家系であったことが分かる。

しかし、さらにその詳細を調べれば調べるほど、広大で奥深い未知の世界に引きずり込まれて、興味が尽きることがない。そして、最後は輝かしい英国の歴史が見えてくる。

近代看護の創設者ナイチンゲールの出自、背景を知ることは、ナイチンゲールの言葉をより深く理解する術ともなり、われわれ医療者にとっても大変有益であると思う。

まず、母方のナイチンゲール家について見てみよう。

この節では、ナイチンゲールの母方の家系にあたるスミス家について記したいと思う。

サムエル・スミス

フロレンス・ナイチンゲールの母方スミス家は、イングランドの南に位置するワイト島の出身である（巻頭地図①）。

スミス家の興隆はフロレンスの曾祖父サムエル・スミス（一七二八―九八）に始まる（図1―1）。サムエル・スミスは、ロンドンで食料品卸売会社「シュガーローフ▼1」の創立者の一人となる。[1] シュガーローフは砂糖、紅茶、香辛料の輸入販売で成功し、西インド諸島やアメリカ南部州の土地を買収し、財を成した。一七五七年までに会社は七万ポンドの価値を持ち、創立者たちの年俸は四〇〇〇ポンド（現在の六〇〇〇万

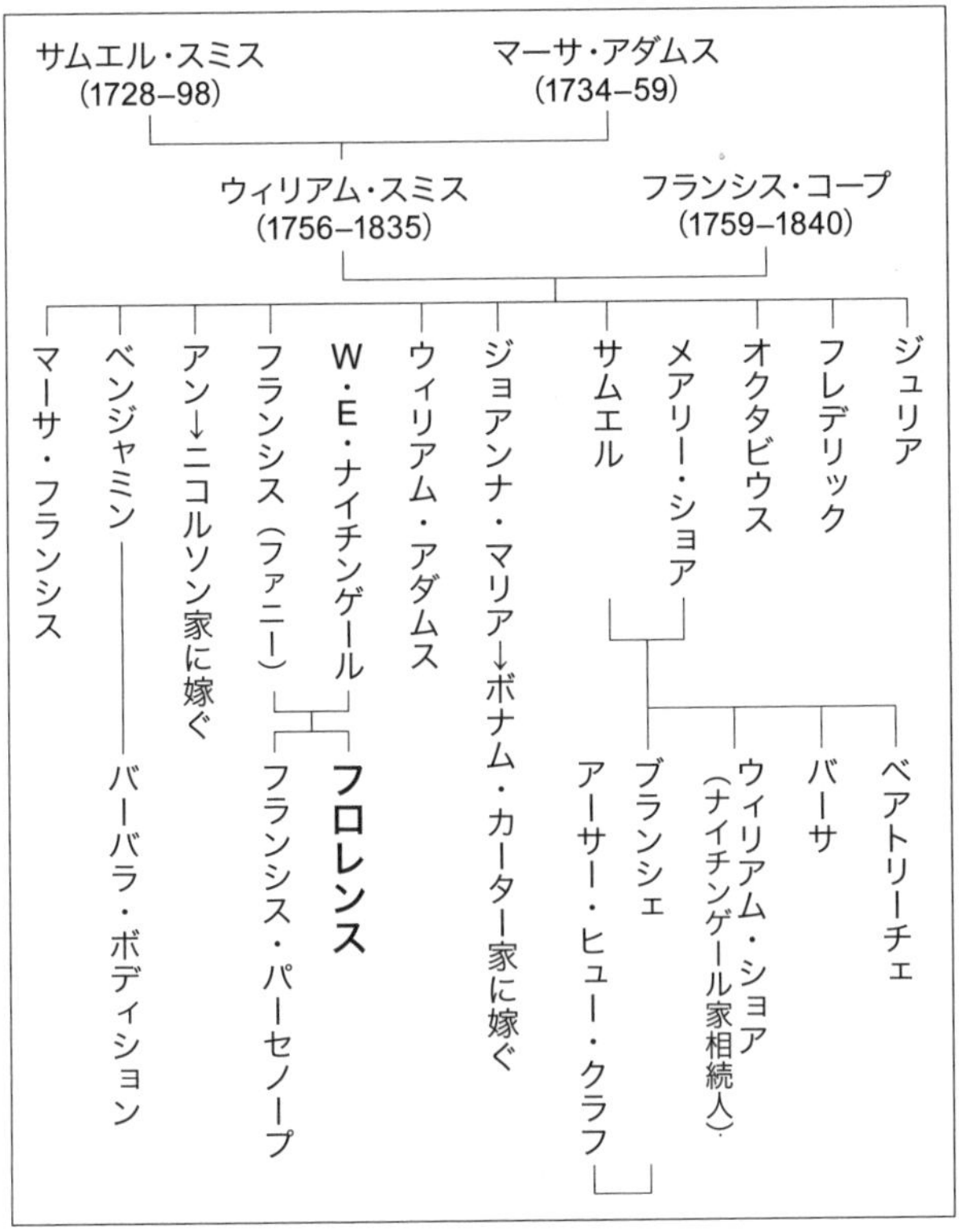

図 1–1　スミス家系図

▼1　シュガーローフ（sugerloaf）とは左図のような円錐形の砂糖の大きな塊のことである。一九世紀まではカリブ海やブラジルから輸入された砂糖を精製し、このような形にして販売していた。

円に相当）であった。

サムエルはマーサ・アダムス（一七三四―五九）と結婚し、三人の子どもが生まれた。マーサは裕福な非国教徒の出身であり、彼女の結婚持参金は六〇〇〇ポンドであった。彼女は三番目の子を産んだのちに、二五歳で亡くなる。同じころ幼い娘も水疸で亡くなってしまう。三人の中で生き残ったのは、ウィリアムだけだった。

サムエルについては、ナイチンゲール伝にこう記載されている(2)。

彼女〔ナイチンゲールの母フランシス〕は名だたる名門の出であった。彼女の祖父サムエル・スミスは広く知られた人物で、ロンドン商人として蓄えられた豊かな財産と人道主義的な行動で有名であった。彼はハノーヴァー朝の強力な支持者であったにもかかわらず、フローラ・マクドナルドが無一文でロンドン塔▼2の囚人となったとき、彼女を支援した。独立戦争のときには、アメリカの植民者たちの自由のための闘争への同情を示すために、サバナ市の大部分を占める自分の土地の所有権を放棄した。

フローラ・マクドナルド

フローラ・マクドナルドとは何者か？

ここで少し英国王室の歴史を概観してみよう。

ハノーヴァー朝の前がスチュアート朝である。スチュアート朝はスコットランド女

▼2　ロンドン塔は、もともとはロンドンを外敵から守る要塞としてつくられたが、のちに政治犯や反逆者を投獄・処刑する場になった。処刑された人々――ヘンリー六世、エドワード五世、トマス・モア、アン・ブーリン、キャサリン・ハワード。

王メアリー・スチュアートの一人息子ジェームズ一世に始まる（図1―2）。メアリー・スチュアートはエリザベス女王暗殺を企てた罪で処刑されている。その息子が国王になれるとは、イギリスは不思議な国である。ジェームズ一世の息子チャールズ一世は「清教徒革命」で処刑される（図1―3）▼3。その息子ジェームズ二世は「名誉革命」で追放されフランスに亡命する。「ジェームズこそ正統なる王である」と支援する人々（ジャコバイト）を率いてアイルランドに上陸、反乱を起こすが、失敗しフランスへ再び逃亡する。プロテスタントであった娘のメアリー二世夫婦が王位に就いた。メアリーの死後は妹のアンが王位に就いた。アンの死後、スチュアート朝は断絶し、またいとこのジョージ一世が王位に就いた（ハノーヴァー朝の始まり）。これを不服としたジェームズ（老僭王）とジャコバイトたちは、一七一五年にスコットランドで反乱を企てたが失敗した。

その三〇年後（一七四五年）、息子のチャールズ（若僭王）が再び反乱を起こした。当時チャールズはボニー・プリンス・チャーリー（愛しのチャールズ王子）とよばれ、人気があった。しかし、カロデンの戦いで敗北し、女装してフランスに逃げ帰った。この逃避行を助けたのが、ジャコバイトの女傑フローラ・マクドナルドである。彼女はその罪によりロンドン塔に幽閉された。スコットランドの人々は、「必ず帰ってくる」と言い残した王子の言葉を信じて待ちわびたが、彼は二度とスコットランドの地を踏むことはなかった。この逸話はスコットランドに長く残り、歌になった。「マイ・ボニー（原題：My Bonnie Lies over the Ocean）」である。〝海の向こうに去ったボニーよ、戻ってきておくれ〟とうたう哀惜の唄である▼4。

フローラ・マクドナルド

▼3 ちなみに、英国王の系図では男も女も同じ名前が何度も出てきて紛らわしい。ジョージ、チャールズ、エドワード、ヘンリー。女ならメアリー、アン、エリザベス、マーガレットなど。

▼4 一九六一年、ドイツ・ハンブルクのクラブで活動していたロック歌手トニー・シェリダンがロック調にアレンジし世界的なヒット曲となったが、バックで演奏していたのは当時まだ無名のビートルズだった。

ヘンリー8世
(1491–1547)

アン・ブーリン
(1507–36)
2番目の王妃

エリザベス1世
(1533–1603)

ジェーン・シーモア
(1509–37)
3番目の王妃

エドワード6世
(1537–53)

ジェームズ2世
(1633–1701)
カトリック

名誉革命（1689年）で追放される。
その後、ジャコバイトを率いて反乱

アン
(1665–1714)
プロテスタント

死後、スチュアート朝
断絶

ジェームズ（老僭王）
(1688–1766)
カトリック

チャールズ（若僭王）
(1720–88)
カロデンの戦い（1745年）で
敗れ、フランスへ敗走

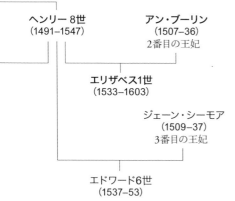

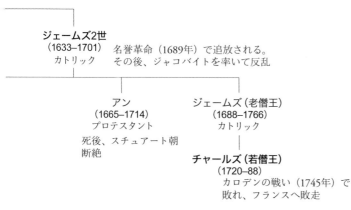

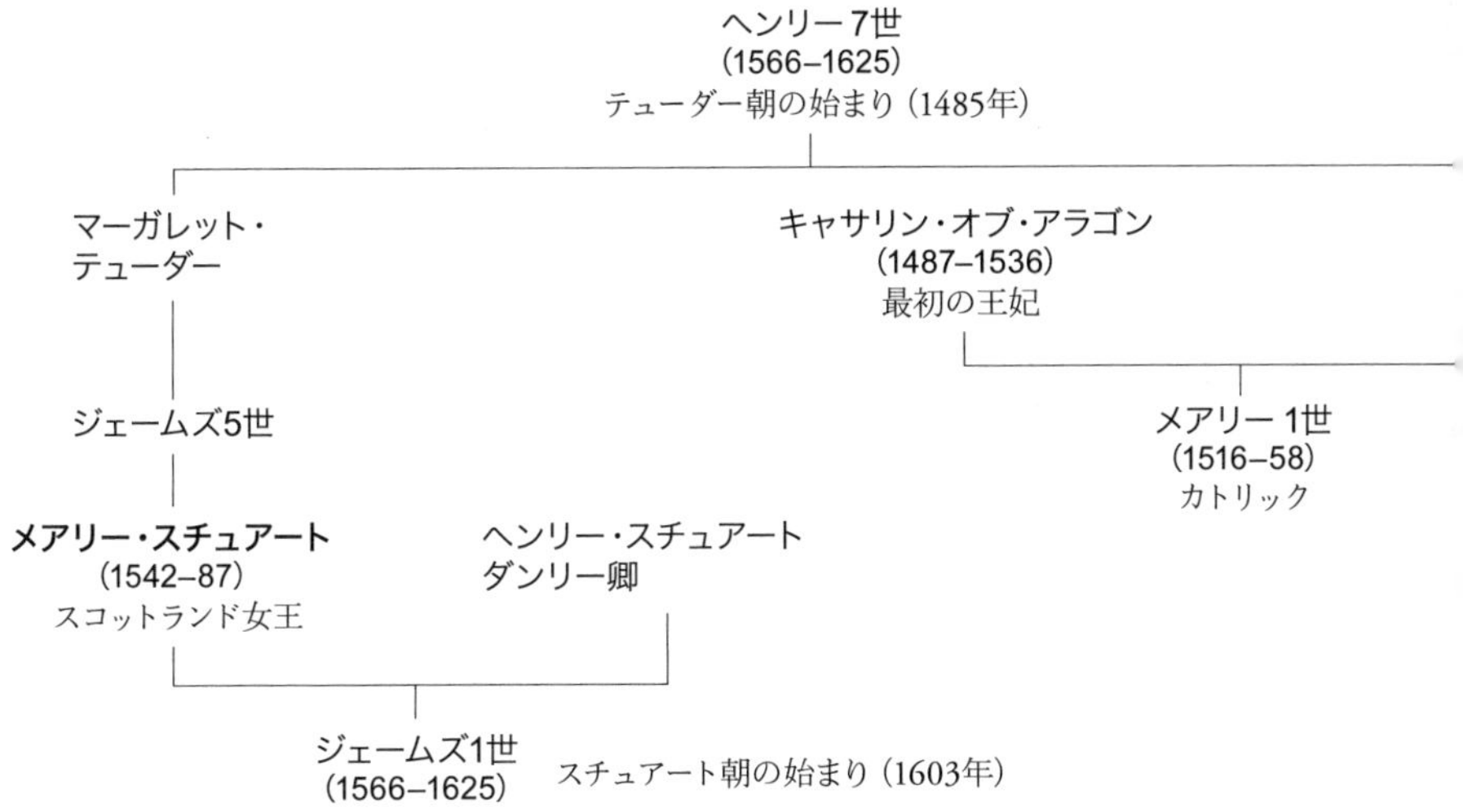

図 1–2　テューダー朝系図

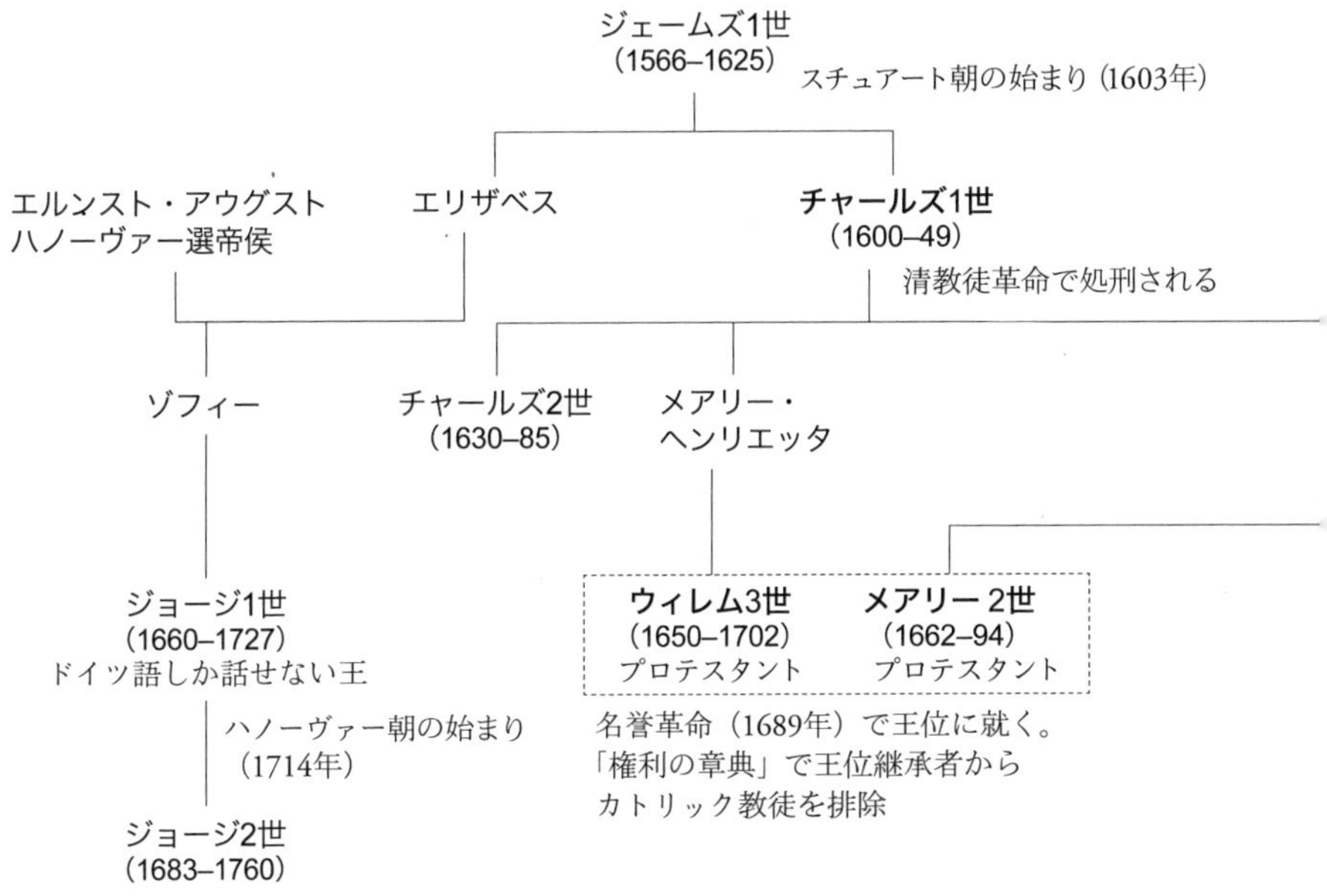

図 1–3　スチュアート朝系図

ウィリアム・スミス

サムエル・スミスの息子ウィリアム（一七五六―一八三五）はシュガーローフの後継者として父の仕事を手伝っていたが[1]、一七七九年、ワイト島のアダムス家の叔父の遺産を相続したとき▼5、仕事を辞め、いとこのトラバース・アダムスとケンブル・スミスに道を譲った。

ウィリアムはロンドン南部のクラッパム・コモンに住んでいたが、ここで（妻となる）フランシス・コープ（一七五九―一八四〇）と出会う（一七八一年）。フランシスもまた裕福な非国教徒一族の出身であった▼6。ウィリアムはビジネスの世界を卒業し、政治の世界へと方向転換してゆく[3]。非国教徒たちは、虐げられた人々として必然的に社会改革運動にのめり込んでゆく。奴隷制度反対運動もその一環であろう。

一七九〇年頃にはウィリアムは奴隷貿易廃止運動に参加し、シュガーローフのビジネスには打撃となるにもかかわらず、砂糖ボイコット運動（奴隷労働で生まれた西インド諸島産砂糖を使用せず、代わりに蜂蜜やメープルシロップを使う）にも加わった。父サムエルに似て過激である。一八〇二年ウィリアムはノリッジ（Norwich）選出の国会議員となり▼7、非国教徒代議員、長老派教会、無党派、バプテスト派委員会の議長を務めた。英国議会における非国教徒の指導者となって、非国教徒の民事部門を担当した。

ファニー（フロレンスの母）の父であるウィリアム・スミスは、その後もその莫大

▼5 ウィリアム・スミスはスミス家の唯一の相続者であり、かつアダムス家の唯一の相続者でもあった。

▼6 スミス家、コープ家、カーター家、ショア家は非国教徒の四つの有力な一族であった。なぜ非国教徒、とりわけユニタリアンには裕福な一族が多いのか。ウィリアム・スミスも非国教徒であり、ユニタリアンであった。

▼7 ノリッジは、イングランド東部、ノーフォークの州都。Norwichは古英語で「北の町」を意味する。ちなみに歌手トニー・シェリダンはノリッジ出身である。

な財産を絵画の収集と失われた正義のための戦いにささげた。四六年間下院議員として、弱い者、評判のよくない者、虐げられた者のために闘った。彼は奴隷廃止運動の指導者の一人であり、低賃金工場労働者を支持した。非国教徒やユダヤ人の権利のためにも闘った。彼の親しい友人には、ウィルバーフォース（次頁）らがいた。[2]

非国教徒

非国教徒は英国史を理解するキーワードである。英語ではNonconformistあるいはDissenterとよばれる▼8。

もともと英国国教会とは、ありえないような経緯で生まれている。ときのヘンリー八世（図1―2）は王妃キャサリン・オブ・アラゴンと離婚してその侍女アン・ブーリンとの結婚を望んだが（アンは強硬に王妃の座を要求し、さもなければ肉体関係は拒否すると宣言したという）、ローマ・カトリック教会が王妃との離婚を認めなかった。ヘンリー八世は激怒し、ローマ・カトリック教会から分離独立した英国国教会を創設した（一五三四年）。これは欲望に目がくらんだ王様の暴走に思える。しかし、イギリス国民の間に反ローマ教会的気運という背景があったからともいう。ところが、アン・ブーリンは結婚から三年後に反逆罪、姦通罪などで処刑されている（一五三六年）。唖然とする話である。しかも、アン・ブーリンの娘は後に王位に就く（一五五九年）。これがエリザベス一世（エリザベス女王）である。これも不可解な話である。親と子は違うということだろうか？

▼8 Conformistとは国教徒を意味する。Dissenterとは「異議を唱える人」という意味。

ヘンリー八世は国教会を創設してイギリスの宗教改革を始めたが、エリザベス一世はこれを引き継ぎ、一五五九年に統一化法（英国国教会の礼拝・祈禱の統一基準を定めた法律）を定めた。統一化法が施行された際（一六六二年）に多くの聖職者が宣誓を拒否して国教会を離れた。このときから国教会に従わない人々を非国教徒とよぶようになった。

一六七三年審査法が制定され、非国教徒の公職就任が禁止された。また非国教徒はオックスフォード大学とケンブリッジ大学で学位を取得することができなくなった。

非国教徒の宗派には、ジャコバイト、ピューリタン、バプテスト教会、長老派教会、メソジスト、クエーカーなどがある。後述するユニタリアンも非国教徒の一派とみなすことができる。

ウィリアム・ウィルバーフォース

ウィリアム・スミスの盟友であり、イギリスの著名な奴隷制廃止運動家（Abolitionist）ウィリアム・ウィルバーフォース（一七五九―一八三三）について少し書いてみよう。ウィリアム・ウィルバーフォースはウィリアム・スミスより三歳下である。ウィルバーフォースはケンブリッジ大学に進学し、ここでウィリアム・ピット（後に二四歳で英国首相となる）と親友になった。卒業後二一歳で国会議員となる。二六歳頃、英国国教会の聖職者ジョン・ニュートンに感化され、奴隷貿易廃止運動に参加することになる。ジョン・ニュートンは有名な讃美歌「アメイジング・グレイス」の作詞者である▼9。

ウィリアム・ウィルバーフォース
（一七五九―一八三三）

三〇歳頃からウィリアム・スミスとともに奴隷貿易廃止運動の指導者として活躍、奴隷貿易廃止法案を議会に提出した(一七九一―九三年)。四七歳のとき(一八〇七年)、イギリスにおける奴隷貿易を禁止する「奴隷貿易法」が成立した。その後は奴隷制廃止運動を指導し、一八三三年に亡くなった。その一か月後、英帝国にいるすべての奴隷に自由を与える「奴隷制廃止法」が成立した▼10。

ユニタリアン

ユニタリアンは、フロレンス・ナイチンゲールの人と背景を知るためのキーワードである。ユニタリアン主義とは、キリスト教で伝統的に用いられてきた三位一体(Trinity)(父と子と聖霊)の教理を否定し、神の唯一性を強調する主義の総称をいう。歴史的には、ユニタリアンはイエス・キリストを宗教指導者としては認めつつも、その神としての超越性は否定する。三位一体はキリスト教の核心であり、カトリックもプロテスタントもこれを採用している。三位一体を否定するものはキリスト教ではないとされる。したがってユニタリアンは正確にはキリスト教徒ではない。

非国教徒そしてユニタリアンには優秀な人が多かったが、オックスフォード大学やケンブリッジ大学に進みエリートとなる道は閉ざされていたので、多くが商業や製造業へ進出した。やがて彼らの中から優秀な実業家、科学者が輩出されたが、バーミンガム、ダービー、マンチェスター、シェフィールドなどの、ロンドンから離れた英国中部地方からだった。これには非国教徒による学術協会の進展がかかわっているが、

▼9　ニュートンは若い頃奴隷船で働いていたが、ある日、嵐のために難破しそうになった。しかし、奇跡的に助かり、神の恵みを確信したという。「アメイジング・グレイス」の歌詞はこの宗教的体験がもとになっている。ニュートンは一七八〇年頃から奴隷廃止運動にかかわることになった。イギリス映画『アメイジング・グレイス』(二〇〇六年)は奴隷貿易廃止に貢献したウィルバーフォースの半生を描いている。

▼10　余談。スミスもウィルバーフォースもピットもファーストネームがウィリアムとは！　名前のつけ方が安易すぎないか……。

とりわけ一七六五年エラズマス・ダーウィンによって創設されたバーミンガムのルナー・ソサエティ（月光協会）が有名である（**表1―1**）。ダーウィンとウェッジウッドは伝統的にユニタリアンの家系であった。

ウィリアム・スミスはユニタリアンであり、奴隷制廃止運動とともにユニタリアンの権利回復のためにも活動した。フランス革命が起きたとき、イギリスのユニタリアンは革命をすぐに支持した。一七九一年バーミンガムでユニタリアンたちがフランス革命二周年の祝賀会を開いたとき、イギリスでの革命の再現を恐れた保守的な住民たちがユニタリアンたちを襲撃した。ルナー・ソサエティの主要メンバーであり、イギリスのユニタリアンの中心人物であったジョセフ・プリーストリー（ウィリアムの友人）も家を焼き討ちされ、アメリカへの亡命を余儀なくされた。ウィリアム・スミスは事態の沈静化のために急遽バーミンガムに向かったが、間に合わなかった。しかし、ウィリアム・スミスはユニタリアンのための戦いを続け、一八一二年寛容法をユニタリアンにも拡大する議会交渉を開始、一八一三年ユニタリアン寛容法を立案し、議会を通過させ、審査法廃止運動を主導した▼11。一八二八年審査法は廃止され、ユニタリアンの権利は回復されて▼12、ウィリアム・スミスは「ユニタリアンの星」となった。そして一八三五年、七八歳で亡くなった。

ナイチンゲールもまたユニタリアンであり、(2)彼女の活動は主としてユニタリアンのネットワークをベースとして行われた。このことについてはまた後述する。

ウィリアム・スミスには多くの子どもがいたが、彼らは安穏とした享楽的な生活を望み、父や祖父のようにユニタリアンとして激しい社会的・政治的活動をすることを

▼11　寛容法は一六八九年成立。プロテスタントを審査法の適用から外すが、ユニタリアンらの非国教徒や無神論者には適用が継続した。

▼12　この時点では、カトリックはなお公職就任ができなかったが、翌一八二九年カトリック教徒解放法が成立し、カトリック教徒の権利も認められ、公職就任が可能となった。

表 1–1　ルナー・ソサエティの主要メンバー (4)

1. エラズマス・ダーウィン（1731–1802）
医師、自然哲学者、生理学者、奴隷貿易廃止論者。チャールズ・ダーウィンの祖父。

2. ジョサイア・ウェッジウッド（1730–95）
革新的デザイナー、陶磁器メーカー「ウェッジウッド」の創業者、社会改革運動家。

3. ジョセフ・プリーストリー（1733–1804）
「酸素の発見」で著名な科学者。英国におけるユニタリアン主義を確立した。

4. マシュー・ボールトン（1728–1809）
製造業者、ジェームズ・ワットのビジネスパートナー。

5. ジェームズ・ワット（1736–1819）
ニューコメン蒸気機関を改良し実用化した。これは英国産業革命の基礎となった。

6. ジェームズ・キア（1735–1820）
化学者。金属合金や石鹸製造の基礎を作った。

7. リチャード・エッジワース（1744–1817）
発明家、教育者。ジャン゠ジャック・ルソーとも交流があった。

8. ウィリアム・ウィザリング（1741–99）
医師、植物学者。強心剤ジギタリスの発見者。

9. ウィリアム・マードック（1754–1839）
技術者・発明家。ガス灯、スチームガンなどを発明した。

10. ベンジャミン・フランクリン（1706–90）
アメリカの政治家。アメリカ合衆国建国の父の1人。凧を用いた実験で、雷が電気であることを明らかにしたことでも知られている。

11. アントワーヌ・ラヴォアジエ（1743–94）
フランスの化学者。質量保存の法則を発見、近代化学の父。フランス革命で処刑される。

好まなかった。フロレンスの母、ファニーもそんな一人であった。フランス革命後ユニタリアンに対する風当たりが強くなったことや、ウィリアムがユニタリアンの権利回復を成し遂げ、目標がなくなったこともあるのかもしれない。

しかし、祖父や曾祖父の人道主義の血を受け継いだフロレンスには、母の生き方にはけして同調できなかった。フロレンスの姉パースも母と同じキャラクターであった。ここに看護師を目指すフロレンスの第一の壁があった。

2 父方

前節では母方スミス家がユニタリアンの家系であったことを述べたが、父方のナイチンゲール家もユニタリアン系であった。フロレンス自身はユニタリアンについてはむしろ否定的な見解を持っていたが、生き方、考え方には大きな影響を受けていたと思われる。

ここではとくにピーター・ナイチンゲール二世に注目していただきたいが、困ったことに肖像画が見当たらない。

鉛採掘業者として

ナイチンゲール家の発祥の地は、イギリス中西部のダービーシャー州。ちょうどマンチェスターとバーミンガムの間にある（巻頭地図①）。

ナイチンゲール家の勃興は一七世紀、ジョン・ナイチンゲールの息子トーマス・ナイチンゲールから始まる（図1―4）。トーマスは、リンドウェイの農場主ジョン・マーシャルの使用人だった。彼は勤勉な労働者であったが、次第に鉛採掘（lead mining）の仕事にも手を出すようになった。[5] これによって彼の運命は転換してゆく。

彼は徐々に財をなし、ウェシントンの友人ジョン・スペイトマンから、リー地域の土地や財産を引き継いだ。それにはリー・ホール（Lea Hall）とよばれる大邸宅も含まれていた。この頃からナイチンゲール家は、鉛採掘業者から大地主、荘園領主への道を歩み始めた。一七世紀の終わり頃までにトーマスは、リーからクロムフォード一帯を所有するようになった。鉛（lead）は、ナイチンゲール家のキーワードである。地名のリー（Lea）は lead に由来するのだろうか、リーブリッジ（Lea Bridge：後述のジョン・スメドレーと紡績工場を建てた場所）、リー・ハースト（Lea Hurst：フロレンスの父が建てた邸宅。フロレンスはここで育った）などもある（図1―5、1―6）。

マッド・ピーター

トーマスの次男ピーターは、鉛採掘業の盛んなワークズワース地域で事業を起こし、鉛採掘場主としてさらに財をなしていった。兄ヘンリーとの関係はわからない。墓碑銘に Henry Nightingale of Matlock wool とあるのでマトロックで羊毛業をしていたのかもしれない。[6] ピーターは、ワークズワース、リー地域の荘園所有者となり、リー・ホー

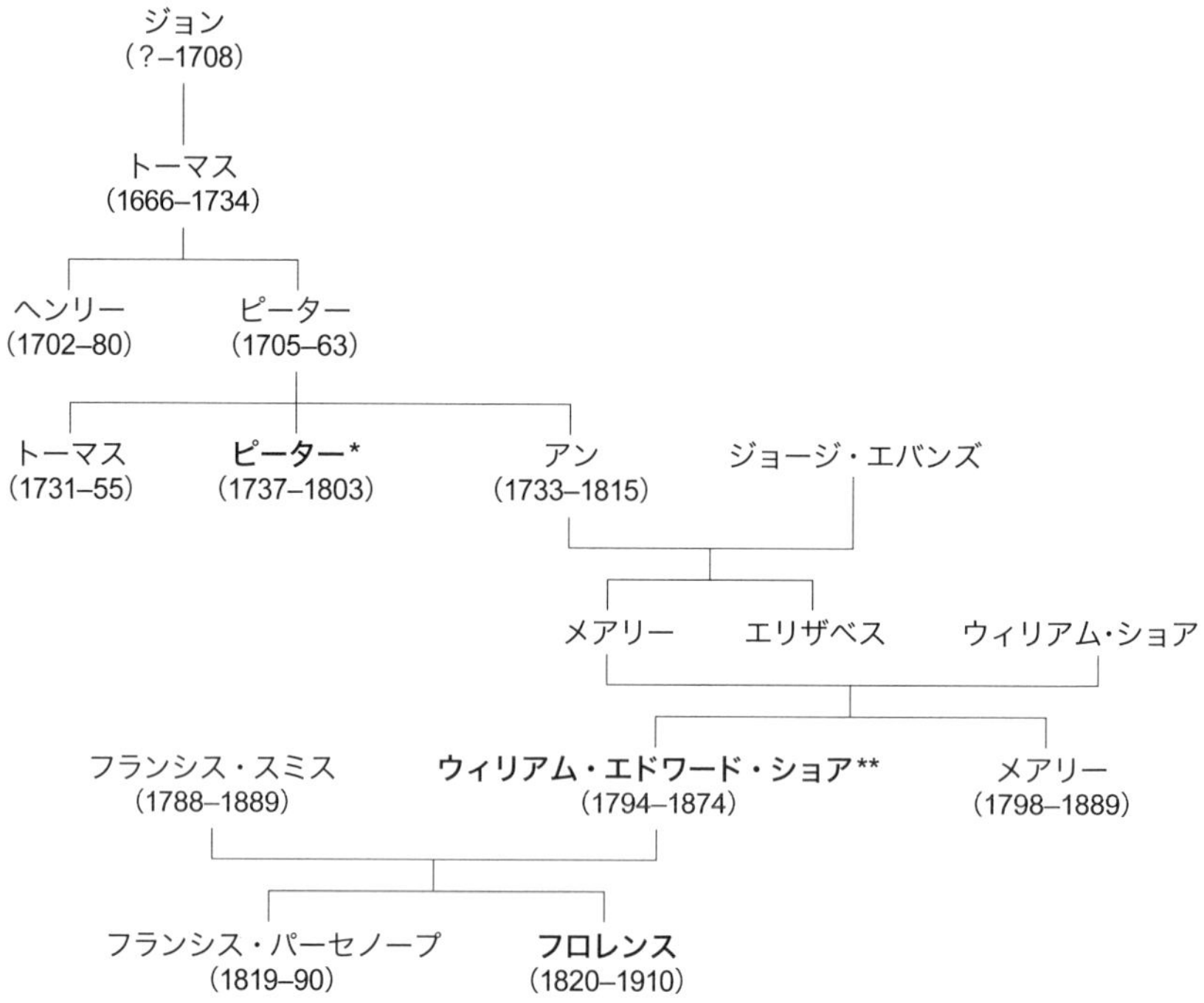

*ピーター・ナイチンゲール（2代目）　あだ名“マッド・ピーター”

**ウィリアム・エドワード・ショア　1803年ナイチンゲール家相続人となる。フロレンスの父。

図 1–4　ナイチンゲール家系図

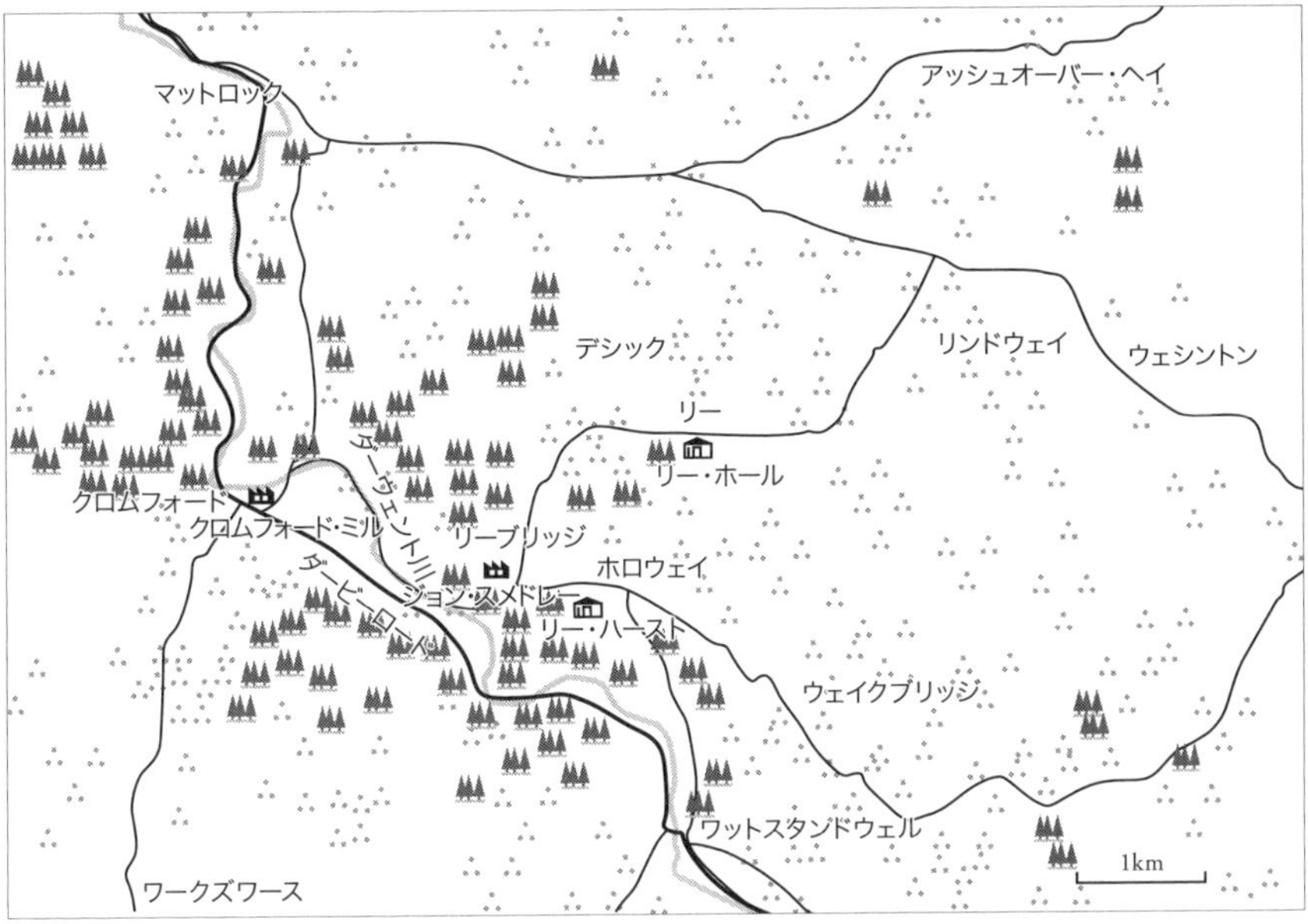

図 1–5　クロムフォード、リーブリッジ周辺図

図 1–6　リー・ハーストの邸宅

ルも相続した。ピーターの長男は早逝し、次男のピーター二世が後を継いだ（一七六三年）。

ピーター二世（一七三七―一八〇三）は、リーブリッジに鉛精錬所を建設し、鉛業者として成功を重ね、ワークズワースから谷を越えて、クロムフォード、リー、ウェイクブリッジ一帯を所有する大地主となった[3]。ナイチンゲール家は一種の封建領主に成り上がったのである。リー・ホールも相続し、新しいジョージアン・スタイルに改築した（図1―7）。この大邸宅はナイチンゲール家のシンボルとなった。

ピーター二世は、ちょっと変わった冒険好きの地方貴族（squire）で、「マッド・ピーター」としてダービーシャー州に広く知られていた。彼は、命知らずの馬乗りで、真夜中に障害物競馬をやるかと思えば、博打うちでもあり、大酒飲みでもあり、身分の低い粗野な連中も仲間という型破りの人物だった[2]。

若い頃に素行が悪くうつけ者といわれた織田信長を彷彿させる。しかし、破天荒な行動は表面的な人間像であって、信長と同様、抜群の先見性をもち、企業家として卓越していた。一七七〇年にはダービーシャー州長官に就任し、名実ともに地域一帯の「王」となった。

リチャード・アークライト

一七六九年に水力紡績機の特許を取得したリチャード・アークライトが、マッド・ピーターの支配するクロムフォードにやってきた。彼はジェームズ・ワット▼14（蒸

ジョージアン・スタイルとは英国ハノーバー朝の国王、ジョージ1世・2世・3世・4世の時代（1714-1830）に流行した建築・工芸様式。重厚で威厳が感じられ、直線的、シンメトリー（左右対称）なデザインが特徴的で、多くは赤や茶色のレンガ壁に、縦長の上げ下げ窓が基本になっている。

図 1–7　典型的なジョージアン・スタイルの家

気機関の発明者）と並んで、イギリス産業革命の立役者となる人物である。彼はクロムフォードのダーウェント川が流れるこの渓谷が、水力発電を利用して動く自動紡績工場の設置に最もふさわしい土地と判断したのだ。一七七一年、彼はダーウェント渓谷のピーターの土地を借りて、世界初の水力紡績工場クロムフォード・ミルを建設した。そして、多数の労働者を集めて紡績工場の操業を開始した。これが近代工場制度の始まりであり、イギリスにおける産業革命の始まりとなった。同時に資本主義の誕生であり、労働者階級の誕生でもある。

一七七六年、ピーターはクロムフォードの土地を二万ポンド（現在の価格で二〇〇万ポンド、日本円で約三〇〇億円）でリチャード・アークライトに売却した。この取引はナイチンゲール家に莫大な財産をもたらした最も重要な取引であるという[3]。ピーターはさらにアークライトの住居であるロックハウス、ウィラースレイ・キャッスルのみならず、第二工場や労働者住宅にも資金提供した。アークライトはクロムフォード周辺地域に次々に工場を建てていった。一七八五年の時点でアークライトの工場群で約三万人が雇用されていたという。

アークライトが創造した「近代工場制度」は、ここからイギリス全土に広まっていった。イギリスは、アメリカ南部の綿花を輸入し、糸を紡ぎ、安価で品質のよい布に加工して、世界の市場に輸出した。イギリスは豊かになり、世界最強の「大英帝国」が誕生することになる。

アークライトは莫大な特許料収入を得、大富豪となった。一七八六年にはナイトに叙され、翌年にはダービーシャー州長官に任命された。一七九二年八月三日、クロム

リチャード・アークライト（一七三二―九二）

▼14　ジェームズ・ワットはルナー・ソサエティの主要メンバーだった（三七頁、**表1―1**）。

フォードにて五九歳で死去。遺体は後にクロムフォードの教会に埋葬されている。クロムフォードからダーウェント渓谷一帯は、産業革命の発祥地として世界遺産となっている。

ジョン・スメドレー

一七八四年、ピーター・ナイチンゲールは、ジョン・スメドレーとともに、リー川沿い（リーブリッジ）に綿紡績工場リー・ミルズを設立した。工場は当初はあまりもうからず、ピーター二世は経営権をスメドレーに譲り、自身はオーナーとなった。スメドレーが工場を綿紡績業から毛紡績業に変更すると、経営は軌道に乗り、リー・ミルズはクロムフォード・ミルズとともにナイチンゲール家の富の源泉の一つになった。この工場は英国最古の工場として今なお稼働しており、ジョン・スメドレーは世界的な高級ニットブランドとなっている（図1―8）。

マッド・ピーターは一八〇三年に六六歳で亡くなり、アッシュオーバーに埋葬された。ピーター二世は生涯独身であったが、非嫡出子（愛人の子）が一人（女の子）いた。当時のイギリスでは女性は相続権がなく、ピーターの死後、莫大な遺産は妹アンの孫、ウィリアム・ショアに譲渡された。このウィリアムが、フロレンス・ナイチンゲールの父となる人物である。

図1―8　リーブリッジにある
ジョン・スメドレーの工場

ジョージアン・スタイル

クロムフォードを中心にイギリスで消費される綿花の多くは、アメリカ南部の大農園が供給した。イギリスの産業革命を支えたのは、アメリカの黒人奴隷制度だったともいえる（**図1―9**）。アメリカ南部の大農園主は、綿花栽培で巨万の富を築いた。彼らは英国式のジョージアン・スタイルの屋敷を建て、英国の貴族をまねて、優雅な生活を楽しんだという。小説『風と共に去りぬ』は、主人公のスカーレット・オハラの人生を通して、大農園主の栄光と没落を描いている。アメリカ南部の人々は、今なおダーウェント渓谷の風景に懐かしさを感じるという。

産業革命、そして大英帝国は、ピーター・ナイチンゲールのクロムフォード～リーブリッジ一帯の土地から生まれたともいえる。

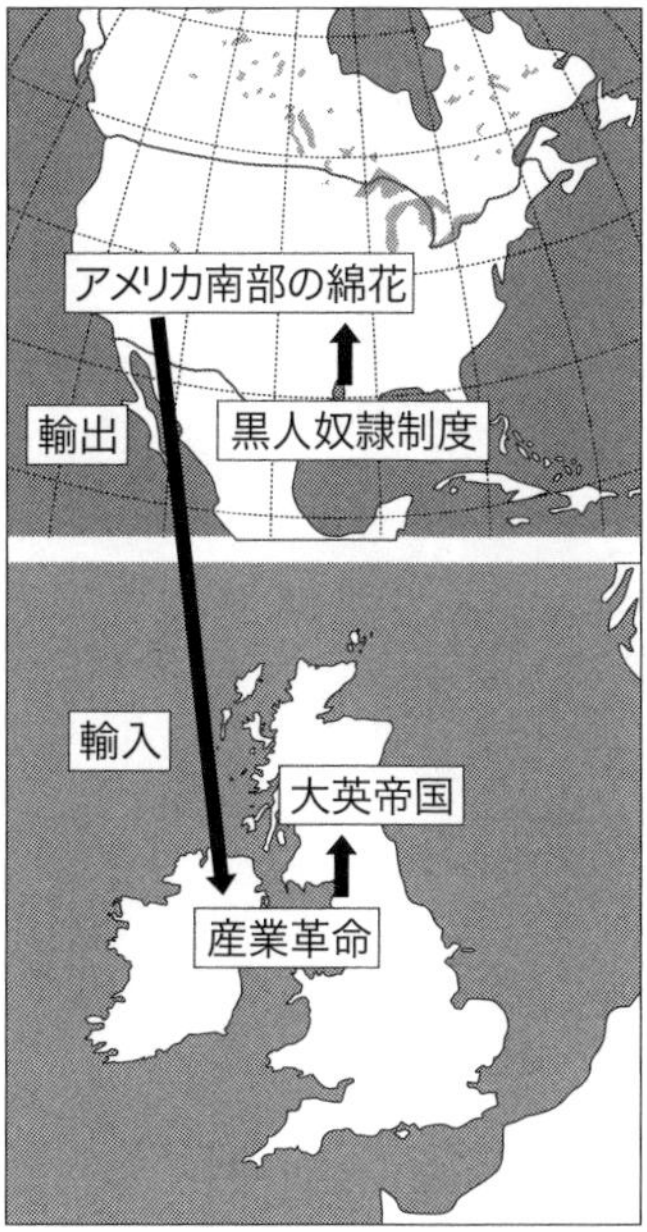

綿織物工業に起きた産業革命は、大英帝国の成立の原動力となった。

図 1–9　大英帝国の成り立ち

そして、ピーターの大胆不敵な性格、進取の気象は、誰よりも強くフロレンス・ナイチンゲールに受け継がれた。彼女をクリミアの戦場に向かわせたのは、困難に対して恐れを知らず突き進むピーターの血であると筆者は思っている。

第1章　参考文献

(1) Pam Hirsch: Barbara Leigh Smith Bodichon. Pimlico, 1999.
(2) Cecil Woodham-Smith: Florence Nightingale. Constable, 1950.
(3) Gillian Gill: Nightingales. Random House, 2004.
(4) The Lunar Society. https://lunarsociety.org.uk/（二〇二一年一月一九日閲覧）
(5) The Life and Times of Florence Nightingale. https://lifeandtimesofflorencenightingale.wordpress.com/family-history-2/nightingale-check-2/（二〇二一年四月六日閲覧）
(6) Arthur A. Rollason, The Nightingale Family of Lea and Ashover http://www.ashover.org/nitingale.htm

第2章　ナイチンゲールの病気は何だったのか

序章で述べたように、フロレンス・ナイチンゲールは一八五五年五月、クリミアの地で病気になった。

クリミア戦争のさなか、一八五四年の一一月四日、ナイチンゲールは看護師たちとともに、オスマン帝国の首都コンスタンチノープル（現在のイスタンブール）に到着し、翌日にスクタリに入った。そして、あの不衛生な兵舎病院の中に居住し、感染症に罹患した多くの傷病兵を熱心に看病したが全く元気であった**（図2―1）**。

半年後、兵舎病院の衛生改革はある程度成功し、病院の運営は落ち着いてきた。そこで、一八五五年五月初め、彼女は戦地であるクリミアのイギリス軍基地バラクラバの軍病院を視察するために、黒海を越えてバラクラバに渡った**（巻頭地図②）**。ところがバラクラバに到着した途端、彼女は発熱で倒れたのだ。[1] 彼女の病気は一時的なもので終わらず、長い年月にわたって、彼女の心と体を蝕み、ある意味、ナイチンゲールの幸せな人生を破壊したともいえる。

母ファニーは、以前から彼女がしようとしていること（病院看護）は彼女の人生を台無しにすると信じていた。母の心配が的中したといえるかもしれない。しかし、晩年には病も癒え、平穏な、安定した生活を取り戻すことができたようだ。

彼女を生涯にわたって苦しめた病気の正体は何であったのか？

近年の研究で、ナイチンゲールが罹っていた病気はブルセラ症（ブルセラ菌感染症）であったと考えられるようになった。[3] そして、彼女はブルセラ症特有の合併症（仙腸関節炎や脊椎炎）にも罹患した。ブルセラ症はミルクなどの乳製品の摂取によって起こる細菌感染症である**（表2―1～3、図2―2）**。ナイチンゲールは『看護覚え書』の

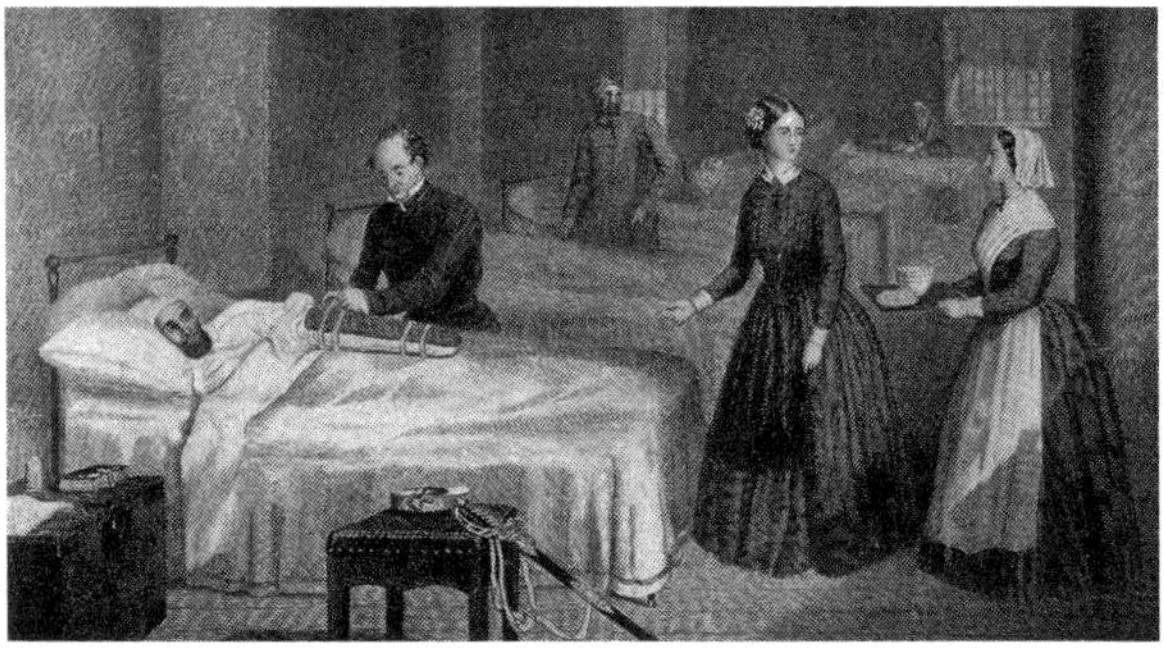

図2―1　スクタリの病院でのナイチンゲール

表 2–1　ブルセラ症の概要 (3～6)

名称	1887 年、イギリス軍医デービッド・ブルース（David Bruce）が波状熱患者の脾臓から病原菌を分離したことから、この名前 Brucellosis が付いた（75–76 頁）。地中海熱、マルタ熱、クリミア熱とも呼ばれる。
病原体	*Brucella* 属菌はグラム陰性の球状に近い短桿菌《たんかんきん》で、鞭毛《べんもう》はない。 発育はやや遅く、好気性に発育する。培養には 7 ～ 21 日間かかる。 表 2–3 参照
流行地域	地中海地域、西アジア、アフリカ、およびラテンアメリカ。日本でもまれにある。
感染経路	感染動物の尿、糞、乳汁、胎盤や羊水などに病原体が含まれているため、未殺菌の乳製品や加熱が不十分な肉の摂取、汚染されたほこりの吸入、感染動物との創部・粘膜の接触により感染する。 主な感染動物は、ウシ、ヒツジ、ヤギ、ブタ、ラクダおよびイヌ。 少量（数個）の菌をエアロゾルとして吸入しても感染することから、細菌兵器として使用される可能性もある。
潜伏期	1 ～ 3 週間だが、数か月という報告もある。
急性期の症状	発熱（長期にわたる）、倦怠感、疼痛、悪寒、発汗などインフルエンザ様だが、ほとんどの人は無治療で 2 ～ 3 週間で回復する。 発熱は、主に午後から夕方にかけて、時に 40℃以上となるが、発汗とともに朝には解熱するという間欠熱が数週間続いた後、一時の軽快を経て、再度、間欠熱を繰り返すこと（波状熱）も多い。
慢性期の症状（合併症）	神経痛（神経炎）や骨関節症状（仙腸関節炎、脊椎炎）。男性では精巣炎や副精巣炎も認められる。未治療時の致死率は約 5%で、心内膜炎が原因の大半を占める。
治療	抗菌薬投与。ブルセラ菌は細胞内寄生菌であり、テトラサイクリン系（たとえばミノサイクリン）が有効。通常リファンピシンあるいはゲンタマイシンなどほかの薬剤と併用する。
届け出	本疾患は感染症法の 4 類感染症に指定されており、診断した医師は診断後直ちに最寄りの保健所に届け出を行う義務がある。

表 2–2　慢性ブルセラ症の症状・症候 (3)

非特異的症状（一般不定愁訴）	不眠症、食欲不振、食物を見て吐き気、貧血、神経過敏、うつ、妄想、頻脈、動悸、失神、呼吸困難、衰弱、消化不良、顔面紅潮、頭痛、振戦
特異的症状（二つの主要な合併症に伴うもの）	
神経症状	脊髄炎、神経根炎、坐骨神経痛、神経炎、神経痛（顔面、頸部、肋間など）、血管運動障害
骨関節症状	関節痛（すべての関節が侵されるが、最も多いのが大関節、とくに殿部、膝、仙腸関節） 脊椎炎（高頻度。しばしば永続的な身体障害を残す、通常椎骨を障害、またしばしば神経根炎や重症不全麻痺を起こす）

表 2-3　ブルセラ症の菌種 (3～6)

	自然宿主	人への病原性	特　徴
Brucella melitensis	ヤギ、ヒツジ	＋＋	家畜ブルセラ症。人で最も臨床的に重要な菌種。最も侵襲的で、病原性が強い。
B. abortus	ウシ	＋	家畜ブルセラ症。最も多くの動物に分布をもつ菌種。ワクチンあり。
B. suis	ブタ	＋	家畜ブルセラ症。
B. canis	イヌ	＋	国内の犬の5%程度が感染しており、国内感染例が報告されている。
B. ovis	ヒツジ	－	
B. neotomea	キネズミ	－	

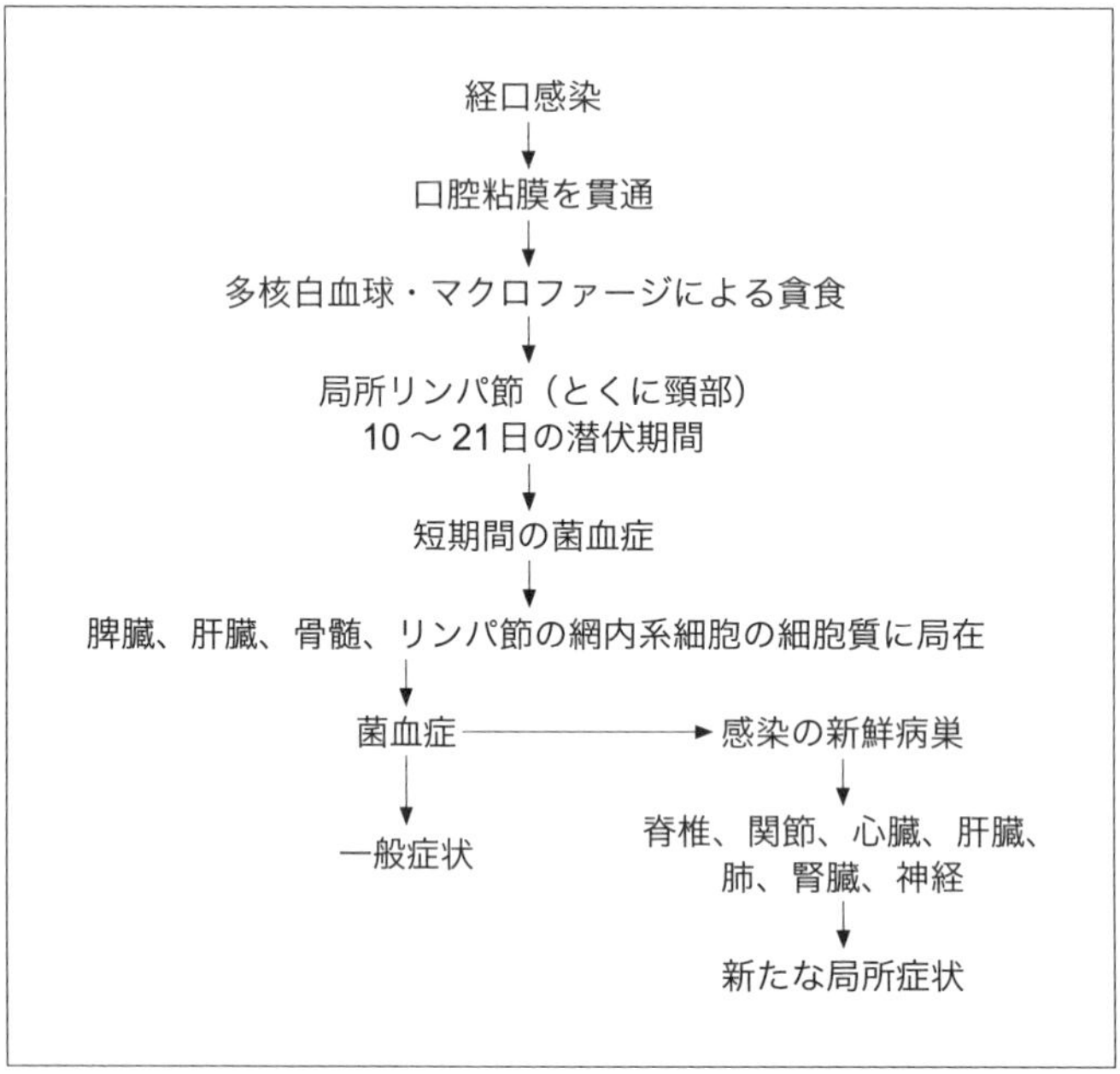

図 2–2　ブルセラ症の病理学 (3)

中で「ミルクおよび乳製品は、病人には最も重要な物の一つである」と記しており、[2]自身も摂取していたと推定される。

本章では、ナイチンゲールの病歴を丹念に辿り、ブルセラ症の痕跡をみていきたいと思う。まず、彼女の生い立ちからみてみよう。


ナイチンゲールは地方貴族の娘として、庶民とは別世界の超裕福な家庭環境に育った（彼女にとってそれは一つの牢獄だったとのちに語ってはいるが）。ナイチンゲール家は、夏は北のリー・ハーストの大邸宅に住み、冬は温暖なエンブリーの大別荘で過ごした（**図2—3**）。春と秋はロンドンのホテルに住んで、華やかな社交生活を楽しんだ（**図2—4、2—5**）。

フロレンスはナイチンゲール家の二女として健やかに育った。主に父ウィリアムから語学、哲学、歴史、数学などのさまざまな教育を受けた。

ナイチンゲールは背が高く、華奢であった。ナイチンゲール家と親しく、リー・ハーストの邸宅をよく訪れていた、作家のギャスケル夫人▼1は彼女（フロレンス）は明らかに体が強くないので、ナイチンゲール夫人（母ファニー）は非常に心配していると記している。

彼女の病歴をみてゆこう。まず既往歴を調べてみると、以下のとおりである。
一八四三年秋　体調不良（原因不明）
一八四五年三月一日　気管支炎

図2—3　エンブリーの別荘

▼1　**エリザベス・ギャスケル**（一八一〇—六五）　イギリスの著名な作家。ナイチンゲール家とはユニタリアン（第1章三五頁参照）として の親しい付き合いがあった。彼女の代表作『北と南』はリー・ハーストのナイチンゲール家の邸宅で仕上げられた。フロレンスをよく観察し、批評しているが、筆者はフロレンスへの偏見を感じる。

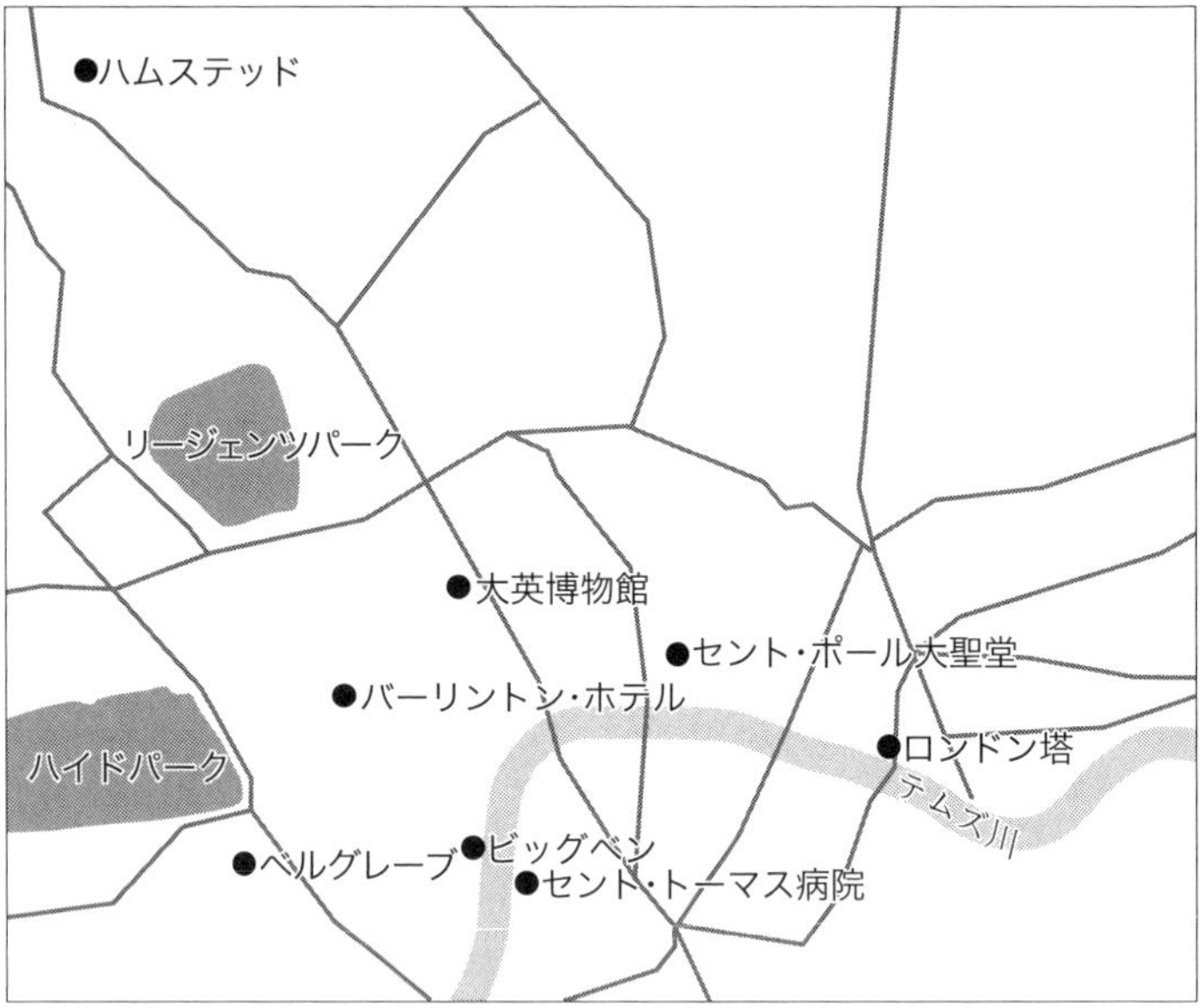

図 2–4　ロンドン周辺

バーリントン・ホテル：ナイチンゲールがクリミアから帰国後ここを活動の拠点とした。「小陸軍省」と呼ばれた。
シドニー・ハーバート邸：ナイチンゲールの友人で、陸軍大臣でもあったシドニー・ハーバートの邸宅はベルグレーブ・スクウェア（49 Belgrave Square）にあった。
ブロード街：1854年、コレラの流行はこの通りの井戸から始まった。

図 2–5　ロンドン中心部

一八四六年冬　　体調不良（原因不明）
一八四七年秋　　衰弱、不眠、咳
一八四九年　　　失神、不眠、心身症か
一八五〇年　　　不眠、うつ病か
一八五一年一〇月　麻疹
一八五三年六月　麻疹（二回目？）

見た目は華奢だったかもしれないが、そんなに大病になったわけでもない、普通の健康体という印象である。二〇代になって、体調不良になることが多かったが、これは看護師になりたくても家族の反対でなれないというストレスから来ていると思われる。

一八五五年——クリミアでの発症

さて、ナイチンゲールがクリミアで発病する直前、スクタリでいかに元気で精力的に活動していたかをまず知るべきであろう。

一八五五年春、スクタリの兵舎病院にて、何キロもある病棟を、深夜、ランプを灯して巡回したという伝説も、このときに生まれている。

病人が洪水のようにやってきたとき、彼女は二四時間立ちっぱなしで働いた。包帯交換するのにひざまずいて八時間過ごすことも知られていた。……彼女は伝染

若き日のナイチンゲール

病をまったく気にしなかった。いろいろと大変な症例であればあるほど、とくに死にかけている兵士には、より確実に彼の上にその華奢な体を曲げて、彼の苦しみが和らぐまで彼女の力のすべてを施した。自分が看護した兵士はけして一人で往かせないというのが彼女のルールだった。……この冬には二〇〇〇人の臨終に立ち会った。最も重篤な症例には彼女自身が看護した。(1)

ところが、クリミア行きで大変なことになってしまう。冒頭で述べたように、半年間の苦闘の結果、スクタリ兵舎病院の衛生改革が成功し、五月クリミア半島の英軍基地バラクラバの陸軍病院の視察に赴いた。ここにはナイチンゲールの指揮に従わない修道女の看護師たちや反ナイチンゲール派の軍医たちが巣くっていた。

五月二日にスクタリを出港し、黒海を渡って五日にバラクラバ港に着いた(**巻頭地図②**)。セバストポリはずれの砲台まで出かけた後、彼女は妙に疲れ果てているように見えた。

体調変化の兆しはあった。五月一二日、発病してしまう。(3) 重要なシーンなのでそのまま記す。

旧体制の力はバラクラバでは非常に強力で、陸軍当局はおせっかいな民間人たち▼2を懲らしめてやろうと決めていた。彼らはまた衛生委員会の邪魔をするこ

▼2 ナイチンゲールと看護師を指す。

とを企んでいて、委員らの資格を認めず、視察の便宜を図ることを拒否していた。ナイチンゲールは、彼らと戦うために勇気を奮い起こしたが、何も達成できないうちに昏倒してしまった。ショー・スチュアート▼3に会ったあと、彼女はひどい無力感と倦怠感を自覚したが、その翌日ついに、ウェア▼4と面談中に失神してしまった。バラクラバ総合病院から上級医官が急きょ呼びだされ、彼は二人の別の医師を呼んで協議した後、ミス・ナイチンゲールはクリミア熱に罹患していると声明が出された。

ナイチンゲールは居住していた船から直ちに城病院（**巻頭地図②**）へ担架で移送された。意識はもうろうとし、重篤な状態だった(1)。

> 二週間以上彼女は生と死の間をさまよった。意識混濁状態の中で、彼女は常に何かを書いていた。書かない限り、彼女を安静に保つことはできないことが〔医師たちは〕分かったので、彼女にはペンと紙とが与えられた。……彼女の頭の中には、彼女の部屋が物品を要求する人であふれているとか、頭の中にエンジンが入っているとか、あるペルシャの冒険家が来て彼女のベッドの横に立っている、などの妄想が渦巻いていた。……発熱がピークに達した時、彼女の髪はすべて切り落とされた。

アンダーソン医師▼5によると、朝、発熱し、そのあと解熱し落ち着いたかと思うと、

▼3 **ショー・スチュアート** 看護師。もともと反ナイチンゲールのメアリー・スタンリーとともにクリミアに来た人だが、フロレンスの信任は厚いほうだった。

▼4 **ウェア** クリミアの陸軍病院総看護監督。のちにフロレンスは彼女の解任を要求する。

▼5 **アーサー・アンダーソン** バラクラバ陸軍病院の主席医官。

夕方にはまた発熱して危険な状態になるという症状を二週間繰り返した。それでも病状は徐々に回復していった。五月二四日、英軍総司令官ラグラン卿▼6が見舞いにやってきた。(1)

〔ラグラン〕卿は部屋に入って来て、椅子をベッドの横に持ってきて、彼女と長く話した。その夜、彼は「ナイチンゲールは危機を脱した」と本国に電報で知らせた。五月二八日、ビクトリア女王は「あの卓越した貴重な女性ナイチンゲールが無事であることを知り本当にありがたい」と言われた。

彼女は、バラクラバでの緊急の問題を解決しようと死に物狂いであったが、衰弱は非常に極端で、自分で食事もとれず、ささやくような声しか出せなかった。医師たちは彼女に、イギリスに帰るか、それがだめならスイスに行くようアドバイスしたが、彼女は拒絶した。

六月終わりに船でスクタリに移送された。ナイチンゲールは船が苦手であった。船に乗ると体調が狂ってしまうようだ。

船旅は荒れた。帆船は一日余分に海にいた。ナイチンゲールの病状はものすごく悪化した。スクタリでは、すべての高官たちが彼女を迎えるために桟橋にいたが、彼女の衰弱と疲労はひどく、話すことさえできなかった。彼女は容貌が一変し、痩せこけて、刈られた髪を隠すために頭にしっかりと巻かれたハンカチの下で、

▼6 **初代ラグラン男爵**（一七八八—一八五五） 英国陸軍元帥。クリミア戦争最高指令官。アルマの戦い・インカーマンの戦いを勝利に導いたが、バラクラバの戦い・セバストポリの戦いではミスを犯した。セバストポリでコレラに罹患し、死亡した。

顔面は蒼白であった。

スクタリに到着したとき、フロレンスはるい痩、顔面蒼白がひどく、年老いて見え、誰もが驚いた。彼女はサビン邸[7]に運ばれ、健康は徐々に回復し、七月までには元気をとり戻した。七月二八日には兵舎病院の宿舎に戻る。回復するのに八月いっぱいかかった。

九月一六日、メイ叔母[8]がスクタリにやってきた。

病気で変わってしまい、痩せこけ、疲れ切り、そして奇妙に三〇年前の子供のように見える短髪のフロレンスの姿を見た途端、叔母は泣き崩れた。フロレンスがその中で生きることを強制された、党派の陰謀の複雑な関係、狭量な妨害行為、いらいらさせることや〔フロレンスに対する〕無礼な言動は、メイ叔母を震え上がらせた。

一〇月上旬に、再びクリミアを訪問するが、ここでまた体調を壊してしまう。

まるで彼女がまだ十分苦痛に耐えていないかのように、彼女は再び病気になった。重症の坐骨神経痛のために城病院に入院せざるをえなくなった。激しい痛みがなくなると、彼女はブレースブリッジ夫人[9]に、「この発作が私にそんなにダメージを与えたとは思えない」と手紙を書いた。「私はここの気候がもたらすすべて

▼7 **サビン** 英軍の主席従軍牧師。病気のためイギリスに帰国したので、持ち家が空き家になっていた。

▼8 **メイ叔母**（一七九八―一八八九）フロレンスの父ウィリアムの妹。フロレンスのよき理解者。

▼9 **ブレースブリッジ夫人** フロレンスの友人。夫とともにフロレンスに同行し、スクタリへ渡り、彼女を支援した。

の病気、クリミア熱、赤痢、リウマチをすでに経験しました。私はこの気候に完全に適応し、すべての人たちとともにあくまで頑張る用意ができていると信じています。」

坐骨神経痛の症状が出たのはこのときが初めてである。慢性ブルセラ症に特徴的な骨関節系への侵襲（おそらく仙腸関節炎）が始まっている（表2―2）。彼女の強気とは裏腹に、病は深く静かに進行していった。にもかかわらず、彼女は多くの実績を残してゆく。兵士のための学校、読書室、郵便局の設置などの福利厚生事業のほか、雑役兵制度の廃止、医療部隊の創設など、多くの事業を成し遂げていった。

それは驚異的な成果であった。……しかし、その成果も延々と続く苦しい仕事の代償としてのみ達成されてきた。彼女の病状が絶望的であった一八五五年の夏の間中、彼女が孤独で衰弱し、事務への過大な要求で押しつぶされていた秋を通じて、彼女の福祉活動に含まれる、多くの追加的な通信業務、説得、面談、会計、目録作成を彼女は何とかして達成せねばならなかった。彼女は五月の病気からはけして完全には回復してなかった。依然として坐骨神経痛もあったし、急速に体重が減少し、耳にも問題が生じていた。

体が弱っていようと、痛みがあろうと、仕事を黙々と遂行してゆく、ナイチンゲールのこの根性、根気が凄いと思う。体重減少が心配である。

一八五六年——傷心の帰国

この年になると、仙腸関節炎のみならず、神経炎症状も起こるようになってきた（図2—6）。

毎晩、巨大な量の日常業務を済ませた後、彼女は姿勢を正して陸軍省への報告書に取り組まねばならなかった。……一八五六年の年が明けた時、彼女の健康状態はさらに悪化しており、耳痛や持続的な喉頭炎があり、寝ることも困難であった。暗くて氷のような寒さの中で彼女は失敗への強迫観念で部屋の中を徘徊した。

耳と喉が痛いというのは、舌咽神経痛だろうか？　三叉神経痛と同様の激しい、刺すような痛みである。これが起こると痛みのため、ものが呑み込めなくなるらしい。

しかし、ナイチンゲールの足を引っ張り、ナイチンゲールに地獄の苦しみを与えてきた軍医や看護師たちにとうとう鉄槌が下されるときが来た。一八五六年三月一六日、ナイチンゲールの看護師への全権を保証する陸軍大臣の「全軍命令」が下ったのである。修道女の看護師といえども、看護総監督ナイチンゲールに無断で病院を替わったりすることは許されなくなったのである。ついに反対派の息の根は止められた。

しかし、ナイチンゲールの心は晴れなかった。なぜなら、軍の衛生改革はまだまだ手付かずである。クリミアで戦い、死んでいった多くの兵士たちの残した教訓を誰も

仙腸関節炎

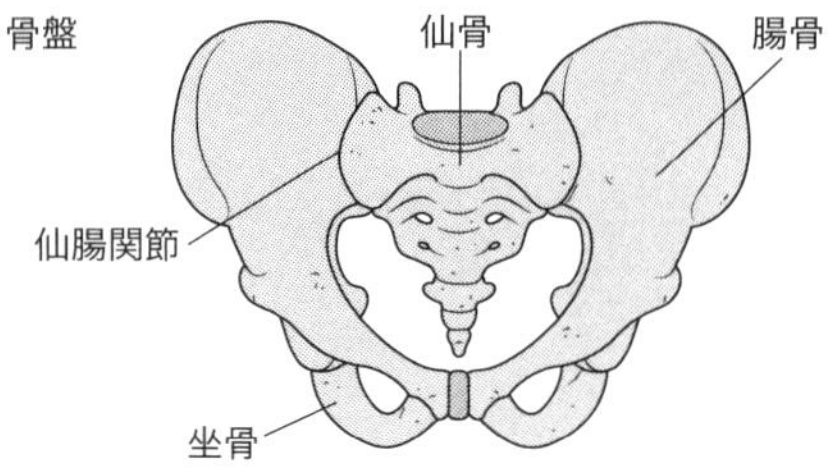

仙腸関節は、骨盤の骨である仙骨と腸骨の間にある関節であり、周囲の靭帯により強固に連結されて、上半身の重みを支えている。
症状としては、片側の腰痛、殿部の痛み、鼠径部の痛み、下肢の痛み、下腿の痛み・しびれ、足部の痛みなどを生じる。さらに下記の症状が出る。
・座っていると痛みが増す、長時間座っていられない
・あおむけに寝ることができない
・痛い側を下にして寝ることができない
・歩き始めに痛む

脊椎炎

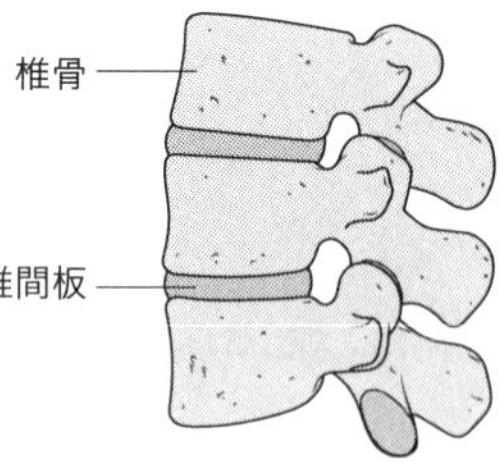

脊椎炎は、椎骨の炎症で、通常重症で慢性の疾患である。骨結核に伴うこともある。椎骨は次第に摩滅し押しつぶされ、脊柱後弯症の原因となる。ブルセラ症のような感染症に伴う場合は、椎間板と椎骨に炎症が起き、傷害される。ときに強直性脊椎炎の原因となる。
症状としては背中、腰あるいは殿部の痛み・こわばりである。
脊椎の画像診断では発症後2、3週間後くらいから骨・関節の病変が認められ、関節の辺縁が不鮮明になったり、仙腸関節の間が広くなったりする。また脊椎炎を伴う症例では骨端炎、椎間板の狭小化、骨棘形成などの所見を認める。

心内膜炎

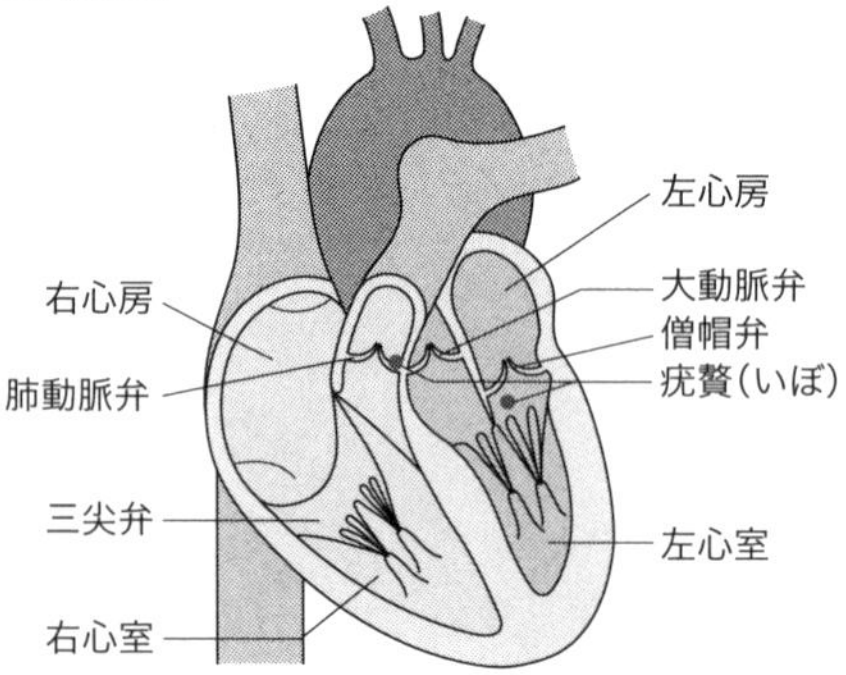

心内膜炎は、病原体が血流に乗って心臓の弁などに感染し、弁上に疣贅（いぼ）や周囲に膿瘍を形成し、弁を破壊したり弁の動きを障害したりして、弁膜症（狭窄症・閉鎖不全症）や頻脈発作を起こす病態である。ブルセラ心内膜炎では大動脈弁が最も侵され（75%）、次いで僧帽弁である。
症状として、疲労、悪寒、発熱、頻脈、体重減少、発汗、貧血、顔面蒼白、関節痛、痛みを伴う皮下結節などがある。ブルセラ症の心内膜炎の合併率は１％以下であるが、死亡原因の80%を占める。
弁膜が侵されると、心臓弁膜症（閉鎖不全症あるいは狭窄症）を起こし、うっ血性心不全となる。弁が破壊された場合、病変は非可逆性であり、手術（人工弁置換術）しない限り、症状が改善することはない。ナイチンゲールの頻脈は発作的・一時的なものであり、晩年は症状も改善しているので、軽度の心内膜炎、うっ血性心不全があった可能性はあるが、重篤な心臓弁膜症は合併していなかったと思われる。

図 2–6　慢性ブルセラ症の合併症

いか。

が理解していないのではないか。イギリス本土でも若い兵士たちは相変わらず狭い不衛生な兵舎に住まわされ（閉じ込められ）、健康を害して死んでいっているのではないか。

四月二九日、連合軍は和平宣言をし、ここにクリミア戦争は終結した。

七月一六日、最後の患者が兵舎病院を退院した。

母ファニーと姉パースはメイ叔母に対し、帰国後のフロレンスたちの歓迎会の計画について手紙で尋ねた。メイ叔母は次のように答えた。

彼女は計画について何も言っていません。彼女は、活気があって、すごく元気に見えますが、分かりません、彼女の健康状態はひどく不安定です、彼女は痛々しく痩せて、一人になるとひどく落ち込んでしまいます。

七月二八日、メイ叔母とともにコンスタンチノープルを出航し、帰国の途についた。パリに立ち寄り、八月七日夕方、近くのワットスタンドウェル駅からリー・ハーストの邸宅へ一人で歩いて向かった。

少し長くなるが、帰国後（八月頃）のナイチンゲールの心情を描写した箇所である。(1)

彼女は召喚命令▼10に従った。彼女は女性であり、病気であり、孤独であり、疲

▼10　英国兵士を救えとの神の呼び出し。

れ切っている。しかし彼女は声を上げて、荒野の中で泣きわめくように訴えた、英国陸軍の保健行政改革に取り掛かる準備があると。しかし、彼女は自分の不運を腹立たしく思っていた。自分自身を思って涙した。彼女は怒りが込み上げてきた。

誰も彼女が仕事のために投げ捨てざるをえなかったものを理解しなかった。誰も仕事自体に重大な緊急性があることを理解しなかった。彼女の若い頃の性格の特徴だった博愛の心、辛抱強さ、クラーキー▼11が〝フロー〔フロレンスの愛称〕の桁はずれの善良さ〟と書いたそんな性質は消えていった。彼女の驚くべき精神性は成長した。彼女の洞察力、痛みに耐える無限の力、持続力、仕事をするための鉄の意志、徹底した公明正大さはより一層驚異的となった。彼女の若い頃の女性らしさはなくなってしまった。

彼女は誰をも信用せず、何も説明しなかった。彼女の家族や友達は当惑したが、彼女は彼らを啓発しなかった。彼女が同情を求めて心を痛めた時は過去のものになった。彼女は支持者もなく、信頼できる人もいないという意識の中で今を楽しんでいた。彼女は一人ぼっちだった。

英軍兵士のための衛生改革を決意するのはいいのだが、心があまりにもずたずたに傷ついていて、ネガティブな感情に支配されていると言わざるを得ない。クリミアの地で多くのことを成し遂げた。とくに看護師という職業に光を当てたことは一番の業績だと思う。知的で規律のある看護師という職業はこのときから始まったのである。

▼11　**クラーキー＝メアリー・クラーク**（一七九三―一八八三）パリ社交界の中心人物。スコットランド・ジャコバイトの家系。フロレンスの親友。フロレンスに大きな影響を与えた。

このこと自体が最大の衛生改革、医療革命といえると思う。だから、ポジティブな面を見て、笑顔で帰国してもよかったのだが、ナイチンゲール自身は病者として追い詰められていた。

イギリス国民は、帰国したナイチンゲールをクリミア戦争のヒロインとして迎えたがっていた。しかし、彼女の心は大歓迎会、凱旋祝賀会などに参加するどころではない。多くの兵士を病院の中で死なせてしまったという無念さ、自責の念でいっぱいだった。一種のうつ状態に陥っている。そして、自分は間もなく死ぬと確信していた。(1)

クリミアから帰国して以来、ナイチンゲールは大衆の前に一度も姿を現さず、公的な催し物にも参加せず、公的な発言もしなかった。一、二年のうちに、人々は彼女は死んだと思い込んでいた。……彼女は何も書かず、何も話さず、姿も見せなかった。

対人恐怖症というか、ほとんど引きこもり状態であった。ところが、九月初旬、そんなナイチンゲールにビクトリア女王からクリミアでの体験を聞きたいと声がかかった。ナイチンゲールは長椅子から跳び起きて、仕事（陸軍病院での出来事のデータ整理）にとりかかった。女王は夫とともにスコットランドのバルモラル城（**巻頭地図①**、**図2―7**）に滞在されていた。ナイチンゲールは父ウィリアムとともにまずエジンバラに向かった。

図2―7　バルモラル城
二〇二二年九月八日、エリザベス女王（二世）はここで死去した。

九月一五日、彼女は父ウィリアムに伴われて、エジンバラ▼12……に到着した。そこで……四日間の猛烈で集中的な仕事に取り組んだ。彼女の病状は深刻な不安を引き起こしていた。弱っていて、痩せていて、食物を見たときの吐き気がまだあった。それでも彼女は、……膨大な量の数字や事実を分類し、消化し、順に並べる作業を日夜行うことができた。彼女のちょっとした自由時間は、兵舎、病院、施設の訪問や視察に当てられた。

不定症状はあるが、元気に活動している。そして、九月二一日、バルモラル城でビクトリア女王夫妻に謁見し、会見は二時間以上に及んだ。夫妻は陸軍病院の衛生改革に理解を示され、ナイチンゲールをとても気に入られた。

一〇月三日、ナイチンゲールは再びバルモラル城に向かったが、父ウィリアムは帰ってしまった。極度の疲労ですでに半分死んだようなフロレンスの姿を見ることに耐えられなくなったという。一〇月五日、女王夫妻と会見、陸軍大臣も同席し、軍の衛生改革のための王立委員会設置、機密報告書作成などが決まって、ナイチンゲールにとって大きな前進となった。一一月初旬、ロンドンのバーリントン・ホテルに戻った。のちにナイチンゲールにとって重要人物となる、統計学者ウィリアム・ファー（第5章一四〇頁）もこのときから、仲間として衛生改革運動に参加することになる。

父ウィリアムの言葉などから、ナイチンゲールが病的な、老婆のような姿になったのかと想像するが、けっして傍から見てそうではなかったようだ。バルモラル城から帰途のナイチンゲールを間近に見たアバディーン市民は「顔立ちの良い、きれいなレ

▼12 エジンバラはスコットランドの首都。エジンバラ城や旧市街の美しい街並みは有名。エジンバラ大学は欧州屈指の名門大学。

ディで、はにかみ屋の性質がすぐに分かった」と記している。ウィリアム・ファーの娘は、子供の頃見かけたナイチンゲールについて「背の高い体形、優雅な姿勢、美しく均整のとれた顔貌に強い印象を受けた」と後年回想している。オーラは輝いていたようだ。

一八五七年――報告書作成の重圧

ナイチンゲールは一八五六年一〇月にビクトリア女王夫妻と会見し、軍の衛生改革のための王立委員会の設立が決まっていたが、翌年の五月になって、ようやくその王立委員会が発足した。機密報告書の作成も順調だったが、仕事の重圧から、ナイチンゲールは次第に体調を崩している。

七月、『英国陸軍の健康、能率および病院管理に影響を及ぼしている諸事項についての覚え書』という、膨大な著作を書き終える。

八月一一日、過労から完全な虚脱発作▼13を起こした。この虚脱発作は、ブルセラ菌菌血症による非特異的症状の出現と考えられているが(3)、合併症症状も出現してきている。

八月一七日頃の手紙――

姉パースの手紙「子どものように何もできなくなり、食物も必ず彼女の口に入れ

▼13 虚脱発作(collapse)とは、頻脈発作(七一頁注22参照)ではなかったかと推定される。

てあげないと何も食べられない」

母ファニーの父ウィリアムへの手紙「フロレンスは突然マルバーン▼14に行くことを決心しました。彼女は従僕のジョージ以外誰も連れていきませんでした。そこへ彼女は自分の疲れた足を引きずって行きました。あんなにわびしそうな、不自由な彼女を思うと、私たちはすごく惨めな気持ちになりました」

フロレンスのサザーランド博士▼15への手紙「少しでも散歩やお出かけをした後は、一晩中激しい動悸のために起きていました。そして動物性食品はちょっと見ただけで吐き気を催します。今手紙を書いていると動悸が始まります」


また、サザーランド博士と父ウィリアムの印象(1)――


マルバーンに着いた〔サザーランド〕博士は、フロレンスが明らかに死の入り口にいることがわかった。……彼女は元気がなく、ソファを離れることもできず、夜も二時間以上は眠れなかった。脈はパクパクしていて、それをおさえるために、一日二回、冷水パックが与えられた。彼女の肉体的状況にもかかわらず、彼女はかたくなに仕事を続けた。……

父ウィリアムはマルバーンにやって来て、二、三分間でも彼女に会うと言い張った。彼はゾッとした。母ファニーへの手紙、「彼女の命はもう長くない。呼吸も苦しそうで、興奮すると食物も摂れなくなる、その結果、夜も不眠状態だ……。悲惨だ。これ以上何も言えない」。

▼14 **マルバーン** イングランド・ウスターシャー州にある温泉町。保養地として有名だった。
▼15 **ジョン・サザーランド**（一八〇八―九一） エジンバラ出身の医師。フロレンスの同志として、軍の衛生改革に取り組んだ。

座れない、不眠、頻脈、動悸、息切れ、食欲不振など、慢性ブルセラ症の非特異的症状や座れないといった仙腸関節炎の症状が出ている。

セシル・ウーダム＝スミスは次のように書いた[1]。

一八五七年八月の虚脱発作は、女史の病者としての引退生活の始まりであった。クリミアから帰って来て最初の一年間は、公的な人物としては完全な引退生活に入っていたが、普通の日常生活は送ってきた。

「飛び回る」元気があったと彼女は言った。ハイゲートのサザーランドの所まで行き、帰って来てベルグレーブ・スクウェアのシドニー・ハーバート▼16と食事をし、病院を訪問したり、兵舎を訪問したりし、ほとんど毎日、公園を少しだけ散歩しに行っていた。催し物に参加するのは拒否したが、友だちには会っていた。「あなたはスタンリー卿と知り合いになるべきです。……日曜日にはここで彼と食事をしましょう」と一八五七年二月、リチャード・モンクトン・ミルンズ▼17は手紙を書いた。しかし同年八月以後は、仕事をする力だけしかなかった。「彼女はとても容認できない生活をしています。合い間合い間に横にならないと仕事を続けられないのです」とパースは、同年一二月クラーキーに手紙を書いた。彼女は一回に三〇分ぐらいしか仕事ができなかった。少しでも仕事が長引くと、疲労は恐るべきものとなり、しばしば失神した。

▼16　**シドニー・ハーバート**（一八一〇—六一）　英国貴族。政治家。フロレンスの友人。陸軍大臣として、フロレンスとともに陸軍の衛生改革に取り組むが、道半ばで腎臓病のため亡くなる。

▼17　**リチャード・モンクトン・ミルンズ**（一八〇九—八五）　英国貴族。詩人。フロレンスの求婚者。フロレンスも彼を愛していたが、看護の道を歩むため求婚を断った。

これは「最初の重症発作」とされるが、[3] 発作時は呼吸が過度に速くなり、頭痛と胸痛を伴っていたと書いている。

とうとう起き上がることも、立って歩くこともできなくなった。ナイチンゲールは身体障害者、要介護者になったのである。ブルセラ菌は二年余りでここまでナイチンゲールの体を壊したのだ。一一月、ナイチンゲールは余命いくばくもないことを悟り、「遺骨はクリミアの地に埋めてほしい」と遺言状を書いた。

応接間のソファに横になって、めったに起き上がることはなく、外出することもほとんどなく、以前骨を折って働いた以上に、苦しい仕事に向かった。

身体障害者にはなってしまったが、頭脳は明晰で、委員会のための資料作りに没頭していた。

一八五八年――『英陸軍の死亡率』の発表

春、ウィリアム・ファーと同様にナイチンゲールにとって重要な人物となるダグラス・ガルトン（一八二二―九九）と知り合いになる。ガルトンは、兵舎の建築、換気、暖房、上下水の専門技師であったが、驚くべきことにフロレンスの従妹の夫でもあった。

八月、『英陸軍の死亡率』という小冊子を刊行する。これは、クリミア戦争中の死亡率の推移が、鶏頭図あるいはバットウィング（コウモリの翼）とよばれる有名なグラフで示されている（第6章二一二頁）。このようなグラフで表す疫学統計手法はナイチンゲールのオリジナルであり、今なお光を放っている。この頃のエピソードを記す。

一八五八年の夏のあいだじゅう、彼女はバーリントンにいた。マルバーンでの「新鮮な空気と冷水パック」による一週間の治療のために二回だけロンドンを出た。

彼女は鉄道の病人専用車で旅に出た。メイ叔母がお守り（魔除け）として、そしてクラフ▼18が案内人として付き添った。近くで見ていた人々は畏敬の念に打たれた。女史は椅子で運ばれたが、それを担ぐのは老兵士たちで、彼らはまるで彼女が御神体であるかのように運んだ。駅のプラットフォームから人は立ち退かされ、やじ馬は排除され、声は静かにさせられ、駅長と駅員は、彼女が運ばれて客車に入るときは脱帽した。彼女はすでに神話になりつつあった。

この頃のナイチンゲールの移送は椅子で行われていた。車椅子はなかったのだろうか？

八月五日、クリミアの仲間だった料理人アレクシス・ソイヤー▼19が亡くなる。彼もクリミアでクリミア熱（おそらくブルセラ症）に罹患しているが、直接死因は消化管出血だった(4)。

▼18 **アーサー・ヒュー・クラフ**（一八一九―六一）詩人。フロレンスの従妹（メイ叔母の長女）の夫。フロレンスの秘書として献身的に尽くす。

▼19 **アレクシス・ソイヤー**（一八一〇―五八）フランス出身の有名な料理人。兵士のためのおいしい食事をつくってフロレンスの病院改革を助けた。

一八五九年——ベストセラー『看護覚え書』の発表

一八五九年夏、彼女はまたいつもの失神、衰弱、摂食不能の症状の虚脱発作を起こした（二回目の重症発作）。ハムステッド街▼20で静養。

彼女は今、ベッドかソファにずっと居た。彼女はけして歩かず、外出もめったにしなかった。彼女の顔は紅潮し、手は熱く、話をするのも努力が要ることに母ファニーは気づいた。

発熱していたのだろうか？　しかし、その後は小康状態を保ったようだ。

一八五九年六月、メイ叔母はエンブリーへの手紙を書いた、一時持っていたような「日々の恐怖心」を今は持っていないと。九月、サザーランド博士は、ナイチンゲール自身がそう思っていたように彼女の命が短いだろうとは今は考えられないと母ファニーに話した。

このような平穏の中で、今にも残る重要な著作『病院覚え書』『看護覚え書』『思索への示唆』を執筆し、出版する。『看護覚え書』は出版されるや、ベストセラーになった。

▼20　ハムステッドはロンドン北部にある高級住宅地。古くから鉱泉が有名で多くの文人が住んだ。

図2―8　ナイチンゲール看護学校が開設されたセント・トーマス病院

一八六〇年――ナイチンゲール看護学校の開設

七月九日、ナイチンゲール基金四万五千ポンドをもとに、ナイチンゲール看護学校をセント・トーマス病院に開設した（図2―8）。セント・トーマス病院の多くの医師は開設に反対だった▼21。

▼21 看護師の教育水準を上げれば医師の領域をおかすおそれがある。今のままで十分、というのが、主な理由であった。

一八六一年――最後の重症発作

この年、六月に三回目の重症発作が起きた。ナイチンゲールは自分の症状をこう述べている(1)。

毎日午後五時か六時から、翌日の八時か九時まで、全く何もできません。心臓が締め付けられるような感じ▼22……つるされているような……のために楽しい本を読むこともできません。これに加えて、週平均二日は、まったく何もできなくなります……私はただベッドに静かに横になっているだけです。試しに起き上がろうとすると、着衣の労力だけで三、四時間も完全に横になってしまいます。

▼22 **発作性頻拍（頻脈発作）の症状** 動悸、息切れ、胸の不快感が突然出現。脈が極端にはやくなると、心臓の収縮拡張ができなくなり、血圧低下や失神が起きる。

八月二日、シドニー・ハーバート死去のショックで、虚脱発作を起こす。

八月末、シドニー・ハーバートの思い出の残るバーリントン街の住居を引き払って、ハムステッド街に移転した。

フロレンスの九月の状況(1)——

フロレンスは、ハムステッドの家具付きの部屋で、惨めに病に伏せっていた。失神、はげしい衰弱、食物を見ての吐き気など、いつもの虚脱発作のすべての症状が再び現れた。そのうえ神経性の攣縮にも悩まされていた。彼女は、引き続き独りにしておいてほしいと要求していた。

一一月初旬、仕事が忙しくなってきたため、ハムステッド街に引きこもっているわけにはいかず、サウス街三二番地に引っ越し。

一一月一二日、アーサー・ヒュー・クラフ死去で、また虚脱発作が起こる。

一二月一三日、クラーキーへの手紙(1)——

今日は一番短い日です。これが私の最後の日であったなら。さようなら、いとしい友よ。私は悪くなっています。私は二回診察を受けましたが、医師はこんなすべての苦労が脊椎のうっ血を引き起こしており、これは麻痺に直結すると言っています。手紙を書いてはならないと言っています。そういわれると私はもっとそれを全部書きます。

脊椎炎が悪化しているのだろうか？

一二月二五日、再び昏倒し、一八五七年夏の大病以来、最も危険な状態に陥った。四回目の重症発作である。

数週間の間、彼女は死ぬものと思われていた。彼女は死ぬことを願っていたが、彼女の鉄の体質が勝利した。一月の半ばまでにはベッドの上に起き上がれるようになった。しかし健康の悪化は次の段階に達していた。この最後の発作後、彼女は寝たきり状態となり、六年間、部屋を離れなかった。その間、家から家へは移動したが、歩行することはできず、担架で運ばれねばならなかった。

しかし、この発作を最後として、生命の危険を感じさせるような状態には陥らなかったようである。

一八六二年以後——慢性症状と生きる

インド駐在陸軍の衛生改革の仕事には、一八五九年頃から関わっていたが、この年から本格化する。この年の秋には、『ナイチンゲール私見』という意見書を提出。これは『看護覚え書』以降、最も読み応えのある著作となった。この『私見』を一般読者向けに要約したものが、一八六三年一〇月、『インドの人々が滅びることなく生きる道』という題で刊行された。

一八六五年一〇月、サウス街三五番地（のちの一〇番地）に居を定める（図2―9）。ここはフロレンスにとって終の棲家となった。一八六一年以降ベッドに寝たきりで、「脊椎リウマチ」と記述された重症の痛みが背中に出始めていた。慢性ブルセラ症の脊椎炎症状と思われる。

一八六六年一月一九日、ウィリアム・ファーへの手紙(1)――

今年の初めから、ずっと体の調子が悪く、しばしば四八時間続く痛みのために体位を変えることができませんでした。

ナイチンゲールは局所麻酔注射を受けていた。

一八六六年七月、クラーキーの夫への手紙(1)――

どんなことをしても良くなりませんが、あのアヘンを皮下に入れるという、最新の奇妙な小手術は、痛みを二四時間和らげてくれます。

同年九月、ジョウェット▼23は、ナイチンゲールのことを「一人で部屋に座っている哀れな病気の女性」と表現している。翌年にも痛みは続いていて、マルバーンに保養に出かけている。しかし、この頃から先は、病気に関する記述は、ほとんどなくなった。

図2―9　ロンドンのサウス街、ナイチンゲールの住居があったことを示すブループラーク

▼23　ベンジャミン・ジョウエット
（一八一七―九三）オックスフォード大学教授。神学者。フロレンスに直言できる唯一の友人。

一八九〇年五月、姉のパースがクレイドンで亡くなる。

パースの死はナイチンゲールをバーネイ家により一層近づけた。彼女はすぐにクレイドンに赴き、ハリー卿▼24とともに秋まで過ごした。彼女は卿に尽くした……彼女はそのとき七〇歳であった。彼女の健康状態はこれまでかなり改善し、ときどき卿の腕にもたれて、短い散歩をすることができた。クレイドンは彼女の第二の故郷となった。彼女は好きな人たちを招待し、看護師の一団をもてなし、インドの紳士たちも昼食にやってきた。ジョウェットも頻繁に訪れた。

慢性ブルセラ症の病も癒え、見た目にもふくよかになり、介助付きではあるが散歩もできるようになった。ここまで回復したのだ。ナイチンゲールはブルセラ症に打ち勝った。そう言えるのではないだろうか。

そして、世の中も変化し、科学も進歩していた。

一八六一年、フランスのパスツール▼25は『自然発生説の検討』を著し、白鳥の首の形をしたフラスコを使って、中に入れた培地が発酵するのは、自然に起きるのではなく、空中に浮遊する感染性塵埃《じんあい》が原因であることを証明した。ドイツのコッホは一八七六年には炭疽菌、一八八二年には結核菌、一八八三年にはコレラ菌を発見し、細菌と感染症の関係を明らかにした。ナイチンゲールは、こうした学問的発見のニュースをサウス街で聞いただろうか？

そして、一八八七年、イギリス軍医デービッド・ブルース▼26が波状熱患者の脾臓

▼24 **ハリー・バーネイ卿**（一八〇一—一九四）　フロレンスの姉パースの夫。クレイドン・ハウスという大きな館が住まいであった。

▼25 **ルイ・パスツール**（一八二二—一九五）　フランスの細菌学者。「白鳥の首フラスコ」の実験によって、自然発生説を否定し、発酵が微生物の働きであることを証明した。このことで「感染症は微生物（細菌）によって起こる」という近代細菌学の基礎ができた。自然発生説とは、生物は無生物から生まれるとする説。この説によると、ミツバチやホタルは草の露からも生まれ、ウナギ・エビ・タコ・イカなどは海底の泥から産まれる。

▼26 **デービッド・ブルース**（一八五五—一九三一）　スコットランド出身の微生物学者、イギリス陸軍軍医監。マルタ島に軍医として出張中、当地のマルタ熱の病原体を発見する。マルタ熱はのちに彼の名前を採ってブルセラ症と呼ばれるようになった。

から病原菌（のちに *Brucella melitensis* と命名）を発見した。ようやくナイチンゲールを苦しめた悪魔の正体がわかったのである。そして一九〇五年にはヤギ乳▼27がブルセラ菌の主な感染源であることが判明する。コレラと同様に、経口感染が感染のメインルートであった。ナイチンゲールは顕微鏡で菌を見ただろうか？

そして、ナイチンゲールにも最後のシーンが近づいてきた。一八八六年頃から視力の低下が起きた。一八九六年以降はサウス街から離れることはなく、すべての生活を寝室で過ごした。一九〇〇年以降はほぼ盲目となり、認知症にも陥ったようである。一九一〇年八月一三日、ナイチンゲールはサウス街で静かに永眠した。

まとめ

フロレンス・ナイチンゲールはスクタリでヤギのミルク（推定）を飲んだ。ミルクの中にはブルセラ菌（*Brucella melitensis*）が混入していた。一定の潜伏期間の後、バラクラバで発症した。このとき三五歳。いったん症状は改善したが、その後も不定の症状は持続し、次第に慢性ブルセラ症へと移行した。そして、特徴的な仙腸関節炎、脊椎炎を併発し、立位も坐位も取れず歩行も困難となり、何年にもわたって寝たきり状態になってしまった。しかし、晩年になると慢性の症状も収まり、介助付きで散歩もできるようになった。

波乱に満ちた人生ではあったけれど、一般的な幸せな人生ではなかったかもしれないけれど、晩年は不仲だった家族とも和解し、心も体も平穏と平和を得ることができ

▼27 ヤギ乳の脂肪球は牛乳の六分の一。乳糖も牛乳より小さく、消化吸収されやすい。牛乳のタンパク質の主成分はβカゼイン。ヤギ乳のタンパク質の主成分はαカゼインで、アレルギーが少ないとされる。

たのではないだろうか。自分の人生を振り返り、確かな幸せを感じることができたのではないだろうか。

最後に、何度読んでもほろっとなる親友ジョウェットの有名な手紙（一八七九年一二月三一日付）[1] をここに置いて、この章を終了したいと思う（傍点は筆者）。

二三年前、あなたがクリミアから帰って来られたとき、多くの人があなたに恋をしていました（もっと要領よく立ち回っていたなら、あなたは公爵夫人▼28になられていたと私は本当に思います）。しかし今、あなたはただ黙々と仕事をしています。そしてあなたが育てた病院看護師によって、どれだけ多くの命が救われてきたことか（あなたは看護の新しい時代を開きました）、悪い空気と悪い排水と換気の犠牲者になっていたかもしれない、多くの兵士たちが、あなたの先見性と努力のおかげで今なお生きることができているということ、今の世代そして来たる世代のどれだけ多くのインドの人びとが、一人の、ベッドからほとんど起き上がることもできない病気の女性の力によって、飢えと圧制と負債の山から護られてきたのかということを、誰も知りません。世はこのことを全く知らないし、考えようともしません。しかし私は知っています、そしてときどきそのことを思うのです。そして、あなたにもそれを思ってほしい。そうすれば、あなたのこれからの人生において、あなたの人生が（悲しいことも含めて）いかに幸せなものであるか、そして幸せなものであったのかが見えてくると思うのです。

▼28　英国の貴族制度は、高位から公爵（Duke）、侯爵（Marquess）、伯爵（Earl）、子爵（Viscount）、男爵（Baron）となっている。公爵夫人はDuchessと呼ぶ。男爵は一代限りである。

第２章　参考文献

（１）Cecil Woodham-Smith: Florence Nightingale. Constable, 1950. 以下、本章におけるナイチンゲールの動向についての引用は、本書による。
（２）Florence Nightingale: Notes on Nursing. Dover, 1969.
（３）Young DAB: Florence Nightingale's fever. BMJ 311: 1697-700, 1995.
（４）国立感染症研究所：「ブルセラ症とは」二〇一九年一〇月一六日改訂。https://www.niid.go.jp/niid/ja/kansennohanashi/513-brucella.html（二〇二一年三月二日閲覧）
（５）ＭＳＤマニュアル家庭版：「ブルセラ症」。https://www.msdmanuals.com/ja-jp/（二〇二一年三月二日閲覧）
（６）CDC: Brucellosis. https://www.cdc.gov/brucellosis/（二〇二一年三月二日閲覧）
（７）Ruth Cowen, Relish: The Extraordinary Life of Alexis Soyer, Victorian Celebrity Chef, Orion Pub Co, 2008.

第3章　ユニタリアン派の人々に支えられて

フロレンス・ナイチンゲールの人生を調べていると、「ユニタリアン」という言葉がよく出てくる。

ユニタリアンについては、第1章三五頁ですでに述べたが、その思想は、キリスト教教義の中心である三位一体（父と子と聖霊）を否定し、イエス・キリストは神ではなく人であるという考え方（イエスの神格化を否定）に基づいている。これが「神の前に人は平等」という思想につながり、ユニタリアンに独特の「奴隷制廃止論（abolitionism）」につながったのだろうか。筆者には、ユニタリアンの思想にも理があり、異常とは思わないが、ユニタリアンはキリスト教の異端派として、苦難の歴史を歩んできた。

1　ユニタリアンの始まり

ユニタリアンの始祖とされているのはマイケル・サービトゥス▼1である。(1) アラゴン王国（今のスペイン）に生まれ、フランスに出て、法律、解剖学、地理学などを学んだ。その後、数学、天文学、医学、薬学を学び、一五三九年にパリで医師の資格を得て、ウィーンで医師として働き始めた。一五五三年、『キリスト教の復興』という大著を出版し、三位一体否定の立場から、カトリックと改革派双方の権力体制を痛烈に批判した。これによってサービトゥスは異端者として糾弾され、ウィーンで投獄されたが、ジュネーブへ逃亡した。しかし、ジュネーブで逮捕されて火刑に処された。

▼1　**マイケル・サービトゥス**（Michael Servetus、一五一一―一五五三）　フランス語の表記ではミシェル・セルヴェ。

その後、三位一体否定を唱える人々は地下に潜行したが、トランシルバニア地方（現在のルーマニア）で勃興し、正式のユニタリアン教会ができた。そしていつしかユニタリアンの思想はイギリスにも到達し、広がっていった。

すでに述べたように、ナイチンゲールの家系は母方、父方ともユニタリアンであった▼2。ナイチンゲール家はユニタリアンとの交わりを重視していた。そして、フロレンス・ナイチンゲールもユニタリアンのネットワークの中で生き、多くの援助を得た。

▼2 詳しくは第1章を参照。

そんなユニタリアン派の人々の中でも、フロレンスを助けた四人の重要人物、シスモンディ、ハウ、マーティノ、ラスボーンを紹介したいと思う。シスモンディとハウはユニタリアンではなかったかもしれないが、妻がユニタリアンであった。

なお、筆者が感じたユニタリアンの特徴を以下に示しておく。

（1）芯からの人道主義者であり、慈善家が多い
（2）奴隷制度廃止論者である
（3）商売で成功し、お金持ちが多い
（4）博学な人が多く、子どもの教育にも熱心である
（5）科学的な業績を残した人が多い

2 レオナルド・シスモンディ（1773-1842）

シスモンディは、ジュネーブ生まれの歴史家、経済学者である。父は牧師であり、義理の叔父も有名な牧師で、啓蒙思想家のヴォルテール▼3やルソー▼4の友人だった。[(2)]シスモンディは、リヨン（フランス南東部の都市）で銀行員になったが、そのときフランス革命が起きた。革命の嵐は生まれ故郷のジュネーブにまで及び、一家はイギリスに避難することになる。だが、イギリスの気候を嫌って一年半後に一家はジュネーブに戻ってきたものの、革命の影響で財産のほとんどを失ってしまい、今度はイタリア・トスカーナ地方の片田舎ペッシャに移住。そこで小さな農地を買い、農業経営に従事することになった。その後、シスモンディはジュネーブに再び戻り、六年にわたる農業経験から『トスカーナ農業の概観』を出版する（一八〇一年）。さらに、アダム・スミス▼5の著作『国富論』を知って感銘を受け、スミスの考えを概説する『商業の富』を出版（一八〇三年）。これ以降も、イタリア史やフランス史などを執筆し、著述家としての地位を固めていった。

一八一五年三月、追放されていたナポレオン・ボナパルト▼6がエルバ島を脱出して、パリに帰還したとき、シスモンディは自由主義者の立場から、ナポレオン擁護の論陣を張った。同年五月、ナポレオンはシスモンディをエリゼ宮殿に招き、二人は庭園を散策しながら話を交わしたという。しかし、六月にナポレオンはワーテルローの戦い

▼3 **ヴォルテール**（一六九四―一七七八） フランスの啓蒙思想家。

▼4 **ジャン゠ジャック・ルソー**（一七一二―七八） フランスの哲学者。

▼5 **アダム・スミス**（一七二三―九〇） 哲学者、経済学者。「経済学の父」とよばれる。

▼6 **ナポレオン・ボナパルト**（一七六九―一八二一） 軍人、フランス皇帝。一八一四年に皇帝の地位から失脚してエルバ島へ追放された後、一八一五年に再びパリへ戻って復位するも、ワーテルローの戦いで

に敗れ、セントヘレナ島に追放されてしまった。シスモンディは失意とともにジュネーブへ帰った(3)。

シスモンディは、この頃から再び経済学に関心を示すようになり、『経済学新原理』を出版した。資本主義社会は、コントロールできない生産過剰をもたらし、ついには恐慌を引き起こして、労働者階級を失業と貧困に叩き落とす――。彼は著書の中で、アダム・スミス流の自由放任主義者（古典派経済学）に批判的となり、政府による生産システムへの介入などを主張した。そのため、シスモンディは資本主義制度の本質的な欠陥（病根）を指摘した歴史上最初の経済学者とされている。

シスモンディは言う、「経済学は富を増やす方法ばかり研究し、その富を使って人々を幸せにすることはほとんど研究しない」と。また、シスモンディは熱心な奴隷制度反対論者であり、彼ほど労働者階級に心底から同情を寄せる著述家はいないとまで言われた。そんな人道主義的な性格ゆえに、ユニタリアン派の人々と共鳴が起こるのは当然であったのだろう。一八一六年、シスモンディはイギリス・ウェールズ出身の女性ジェシー・アレンと知り合い、三年後に結婚した。このアレン家は、ウェッジウッド家、ダーウィン家と並んで著名なユニタリアン派の家系であった（図3―1）。シスモンディはその後、ジュネーブ大学講師やジュネーブ議会のメンバーとして活躍し、また著述活動にも励んでいる。

さて、一八三八年、ヨーロッパ旅行中であったナイチンゲール一家は、イタリア旅行を終えてジュネーブに立ち寄り、シスモンディと会った(4)。このときシスモンディはすでに晩年であった。彼の妻アレンは、フロレンスの母ファニー（フランシス・ナイ

敗れて退位に追い込まれた（いわゆる「百日天下」）。

レオナルド・シスモンディ

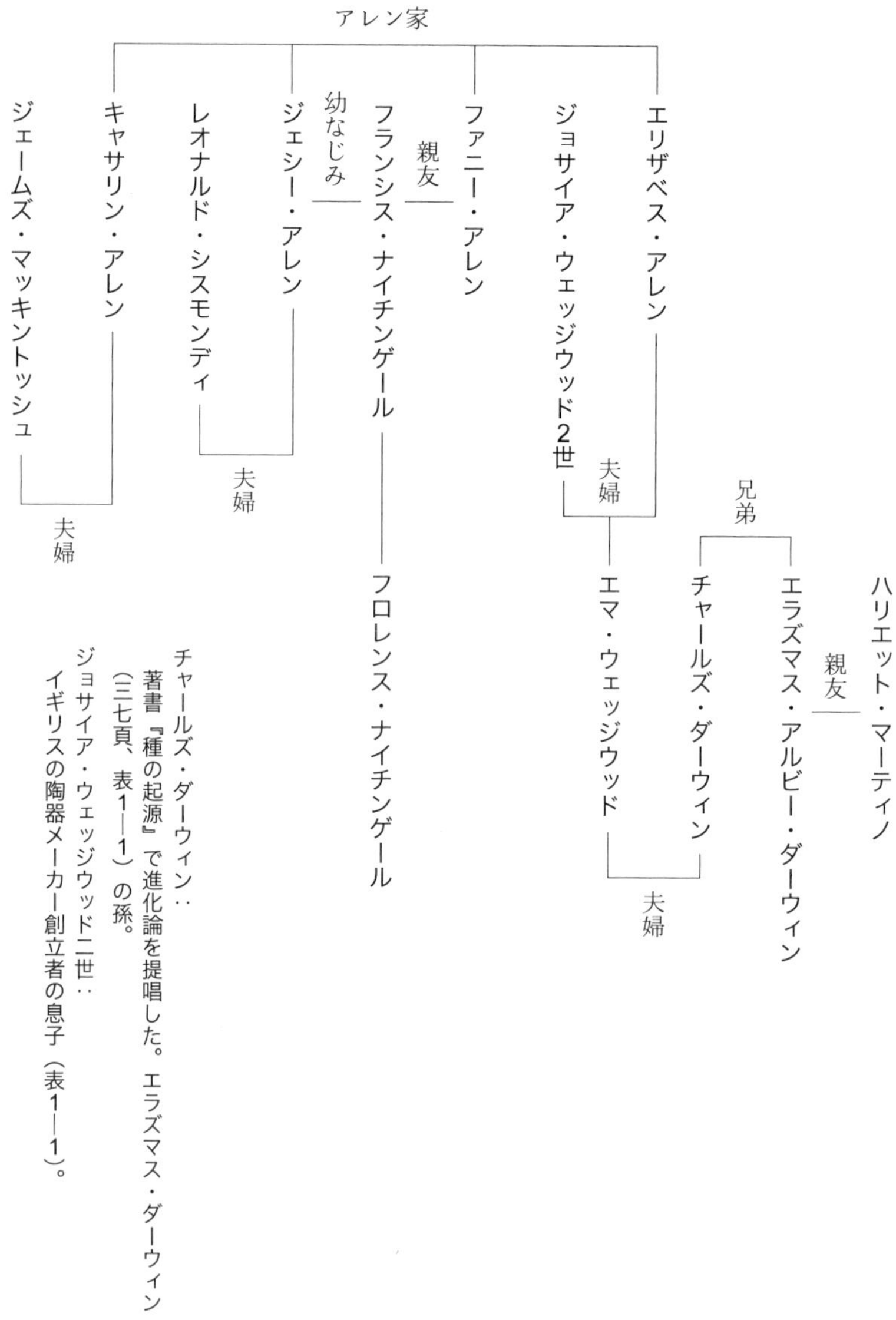

チャールズ・ダーウィン：
著書『種の起源』で進化論を提唱した。エラズマス・ダーウィン
（三七頁、表1—1）の孫。
ジョサイア・ウェッジウッド二世：
イギリスの陶器メーカー創立者の息子（表1—1）。

図3–1　アレン家をめぐる人々

チンゲール）の幼なじみであり、フロレンスの父ウィリアムはシスモンディの友人となっていた。この当時のイタリアはオーストリアの統治下にあり、イタリア独立を目指す人が多数ジュネーブに亡命していたという。

当時一八歳の若きフロレンスはどうしていたか？　セシル・ウーダム＝スミスのナイチンゲールの伝記(4)によれば、

彼女はシスモンディの弟子になった。

シスモンディの性格は魅力的で、その話は人々をうっとりさせた。彼は不幸をみることが嫌で、どんな生き物にも痛みを与えることに耐えられなかった。彼は仕事している間、研究室にいるマウスに餌を与えたし、イタリアでは三〇〇人の乞食が彼の家のドアの外にいつも野宿していた。シスモンディはフロレンスを長い散歩に誘っては、彼のイタリアの歴史、経済、政治理論の話を吐露した。シスモンディを通じて彼女はイタリア独立運動の有名な人物たちに出会った……。

シスモンディのイタリア史は、詩人のバイロン▼7、シェリー▼8、作家のスタンダール▼9らに高く評価され、彼の経済学は当時の経済学者や社会主義者に大きな影響を与えた▼10。そんな大学者から一八歳のフロレンスは散歩の中で何を聞いたのだろうか？　何を学んだのだろうか？

「こうしてあなたと散歩しているように、私はナポレオン閣下と散歩したのですよ、

▼7　**ジョージ・ゴードン・バイロン**（一七八八―一八二四）　詩人。第6章一七〇頁で紹介したエイダ・ラブレス（世界初のコンピューター・プログラマー）の父。

▼8　**パーシー・ビッシュ・シェリー**（一七九二―一八二二）　詩人。妻のメアリー・シェリーは小説『フランケンシュタイン』の作者。

▼9　**スタンダール**（一七八三―一八四二）　作家。代表作に『恋愛論』『赤と黒』『パルムの僧院』など。

▼10　共産主義の父といわれる哲学者・経済学者カール・マルクスは、その著書『共産党宣言』の中でシスモンディを「小ブルジョア社会主義」の巨頭とよび、その思想を「反動的、空想的」と決めつけた(6)。

一度だけですけどね」と自慢したかもしれない。あるいは「産業革命で文明は進歩しましたが、たくさんの困窮する労働者を生みました。産業制度を改善して、労働者の生活を保障しなければなりません」と持論を展開しただろうか？

フロレンスはのちに、看護を担う主体を「修道女・淑女《レディ》のような無償奉仕活動者」ではなく、「生計手段として看護の仕事をする人々」と構想していて、「給与と年金による生活保障」は職業看護師の必須条件と考えていた[5]。このことは「資本主義社会で貧困となった労働者階級の人々を助ける」というシスモンディの人道主義的な思想の影響を受けたのではないだろうか。筆者にはそのように思える。

シスモンディが亡くなったのは、ナイチンゲール一家の訪問から四年後、一八四二年のことであった。

3　サミュエル・ハウ（1801-76）

ハウは、アメリカ・ボストンで生まれた。彼の祖父は、アメリカ独立戦争の引き金となったボストン茶会事件（一七七三年）の際、インディアンに扮装してイギリス東インド会社を襲撃し、紅茶を海に投棄した若者の一人であった。

ハウ家はユニタリアンであった。サミュエル・ハウの父は船主兼ロープ製造業者で、商売は繁盛しており、母はボストン一の美人と言われた[7]。

ハウはハーバード医学校を卒業して医者になったが、当時、アメリカ社会ではギリ

サミュエル・ハウ

シャ独立戦争を支援する人が多く、その中でもハウは海を渡り、ギリシャ軍に外科医として参加するほどであった。ハウには祖父の影響が色濃く表れていたのだろう。そしてハウは、軍医よりもむしろ革命軍の司令官として名を馳せ、「ギリシャ革命のラファイエット▼11」とよばれた。その後、ハウは多くのギリシャ難民の子どもたちを引き連れて帰国し、その子らを教育したという。

帰国後のハウは一八三一年、友人が創立したパーキンス盲学校の初代校長となった。そして一八三八年、目と耳が不自由なローラ・ブリッジマンの教育に成功したことで、パーキンス盲学校はアメリカで知られるようになる▼12。一八四一年には、ニューヨークの裕福な銀行家の娘ジュリア・ウォード（一八一九―一九一〇）が盲学校を訪問している。ウォード家はユニタリアンの家系であった。ジュリアは少女時代から外国語、科学、数学を学び、フランス語、イタリア語、ドイツ語などの読み書きができたという。ナイチンゲールによく似ている。

ハウとジュリアは恋に落ち、一八四三年に結婚、ヨーロッパへ新婚旅行に出かけた。二人はイギリスを訪れ、エンブリー（ハンプシャー州）のナイチンゲール家に立ち寄った。そしてそこに、自分の針路に悶々とする、二四歳のフロレンスがいたのである(4)。

このときフロレンスへのハウの言葉があまりに感動的で胸を打つので、ここに小説風に書き留めたいと思う。

ドクター・ハウがエンブリーに到着した夜。晩餐の後に、フロレンスは居間にいたハウに話しかけた。

▼11 **ラファイエット**（一七五七―一八三四） フランス貴族、軍人、政治家。フランス人でありながら、アメリカ独立戦争に参加し、軍の司令官として活躍した。

▼12 ハウの死後である一八八〇年にはアニー・サリバンが入学し、彼女はのちにヘレン・ケラーの教育係となる。この二人の物語は映画『奇跡の人』として公開され、これによって世界中の人々に知られることとなった。

「ハウ先生、あした、朝食の前に先生とすこし書斎でお話がしたいのですが……」

「いいですとも。喜んで話を聞きますよ、フロレンス」

フロレンスが部屋を出た後、ジュリアは夫にささやいた。

「シェブ▼13、うわさによるとフロレンスはナイチンゲール家でもかなりの変わり者で、母親は女性として普通の人生を歩んでほしいと願っているのに、フロレンスは他人とは違った道を一人で行こうとしているらしいわよ。すごく頭のいい子だけど、自分の信念を曲げず、母親や姉を困らせているそうよ。あなた、くれぐれも言葉には気をつけてね」

翌朝、ハウが書斎で待っているとフロレンスが現れた。フロレンスはハウにいきなり質問した。

「おはようございます、ハウ先生。……イギリスの若い女性が、カトリックの修道女のように、病院やほかの施設で慈善事業に身を捧げることはふさわしくない、似合わないことだと思われますか？　それは恐ろしいことだと思われますか？」

彼はフロレンスの真剣な目を見て静かに答えた。

「フロレンス、それは普通ではないかもしれません。イギリスでは、普通ではないことはすべて不適切なことと思われてしまうようです。しかし、私はあなたに『前へ進みなさい』と言います。もしそのような人生の道を行くことに、自分の務の天職があると思うなら、信念を貫きなさい。ほかの人の幸せのために自分の務

▼13　Chev。ハウの愛称。

めを果たすことに、ふさわしくないとか女性らしくないとかいうことは何もありません。そのことにあなたも気づくでしょう。それを選び、やり続けなさい。それがあなたをどこに導こうとも、神はいつもあなたと一緒です」▼14

フロレンスの目には涙がにじんでいた。

フロレンスがドイツのカイザースヴェルト学園▼15で看護師としての第一歩を踏み出すまでに、この時からあと六年という月日が流れなければならなかった。しかし、ハウの言葉がフロレンスの「看護師として生きてゆく」という決心を固いものにしたことは間違いない。

さて、フロレンスと邂逅した後のハウの足跡もみておこう。

ハウは一八四八年頃に、精神障害者や知的障害者のための学校を建てた。その一方で、奴隷制廃止運動にも深くのめり込んでいった。一八五一年に奴隷制廃止のための新聞を発刊し、妻ジュリアとともに編集者になる。夫妻は、逃亡奴隷を助ける秘密組織「地下鉄道」▼16の一員であり、ハウの自宅は逃亡奴隷の地下ルートの起点の一つでもあった。また、夫妻は逃亡奴隷を slave-catcher（奴隷を捕まえて送り返す人）からかくまうだけでなく、奴隷制度のないカナダへ逃がしたりもした。さらにハウは、過激な奴隷制廃止活動家ジョン・ブラウン（一八〇〇—五九）を支持し、セオドア・パーカー（ユニタリアン牧師）らとともに資金援助していた。そして一八五九年、このジョン・ブラウンが、バージニア州ハーパーズ・フェリーにある連邦政府の武器庫を襲撃する事件が起きた。ブラウンは逮捕され、処刑されることになる。この事件は

▼14　一方で、残念なことに、ハウは妻ジュリアが詩集を出版することには反対したようだ。妻が詩人として世間的に成功することを快く思わなかったらしい。夫婦はむつかしい。

▼15　ドイツ・デュッセルドルフ近郊、ライン川の畔にあった教育・矯正施設。今の「看護学校」の前身である。

▼16　ストウ夫人（ハリエット・ビーチャー・ストウ）は、「地下鉄道」の実態をよく知っており、これをもとに小説『アンクル・トムの小屋』（黒人奴隷の苦難の生涯を描いた物語）を書いたといわれている。

アメリカ南北戦争の引き金になったという。

一八六一年、南北戦争が始まった。これは、奴隷制度廃止を掲げる北軍と、奴隷制度維持を主張する南軍の戦いである。ハウは、アメリカ逃亡奴隷調査委員会の委員に任命され、南部やカナダで逃亡奴隷の実態を調べた。また、衛生委員会メンバーの一人となり、軍野営地の衛生管理、感染予防を指導した。その功績を認められ、一一月にハウ夫妻はリンカーン大統領の招待を受け、首都ワシントンDCポトマック河畔での北軍の演習を視察した。ところが、南軍の急襲があって、演習は中止になり、馬車で町へ避難することになる。しかし、道は退却する兵士たちに埋め尽くされて、なかなか進むことができなかった。そのとき北軍兵士たちがうたっていた歌が「ジョン・ブラウンの身体（亡骸）」である。その歌詞は「ジョン・ブラウンの身体は墓の中に朽ちて横たわっている。しかし、彼の魂は進軍する（His soul is marching on）」というものであった。この歌は、兵士の間で一番の人気であった。ハウの妻ジュリアに同乗していたユニタリアン牧師ジェームズ・フリーマン・クラークは、このメロディに高尚な歌詞をつけて、正式な北軍の行軍歌にすることを提案する。この時点でジュリアはすでに多くの詩集を出版し、詩人として有名であった。宿泊先のホテルで眠りについたジュリアは、その未明に突然歌詞がひらめき、枕元にメモしたという。これがのちに「リパブリック賛歌（Battle Hymn of the Republic）」としてアメリカ国民に愛され、歌い継がれることになった(8)▼17。

もともとは、過激な奴隷制度廃止運動家ジョン・ブラウンの魂を讃える歌だったものが、ユニタリアンの女性詩人によってアメリカ合衆国の愛国歌となったのだ。歌詞

▼17　この曲のメロディでは多くの替え歌がつくられており、日本では童謡「おたまじゃくしはカエルの子」などで有名。

の最後は「His truth is marching on（彼の真理は進軍する）」「Our God is marching on（私たちの神は進軍する）」などと変化しているが、筆者にはジョン・ブラウンを讃えているように聞こえてしまう。ここ（奴隷制廃止）にアメリカという国の、いい意味での本質（民主主義）があるように思えてならない。

ハウは、戦後も慈善活動を続け、七四歳で亡くなった。

4　ハリエット・マーティノ（1802-76）

マーティノ（Harriet Martineau）は、イングランド東部ノーフォークの州都ノリッジ生まれの社会学者、作家、ジャーナリストである。(9) 父は織物業者で家庭は裕福であったが、母はハリエットをなぜか乳母に預けた。ハリエットは幼いときから身体が弱く、徐々に味覚と嗅覚を失い、聴力も失って補聴器を使うようになった。ハリエットは生涯にわたって病気持ちだったようだ。母は、娘たちが学者のような道に進むことは反対で、いわゆる女性らしい振る舞いを求め、針子の仕事をさせた。それでもハリエットは密かに作家への道を歩むようになる。一九歳の頃からユニタリアンの月刊誌『レポジトリ』に匿名で寄稿し始めた。

彼女が二五歳のとき、父の事業経営は悪化し、二年後には倒産してしまった。しかし、文筆家としての力をつけていたハリエットは、フリーランス・ライターとして独立し、筆一本で家計を支えるようになった。そして、いよいよ作家として世に登場す

ハリエット・マーティノ

る日が来ることになる。

二九歳のとき、『政治経済学例解』を出版した。これは、アダム・スミスの『国富論』やトマス・マルサス▼18の『人口論』など、当時流行していた経済学を、庶民・労働者階級にもわかりやすく小説風に解説したものである。一月一巻のペースで執筆し、二五巻にもわたるものだったが、これが大ベストセラーとなった。当時のイギリスでは、政治、経済などのテーマは男性のものであり、女性はロマンスや家事の話題に限定されていたにもかかわらずのことだった。のちにハリエットは女性初の社会学者と称されるようになる。

ハリエットは一躍、イギリスの人気作家となった。ロンドンに移住し、多くの著明人と交わった。時のプリンセス（後のビクトリア女王）もハリエットの著作を愛しており、一八三六年にウェストミンスター寺院で行われた自らの女王戴冠式に、ハリエットを招待したほどである。ハリエットはその後、三二歳のときにアメリカに約一年間旅行し、見聞を広めた。一八三七年には『アメリカの社会』を出版し、イギリスのみならずアメリカでも高い評価を得た一方、小説『ディアブルック』を書いて、ビクトリア王朝時代の男性優位社会の女性像を描いた。社会が女性に求める理想像（「家庭を守る妻」など）と、自主独立を目指す女性の理想像との間で、葛藤に苦しむ女性たちの心を表現したのだ（これはフロレンスも共感するところであろう）。女性の権利と地位の向上（女性参政権など）や女性教育の重視は、ハリエットの生涯一貫したテーマであった。

しかし転機が訪れる。三七歳のときに、体調を壊し、子宮腫瘍（卵巣嚢腫だろうか？）

▼18 **トマス・マルサス**（一七六六―一八三四） イギリスの経済学者。

の診断を受けた。イングランド北東部にある港町タインマスに移り住んで、母による看護のもとで療養生活を送った。寝たきり状態だったともいわれる。病弱でありながら執筆活動を決してやめなかったのは、フロレンスとよく似ている。三九歳のときには、ハイチ革命における黒人指導者の悲劇を題材に『時の人』を執筆し、フランス植民地の奴隷制下に苦しむ黒人たちの姿を描いた[10]。

四二歳頃、当時イギリスで流行していた催眠療法を受け、これによって健康を回復した。ハリエットは催眠術の効果を確信していたようだ。ハリエットは翌年、イングランド湖水地方のアンブルサイド（**巻頭地図①**）へ母とともに移住し、執筆活動を続けた。一八五二年（五〇歳頃）、全国紙新聞『デイリーニューズ』▼19の論説委員となった。論説委員とは、社説を書く中心的記者であり、世論の動向に大きな影響を与えることができた。

このころからフロレンスとハリエットの人生が色濃く交差するようになる。一八五六年、クリミアから帰国したフロレンスは病気静養中であったが▼20、スクタリでの体験を報告書にまとめていた（この報告書から『病院覚え書』『看護覚え書』など、フロレンスの代表作が生まれてくる）。陸軍病院の衛生改革を使命としていたフロレンスは、内閣を動かして、そのための法律をつくることが衛生改革実現の最善の道であると信じていたが、閣僚に影響を与える唯一の方法は、大衆（世論）を通してであること（今でいうならマスメディアの力といえる）を熟知していた。フロレンスはハリエットと親交があり、その著書にも親しみをもっていた。そこでフロレンスは報告書を、ビクトリア女王や政府閣僚、有力な官僚に送付するとともに、ハリエットにも

▼19　一八四六年に作家チャールズ・ディケンズ（主著『クリスマス・キャロル』『二都物語』など）によって創刊された新聞。

▼20　詳しくは第2章五九頁を参照。

送った。[4]このときからハリエットは、フロレンスの衛生改革の同志になってくれたのである。ハリエットはフロレンスの報告書をもとに、陸軍に関する記事を『デイリーニューズ』紙に連載し、ハリエット自身も『英国とその兵士たち』という一冊の本にまとめた。

そしてフロレンスが『看護覚え書』を出版したときは、ハリエットは「天才的な著作」と激賞した。その後も二人は同志として情報交換、交流を続けた。ハリエットの協力なしには、フロレンスの改革事業があれほど成功することはなかったのではないだろうか。インドの衛生改革▼21についても、ハリエットが植民地の民衆の苦しみをよく理解していたからこそ、フロレンスの意気込みが理解でき、有効な支援ができたのではないだろうか。フロレンスもまたハリエットの小説『時の人』を賞賛していたのである。ハリエットの晩年まで、二人は長い交流を続けた。

一八七六年、ハリエットは気管支炎のためにアンブルサイドにて死去した。

5　ウィリアム・ラスボーン六世（1819-1902）

ラスボーン家はリバプール（**巻頭地図①**）に勃興した富豪一族で、林業や船主として成功した商人であった。ラスボーン家はもともと敬虔なクエーカー教徒▼22であったが、四世のとき、奴隷貿易反対運動に参加したため、破門された。その後、一家はユニタリアン派となった。[11]

▼21　当時、インドはイギリスの植民地支配下にあった。インドに駐留するイギリス兵士の衛生状態は悪く、それのみならず現地インド人も悲惨な状況であった。

▼22　キリスト教プロテスタントの一派。

ラスボーン六世は、ラスボーン家の長男として早くから経営者を務め、後に一族を率いた。ラスボーン家はリバプールのグリーンバンクに大邸宅を構えていた。すぐ近くにビートルズ▼23の楽曲で有名になったペニー・レイン通りがある。ラスボーン六世は大富豪にもかかわらず、下層民に同情し、彼らのために何ができるのかをいつも考えている、そんな人だった。[4]

一八五八年、妻ルクレチアが病気になり、命が短いことがわかった。彼は妻を家で看取りたいと思い、一人の看護師を雇って毎日訪問してもらい、妻の世話をしてもらった。看護師の名前はメアリー・ロビンソンといった。残念なことにラスボーン夫人はしばらくして亡くなってしまった。

しかし、ラスボーン六世に一つの考えが浮かんだ。

……不潔、不道徳などによって混沌とした病院ではなく、熟練した看護師による訪問看護を受けて、家で妻を平穏に看取ることができた。このような看護を一般の人々、貧しい人々に行うことはできないだろうか？　彼らにも訪問看護の恩恵を受けさせたい――と。

ラスボーン六世はもう一度ロビンソンを雇って、地域の人々の看護をしてもらおうとした。ロビンソンは初め尻込みして、断った。貧しい人々の家を想像するだけで怖くなったという。

だが、ラスボーンの粘り強い説得によって地域看護（district nursing）を始めたロビンソンは、三か月後には「この看護以外の仕事はしたくない」とさえ言うようになった。一八六〇年の終わりには、一つの地域の一四三人の面倒を見、もう一つの地域の

ウィリアム・ラスボーン六世

▼23　ビートルズはリバプール出身のロックバンド。一九六〇年代に活躍した。二〇世紀を代表する音楽グループ。

八三人の世話をしたという。

ラスボーン六世の試みは成功した。そこで彼は、地域看護をリバプール全体に広げようとした。しかし、訓練された看護師がいてこそ、地域看護はうまくいくことをラスボーン六世は知っていた。リバプールにそんな看護師はいなかった。そのような折、彼はフロレンス・ナイチンゲールがロンドンのセント・トーマス病院に最初の看護学校を設立した（一八六〇年）ことを知る。

ラスボーン六世はフロレンスに手紙を書いて、リバプールの地域で働いてくれる看護師をみつけるにはどうしたらよいか尋ねた。……フロレンスの答えは至って簡単だった。「リバプールに看護学校を建てましょう」。ラスボーン六世はフロレンスのアドバイスに従った。

一八六三年、ブラウンロウ・ヒルというところにあった王立リバプール病院に、ラスボーン六世の資金援助によって看護学校と看護宿舎が建てられた。そこに、ナイチンゲール看護学校で学んだメリー・ウェザーが一二人の若い看護師を引き連れてやってきた。さらに、王立病院内に地域看護を担当する部署ができた。こうしてラスボーン六世が始めた地域看護の活動は全国へと広がっていったのである。

次に、ラスボーン六世の目は、王立病院のすぐ近くにあった救貧院（workhouse）▼24とその付属病院（infirmary）に向かった。救貧院とは、貧民（今でいえばホームレス）の隔離施設（約三〇〇〇人収容）であり、その実態は監獄・刑務所に近いものであった。彼らに単純な労働をさせていたので、ワークハウスとよばれるようになった。病気になった彼らを収容するのが、付属の病院（約一二〇〇床）であったが、ロンドン

▼24　救貧院の跡地には、現在リバプール・メトロポリタン大聖堂が建っている。ここから一・三km港の方へ歩くと、ビートルズが有名になる前、活動していたキャバン・クラブがある。写真はかつての救貧院。

の古い病院と同じで、悲惨な状況だった。つまり、不潔と不道徳の巣であった。

ラスボーン六世は、自らの資金で三年間の生活を保障するという条件を提示し、再びナイチンゲール看護学校卒業の看護師を要請した。これに応じる形で、看護総監督としてアグネス・ジョーンズ（一八三二―六八）▼25が派遣された。(12) 彼女は卒業生の中でも最も優秀な看護師であった。アグネスは一二人の看護師と七人の見習生を連れてロンドンから赴任した。その後、見習生は補充され、元気な入院患者とともに病院の管理に当たることになった。

アグネスは、フロレンスと似た人生を歩んだといえる。二八歳のとき、ドイツのカイザースヴェルト学園で学んだ。帰国後、フロレンスに面会し、セント・トーマス病院の看護学校で看護師の修業を積んだ。その後、ロンドンの小さな病院の看護総監督（superintendent）になった。そして一八六五年、三二歳のときにフロレンスの推薦を受けて、このリバプールの救貧院病院にやって来たのだった。だが、救貧院の管理者たちは病院看護というものを理解しておらず、看護活動の障害となったようだ。これはすなわちナイチンゲールがクリミア戦争下で体験した「スクタリの兵舎病院の再来」だったといえる。アグネスは一日一八時間働いたという。そして、彼女の努力が実り、事業は成功し、多くの人々の信頼を勝ち得ることができた。これはイギリスにおける救貧院病院看護の最初のモデルとなった。

ところが悲しいことに三五歳のとき、アグネスは過労のためか、腸チフスにかかり亡くなってしまった。フロレンスも三五歳のとき、病に倒れ、死の寸前まで行ったが、生きながらえることができたのだが……。

▼25　第6章二〇九頁も参照のこと。

フロレンスはアグネスの追悼文の中で言う。(13)

「この世で最も幸せな者、その職業を最も愛している者、その人生に最も感謝している者、それは病人の看護に従事している者である」

「その人生は犠牲でも殉教でもない」

「それ〔看護〕は自分の仕事ではなく神の仕事なのである、われわれの成功ではなく神の成功を求めているのである、神の仕事を実行するために神がわれわれに保証しているすべての方法によって、われわれ自身が訓練され維持されているのである、こうした気持ちだけがわれわれの仕事をやり続けさせることができるのである」

筆者はここまで読んだとき、フロレンス・ナイチンゲールは怖い人だなと思ったが、彼女のド根性はここにあるのだなとすぐに思い直した。

その後のラスボーン六世は一八八七年、地域看護師を養成する施設を設立し、地域看護の発展に尽力した。また、リバプール大学▼26の設立にも貢献し、一八九一年、リバプール名誉市民となった。一九〇二年、グリーンバンクの自宅で亡くなった。

▼26　リバプール大学はメトロポリタン大聖堂の隣に建っている。悲しいことに、リットン・ストレイチー（一九一頁）は、リバプール大学出身である。

6　ナイチンゲールの周囲にいた人々を想って

フロレンス・ナイチンゲールはユニタリアン派の人々から多くの影響と援助を受けた。シスモンディは、フロレンスに職業看護師のヒントを与えてくれた。ハウは、フロレンスが看護師になる決心を後押ししてくれた。マーティノは、フロレンスの衛生改革運動をジャーナリストの立場から支援してくれた。ラスボーン六世は、フロレンスとともに地域看護、救貧院看護の活動を行った。彼らの支援によってフロレンスは大きな仕事をすることができた。フロレンスは彼らに心から感謝していたと思う。

第3章　参考文献

(1) Leonard Smith: The Unitarians: A Short History. Blackstone Editions; 2nd ed, 2008.
(2) Sismondi, Jean Charles Leonard de, 1911 Encyclopædia Britannica, Volume 25.
(3) 吉田静一：異端の経済学者シスモンディ．新評論，1974
(4) Cecil Woodham-Smith: Florence Nightingale. Constable, London, 1950.
(5) Florence Nightingale: Subsidiary notes as to the introduction of female nursing into military hospitals in peace and war. 1858.
(6) カール・マルクス，フリードリヒ・エンゲルス，堺利彦・幸徳秋水訳：『共産党宣言』彰考書院，一九四五年。
(7) Samuel Gridley Howe, From Wikipedia, the free encyclopedia. https://en.wikipedia.org/wiki/Samuel_Gridley_Howe（二〇二一年一一月八日閲覧）
(8)「リパブリック賛歌」，『世界の民謡・童謡』http://www.worldfolksong.com/songbook/usa/index.html

（二〇二一年一一月八日閲覧）
（9）Harriet Martineau, From Wikipedia, the free encyclopedia. https://en.wikipedia.org/wiki/Harriet_Martineau（二〇二一年一一月八日閲覧）
（10）松本三枝子：『闘うヴィクトリア朝女性作家たち』彩流社、二〇一二年。
（11）William Rathbone VI, From Wikipedia, the free encyclopedia. https://en.wikipedia.org/wiki/William_Rathbone_VI（二〇二一年一一月八日閲覧）
（12）Steven Horton, Agnes Jones, Liverpool Hidden History. https://liverpoolhiddenhistory.co.uk/agnes-jones/（二〇二一年一一月八日閲覧）
（13）Florence Nightingale, "Una and her paupers:" memorials of Agnes Elizabeth Jones, G. Routledge and Sons, New York, 1872.

第Ⅱ部 「空気感染」対策の母

第4章　ナイチンゲールの感染対策の先進性

フロレンス・ナイチンゲールは近代看護の創始者であったことはよく知られている。看護師という専門職はナイチンゲールによって始まった。また、彼女は病院の衛生環境の改善に努め、感染対策の先駆者（パイオニア）でもあったこともよく知られている。

　感染対策の観点からナイチンゲールのことを書いてみたいと思ったのはもう三〇年くらい前のことになる。あるナイチンゲールの伝記本で、

> 病院が備えておくべき第一の必要条件は、病院は患者に害を与えないことである

という言葉を見つけた時からだと思う▼1。この言葉が私の心をとらえた。これは感染対策のことだと思った。この時からナイチンゲールに関心が深まっていったことは間違いない。後に、私はこの言葉を銅板にして、当時私が勤めていた大学病院の感染対策室の入口に掲げた。

　その後、ナイチンゲールの著作集や伝記を度々読んだが、しばらくして、次の言葉に出会った。

> 看護の第一原則は、屋内の空気を屋外の空気と同じくらい清浄に保つことである。

▼1　のちに知ったことであるが、これは『病院覚え書』[1]の冒頭に出てくる言葉である（第6章一九五頁）。今思えば、これは医療安全の言葉に近い。

これはナイチンゲールの代表作『看護覚え書』[2]の「換気と暖房」の項の最初（24. 以下、ナイチンゲールの著作の頁を示す）に出てくる言葉である。私はこの言葉をまじまじと見つめた。

これは言い換えれば、「看護の第一原則は換気である」ということではないか。換気を行って空気を清浄に保つことは空気感染対策の柱であるから、「看護の第一原則は空気感染対策である」とも言いかえることもできる。看護とはまず換気を良くすること（＝空気感染対策）であると言っているわけである。

このとき私の心で何かが変化したようだ。医師である私は当時看護師とは医師の補助としか考えていなかったのかもしれない（ずいぶん昔のことなので許していただきたい）。そうではなくて、看護師とは医師の補助ではなく、独自の働き（任務）をもった存在であることをはじめて理解したのだ。さらに、ナイチンゲールは看護の意味について、換気だけでなくさまざまな事柄に言及する。

私は他に良い言葉がないから看護 nursing という言葉を使う。看護とは、これまで与薬とか湿布を貼ること以上の意味はなかった。看護とは、新鮮な空気、陽光、暖かさ、清潔さ、静かさを適切に用いること、食事を適切に選択し管理すること——これらすべてを患者の生命力の消耗が最小となるように整えることを意味すべきである。

——『看護覚え書』（2）

看護とは、患者に優しく接しケアするだけではない（そう思ってきたのも私の偏見だったのかもしれない）。看護とは、患者の回復に必要なさまざまな環境要素（空気、温度、清潔、陽光など）や食事のことを知って、それらを患者のために適切に整えることであると。私の頭の中で、新鮮な驚きと、心の底からの納得と嬉しく暖かい気持ちが広がっていった。

今ではあたりまえのように、清潔な病院環境が保持されている。しかし、ナイチンゲールが活躍する以前のイギリスの病院はそうではなかった。当時の病院はひどく不潔であり、常に強烈な悪臭が漂っていた。ひとつのベッドに二人の患者が寝ているのは普通で、さまざまな患者が汚い病棟に、ごちゃ混ぜに収容されていた。患者の体が清拭されることはなく、マットレスも濡れていて、リネンも交換されなかった。トイレの不足から床には屎尿がしみついていた。窓は閉め切られていて、病院内の臭気は吐き気を催すほどだった。そのため香水が撒かれていた。医師はハンカチで鼻をつまんで回診していたという。看護師は教育を受けてなく、病院に住み込み、大酒飲みで、素行も悪かった[3、4]。

ナイチンゲールはいろいろな病院を視察して、このような現状をよく知っており、病院を道徳的かつ衛生的に改革することを決心していた。ここにナイチンゲールの一つの本質が横たわっている。

『看護覚え書』が刊行されたのは、一八五九年である。細菌が発見され、それら病原微生物によって感染症が引き起こされるという概念が確立されたのは、その約二〇年後である。一九世紀当時は手袋、マスク、ガウンなどの個人防護具はまだ通常使用されてなかった。にもかかわらず、ナイチンゲールは彼女自身の体験から、そして研究者のような観察眼とデータの蓄積を元に、病院感染対策の基礎をも教示する、この本が出版できた。

では、これから彼女の言葉とともに看護における感染対策の意味を考察してゆこう。まず、彼女の感染対策の原理は、「湿性生体物質による汚染過程」と「清潔、清掃、換気の実践」の二段階に分けて考えることができる。彼女が文章の中で使う「有機物」、「動物性の物質」という語は「湿性生体物質」と置き換えて読むと理解しやすい。

1　湿性生体物質が身体、環境、空気を汚染する

現代の感染対策、特に病院感染対策では、患者に由来する湿性生体物質（血液、体液、分泌物、排泄物）（図4―1、表4―1）に注目し、これらすべてを感染性ありとみなすことが第一の原則となっている。

感染性ありとは、その中に病原微生物が含まれている可能性があるという意味である。これは「標準予防策」（一一六頁）と呼ばれ、感染対策の基礎となっている[5]。ところが、ナイチンゲールもこの湿性生体物質に着目していたのである。つまり、ナイチンゲールは標準予防策的な考えをしていたということである。

病気の時は、患者から出るすべてのものが非常に有害で危険である。十分な換気によって発散物を追い出さねばならないし、すべての患者の排泄物はすぐに

血液、喀痰、尿、便など、体の水分を含んだ物質、あるいは排泄物、分泌物をいう

図4–1　湿性生体物質 moist body substance とは

除去しなければならない。それは発散物以上に有害である。

――『看護覚え書』(25)

患者の血液・体液、排泄物・分泌物は、病原体が含まれていると想定して対応する。これが標準予防策である。実際、感染症患者の湿性生体物質には多くの病原体が含まれている。たとえば、肝炎患者の場合、血液のみならず、体液(漿液、精液など)にもウイルスは含まれているし、MRSA(methicillin-resistant Staphylococcus aureus、メチシリン耐性黄色ブドウ球菌)の喀痰保菌者ならば、便にもMRSAが含まれ、陰部や尿の汚染から全身の皮膚のMRSA汚染へと広がる。

次に、ナイチンゲールは「患者の呼気」を問題にしている。呼気は飛沫とエアロゾルを含むからであろう。飛沫は、咳やくしゃみのときに大量に放出される。会話の時にも少量排出される。飛沫とエアロゾルには感染リスクがある。

病人の呼気は常に非常に病的で危険である、なぜなら健康を回復するために、毒性物質を体外へ排出するのは、自然の法則のひとつであるからである。実際、このことはよく認められていて、すべての感染症の教義の基となった。――すなわち、病人の呼気を吸い込む恐怖、発熱あるいは痘瘡患者が三〇分乗った馬車に乗り込む病的な恐怖さえも、これから来ている。

――『病院覚え書』(17)

痘瘡(天然痘)は飛沫および空気(エアロゾル)感染が指摘されている。(6) ナイチン

表4–1　湿性生体物質

血　液	血液、血液の混じった生体物質
体　液	精液、膣分泌物、羊水、脳脊髄液、心嚢液、腹水、胸水、関節滑液
分泌物	喀痰、唾液、鼻汁
排泄物	尿、便、嘔吐物
その他	創部排膿液、創部、粘膜

標準予防策は、左表のものは感染性ありとみなして個人防護具で対応する。これらに手で触れる可能性があるときは手袋を着用する。白衣に飛散しそうなときは、エプロン、ガウンを着用する。顔面に飛散しそうなときは、マスク、ゴーグルを着用する。
汗も湿性生体物質ではあるが、通常は感染対策の対象にはなってない。

ゲールの言葉は正確である。結核についても言及している。

肺結核（consumption）は家の中の汚れた空気、すなわち人の体によって汚染された空気によって引き起こされるということが、今は明らかになっている。

――『看護覚え書』(39)

肺結核は飛沫ではなくエアロゾルによる感染、つまり空気感染である。現代の感染対策において、飛沫とエアロゾルの違い、飛沫感染と空気感染の違いは重要である[5]（**図4―2**）。

さらに、ナイチンゲールは体から飛散した湿性生体物質が環境に堆積し、それが汚染したほこりになって空中に舞い上がることを心配している。ほこりとは「感染性（病原体を含む）塵埃《じんあい》」と言うことができる。

ほこりもまたその大部分は有機物から成り、その有機物がこれら（壁、カーペット、家具など）に浸み込む、そしてそれが部屋をカビ臭くする物である。

――『看護覚え書』(131)

空気もちょうど水と同じように汚染する。壁やカーペットに動物性の発散物がしみ込んでいる部屋では、空気は常に汚染して

飛沫とエアロゾルとは放出された後の挙動が異なる。飛沫は咳やくしゃみなど によって放出され、1 ～ 2m飛んで、床に落下する。飛沫が落下している間に、水分が揮発してゆき微粒子になったものがエアロゾルである。エアロゾルはそのまま、あるいは塵埃に付着して空中をふわふわとしばらく浮遊し、遠くにいる人に 感染を伝播することができる。感染症学の定義では、飛沫のサイズは100ミクロン以上、エアロゾルは100ミクロン未満である。

旧概念

飛沫（直径＞5μm）：すぐに地表に落下。飛沫感染を起こす。

飛沫核（直径＜5μm）：長時間空中を浮遊する。空気感染を起こす。

新概念

飛沫（直径＞100μm）：すぐに地表に落下。飛沫感染を起こす。

エアロゾル（大）（直径＞5～100μm）：数分～数十分空中を浮遊する。

エアロゾル（小）※（直径＜5μm）：数十分～数時間空中を浮遊する。

※飛沫核と同義か。

参考文献：Chia C. Wang：Airborne transmission of respiratory viruses. https:// www.science.org/doi/epdf/10.1126/science.abd9149（2022年1月5日閲覧）

図 4–2　飛沫と飛沫核

いる。ほこりの大部分は有機物である。手の届かない所にほこりを溜めるような出っぱり(ledge)があってはならない。――『看護師の訓練と病人の看護[7]』(71)

ほこり▼2は病気の隠れ場であり、病気の前兆である。病院内のほこりは、口からの上皮の薄片や、皮膚の表皮、膿細胞が混じっている▼3。

――『看護師の訓練と病人の看護』(71)

カーペット（じゅうたん）から来る汚れた空気。何にもましてカーペットには注意すること。訪問者の靴によってそこに残された動物性の汚れは、そこにずっと留まっているわけではなく、室内に発散する。

――『看護覚え書』(130)

身体を清潔にしないと、不潔な皮膚、髪、口腔粘液から環境が汚染される。ナイチンゲールは、とりわけカーペットが湿性生体物質によって汚染されると主張する。カーペットの汚れは訪問者の靴に付いて病室内に持ち込まれる可能性がある。そして、そのカーペットからまた汚染物質がほこりとなって空中に舞い上がり、空気を汚染する。

現在、カーペット（じゅうたん）は病院では床の材料として禁止されている。しかし、ホテルなどではノロウイルス患者が嘔吐してカーペットを汚染し、乾燥した吐物からウイルスが空中に感染性塵埃として舞い上がって、集団発生した事例が見られる。

不潔なカーペットは、文字どおり部屋を感染源にする。

▼2　ほこりもまたエアロゾル（空中を浮遊する微粒子）である。

▼3　細菌学の父パスツール（第2章七五頁）も一八六四年四月七日の演説の中で、次のように述べている。

「空気の中にはいつも塵が浮遊していることを御存じない方は、皆さん方の中には一人もありますまい。この部屋の空気は、この小さい塵の粒で、この無数の小さい厄介者でいっぱいになっているのです。けれども、小さいからと言ってこれをばかにしてはなりません。往々にして、塵は病気や死を一緒に持ち来たすからです。チフスやコレラや黄熱(※)や、その他もろもろの災禍がこれであります。」「この小さい塵の粒は、千差万別の運動をして動き回ってはおりますが、相当な速さで落下していることが分かりましょう。塵の粒は、浮遊しながらも落下しているのです。あらゆる物体、たとえばわたしたちの家具や、わたしたちの着物が塵でおおわれているのは、このためです。」

このようにナイチンゲールは湿性生体物質が身体を汚染し、環境を汚染し、空気を汚染する過程を述べている（図4―3）。

——『看護師の訓練と病人の看護』(71)

※現在、チフス、コレラ、黄熱は空気感染とは考えられてはいない。しかし、塵埃はさまざまな雑菌を含んでいることは事実である。

さらに、ナイチンゲールは病室の外、廊下の空気も安全でないと考える。

病室や病棟に空気が入るときでさえ、ほとんどの人が空気はどこからきたかを考えていない。それは廊下（corridor）から来たかもしれないし、その廊下には他の病棟から空気が来たかもしれない。あるいはいつも換気されず、いつもガスや食事の臭いや、さまざまな種類のカビ臭さで充満している広間（hall）から来たかもしれない。地下の調理場、流し（sink）、洗濯場、トイレから、あるいは私自身の悲しい経験ではあるが、汚物でいっぱいになった下水管からかもしれない。これらで病室や病棟が換気されているなら——毒を盛られていると、むしろ言うべきであろう。

——『看護覚え書』(8)

また、外気についても信用していない。一九世紀のロンドン市街は不潔と悪臭に満ちていた。

屋外から入ってくる不潔な空気。それは、下水管からの発散物、不潔な街路の

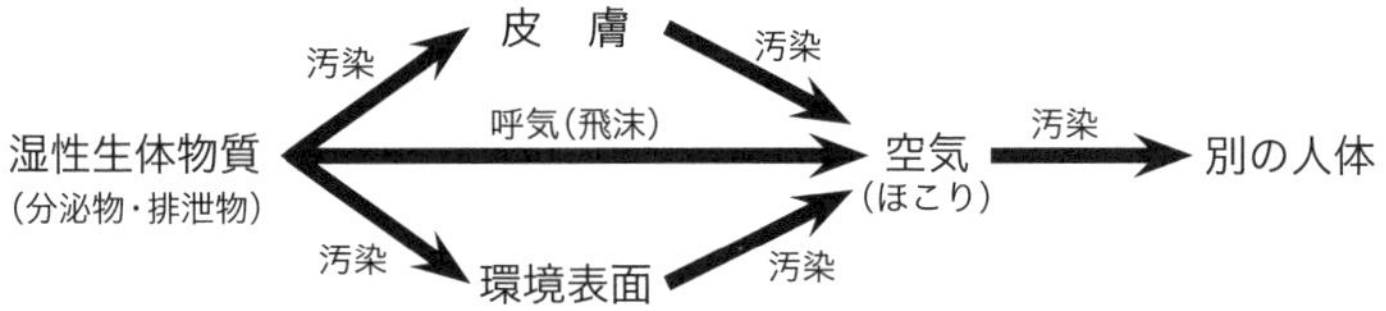

ナイチンゲールの汚染過程（感染経路）の考え方。当時はまだ病原微生物→感染症の概念が確立されておらず、接触感染の概念もなかったため、このような考え方にならざるをえなかった。しかし、この空気汚染の考え方に基づいて基本的な感染対策を実践することは有効である。

図 4–3 ナイチンゲールが考える汚染過程

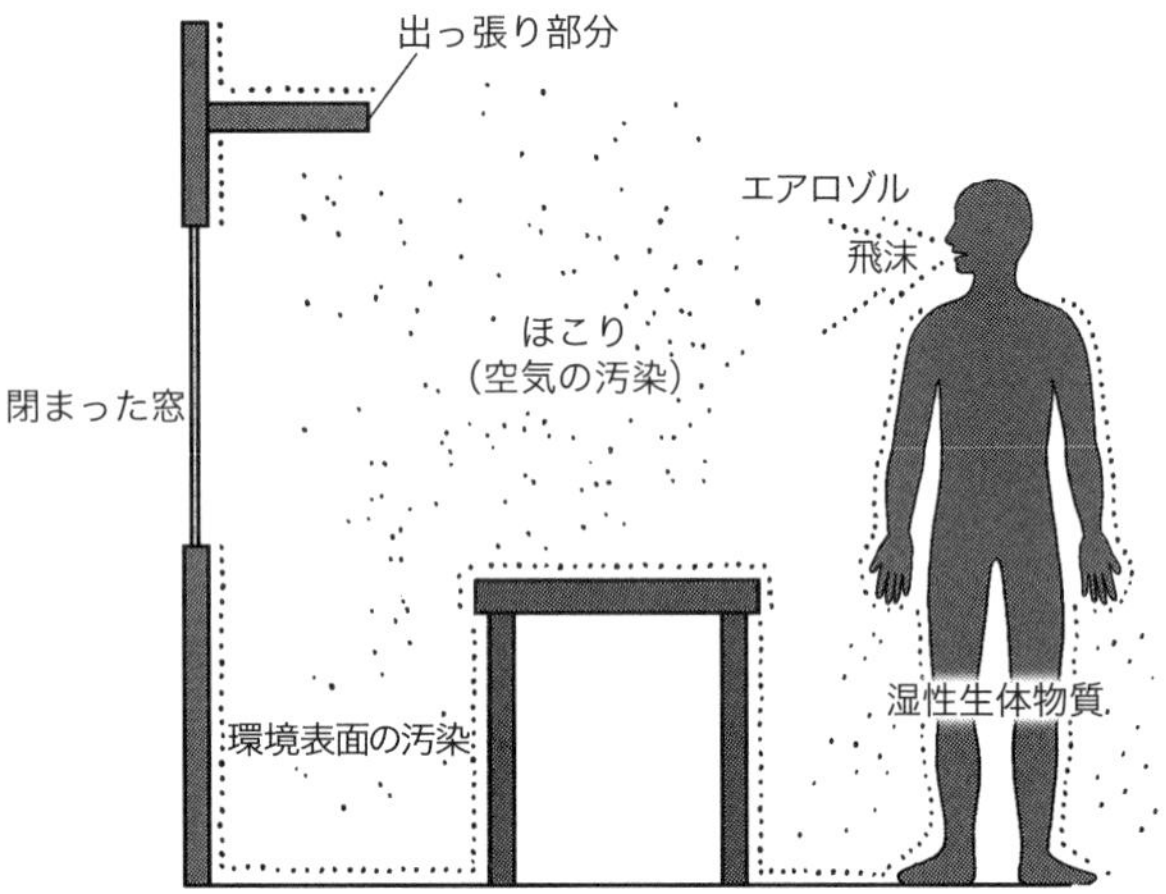

ナイチンゲールの言葉、呼気、排泄物を現代風に「飛沫」、「エアロゾル」、「湿性生体物質」と書き換えている。環境表面と人体は湿性生体物質で汚染されている。飛沫は湿性生体物質の一つである。出っ張り部分にほこり溜まりができる。

図 4–4 ナイチンゲールの感染対策——湿性生体物質による汚染の過程

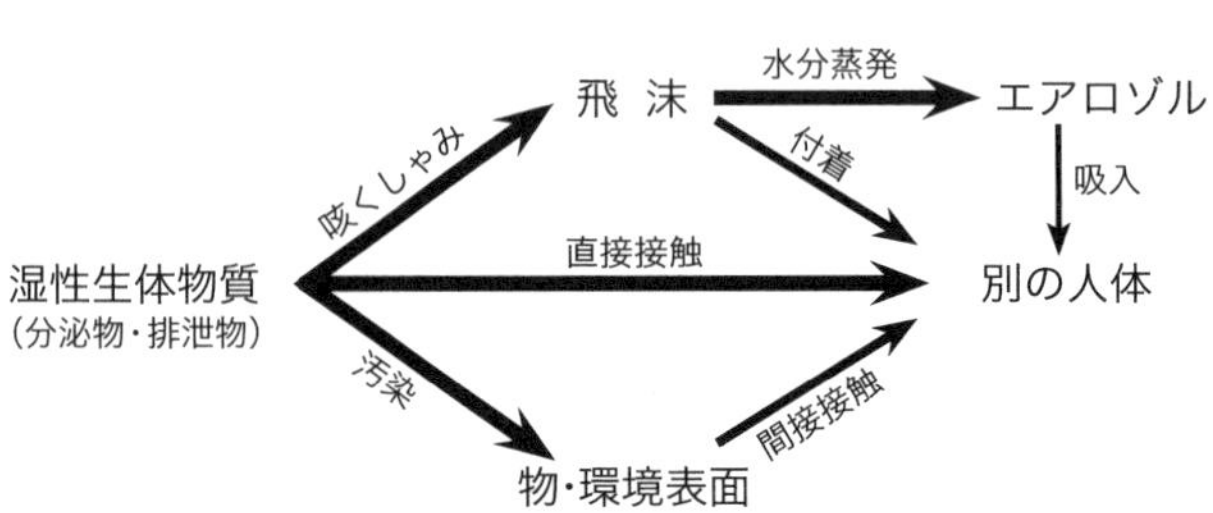

現代の感染経路の考えを模式化したもの。空気感染、飛沫感染、接触感染の3つが現代の主要な感染経路である。エアロゾル（飛沫の水分が蒸発して微粒子化したもの）を肺の奥深く吸入するのが空気感染（結核など）、飛沫が飛散して上気道（鼻腔・咽喉頭粘膜）に付着するのが飛沫感染、接触感染には直接接触（人→人）、間接接触（人→物・環境→人）の二つがある。ゼンメルワイスが発見した産褥熱の感染経路は産褥熱患者→術者の手→妊婦であり、間接接触感染と言える。

図 4–5 現在の感染経路の考え方

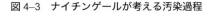

蒸発物、ばい煙、未燃の燃料のくず、藁くず、馬糞のくずで汚染されている。

——『看護覚え書』(129)

現代においても、外気がアスペルギルス、クリプトコッカスなどの真菌や、レジオネラなどを含んでいることが稀にあるので、油断はできない。しかし、「拡散現象」があるので、戸外の空気は基本的に安全であろう。

ナイチンゲールが考える汚染過程を図式化して図4—3に示す。また、図4—4にイラスト化して表した。現代の感染経路の考え方では、接触感染(直接・間接)経路が追加されている(図4—5)。汚染過程の考え方(図4—3、4—4)から、ナイチンゲールの感染対策が導き出される。

2　清潔、清掃、換気で感染病原体を除去する

ナイチンゲールの感染対策は身体の清潔、清掃(環境の清潔)、換気(空気の清潔)の三つから成り立っている(表4—2、図4—6)。

まず清潔(身体の清潔)から見てゆこう。

清潔

看護の仕事の大部分は、清潔の保持ということの中にある。

――『看護覚え書』(124)

表 4–2　ナイチンゲールの感染対策――3 つの清潔

	1	2	3
汚染された場所	身体	環境	空気
対策方法	清潔 （入浴，手洗い）	清掃 （湿式清掃）	換気 （清浄な外気を取り込む）

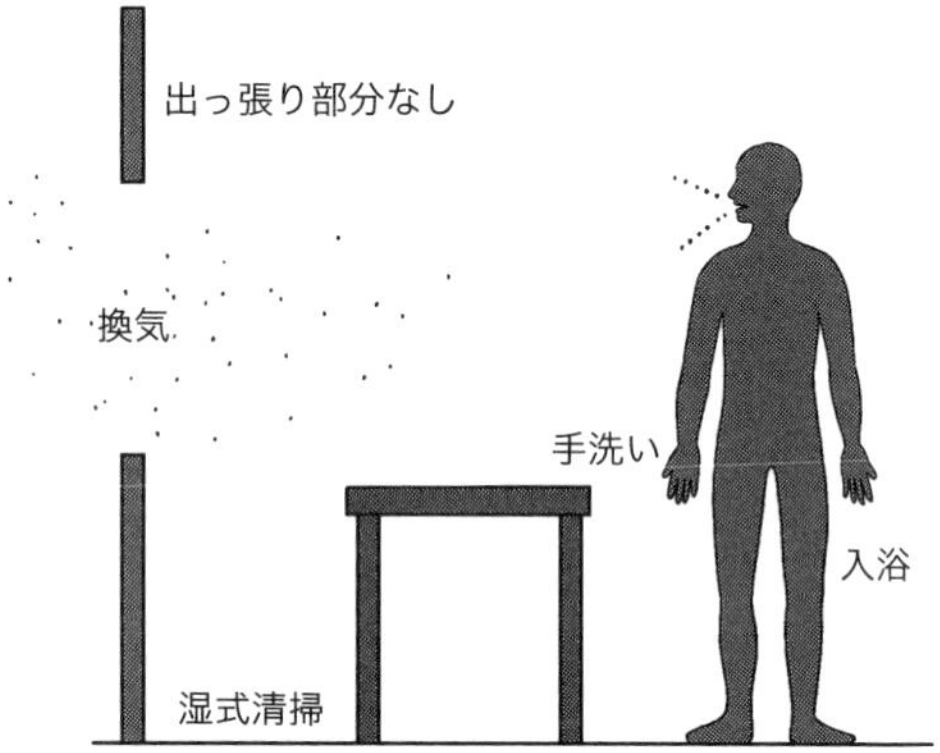

身体の清潔の実践として、入浴や手洗いがある。
環境からほこりを除去するために、湿式清掃が原則である。

図 4–6　ナイチンゲールの感染対策――清潔、清掃、換気の実践

清潔の概念は感染対策の基礎である。清潔とは、見た目に汚れていないだけでなく、病原体が存在しないことを意味している。


不潔に対する恐れはよい看護の始まりである。……

看護師は感染や伝染の性質や消臭剤、消毒剤、滅菌の違いについて教育されねばならない。

――『看護師の訓練と病人の看護』(77, 78)

現代でいえば、消毒・滅菌の「スポルディングの分類」▼4は、看護師の必須知識である。他の医療従事者にとってもそうであろう。

換気も皮膚の清潔も、その目的はほとんど同じである。――すなわち、人体からの有害物質をできるだけ迅速に除去することである。――『看護覚え書』(134)

身体は空気を汚す主要な源であるから清潔に保つことが最も重要なこととなる。

――『病人の看護と健康を守る看護』(104)

すべての看護師は一日中頻回に自分の手を注意深く洗うこと。顔もそれくらい洗えば、なお良い。

――『看護覚え書』(135)

昔、ここをはじめて読んだとき、ナイチンゲールは換気だけかと思ったら、手洗い

▼4 **スポルディングの分類** 医療機材が関与する感染リスクの程度に応じて、クリティカル、セミクリティカル、ノンクリティカルの三つのカテゴリーに分類し、適切な消毒・滅菌方法を提示している。

器具の分類	意味	消毒レベル
クリティカル（侵襲的）	血管や組織内に侵入するもの（注射針など）	滅菌
セミクリティカル（半侵襲的）	粘膜に接触するもの（内視鏡など）	高レベル消毒（グルタールアルデヒドなど）
ノンクリティカル（非侵襲的）	普通の皮膚に接触するもの（血圧計など）	中〜低レベル消毒（ヨード、アルコールなど）

も推奨しており、「さすがナイチンゲール。大切なことを忘れていない」とうれしく思った。

看護師が（そして実際には外科医も）外科の仕事を始めるときに、学ばねばならない最も重要なことの一つは、手指の清潔である。良い看護師は患者の手指以上に、自分自身の手指を清潔にする。手の爪は短く切る。手指や手と同様に、きちんと清潔に保つ。手指を汚染している物は何でも他者や自分自身に対して感染源となる可能性がある。

——『看護師の訓練と病人の看護』(76)

ここでは「外科仕事の前に」と手指衛生のタイミングについても記載している。素晴らしいことである。まさに標準予防策▼5である。

清掃

次に清掃について見てみよう。ここでは「ほこり」「湿式清掃」がキーワードとなる。ほこりは換気においてもキーワードである。ほこりは塵埃《じんあい》、ダスト（dust）とも記され、感染伝播の重要な概念である。

ほこり（清浄な空気を愛する人にとっての疫病神）を除去するための私が知っ

▼5　**標準予防策の主な方法**

①手指衛生
患者ケア前後の手洗い、アルコール消毒をする

②個人防護具の使用
患者ケア時に湿性生体物質（痰、尿、便、血液など）に接触あるいは飛散のおそれがあるとき、個人防護具（手袋、マスク、ゴーグル、ガウンなど）を着用する

③咳エチケット
咳やくしゃみが出るときは、人から顔をそらす、肘で口を覆う、マスクをする

④針刺し防止
使用後の注射針を適切に処理し、刺入による感染を防ぐ

ている唯一の方法は、あらゆる物を濡れた布で拭くことである。そしてすべての家具は濡れた布で拭いても傷まないように作られるべきであり、また濡れても他の物に害を与えないよう艶出しされているべきである。

――『看護覚え書』（125）

一八八二年の著作『看護師の訓練と病人の看護』でも同様のことを述べている。

病室内の家具はできるだけ少なくする。家具はすべて光沢のある木製、金属製、大理石製とし、熱湯で絞った布で拭いて清潔に保つ。

――『看護師の訓練と病人の看護』（71）

ほこりを除去するための湿式清掃の重要性について書いている。濡れタオル、濡れモップで清掃しないと、ほこりは空中へ舞い上がってしまう。空中に浮遊するほこりは空気感染の原因となる。

ぱたぱたと叩いてほこりを払うのは、清潔にしているのではない。このようなやり方で「ほこりを払う」ことは、部屋全体にほこりをより均等にばら撒いているにすぎない。部屋を「片づける」、あるいは「整頓する」ということは、清潔に保たれていた、ある場所から、ある物を別のもっと汚い場所へ移すことにほかならない。

現在の「ほこりを払う」やり方では、ほこりの一粒子さえ、実際には部屋の外へ出ていない。看護の大部分は、清潔を保つことに成り立っている。最も入念な清潔が維持されていない病室では、どんなに換気をしても部屋を新鮮にすることはできない。

——『看護師の訓練と病人の看護』(71)

次も、出っ張り(ledge)というナイチンゲールのキーワードが出てくる文章である。

室内の空気は、やり過ぎなくらいにケアをしてはじめて清潔に保てる。——すなわち、壁、カーペット、家具、壁の出っ張り部分などから、有機物とほこりを除去すること。

——『看護覚え書』(131)

室内の汚れた空気はほこりから来ている。人はほこりをしばしば移動させるが、けして除去しない。これは「必須条件」が何であるかを想起させる。すなわち、部屋や病棟では、できるだけ壁の出っ張り部分を少なくする。見えない場所であっても出っ張り部分は言い訳せず作らないこと。

——『看護覚え書』(130)

出っ張り部分について何度も述べている。欧米では病院内は出っ張り部分を含めて水平面(「ほこり溜まり」と呼ばれる)を作らない工夫が施されている。(9)

換気

最後にナイチンゲールの感染対策の中でも最も重要な換気について記述する。

看護の第一の規則（canon）、看護師の注意がそこに固定されねばならない最初で最後のこと、患者に一番不可欠なこと、それなしではあなたが患者に何をしてやっても無意味なこと、それさえしていたら他のことは何もしなくてもよいとさえ言えること――それは「患者が呼吸する空気を、患者を寒がらせることなしに、屋外の空気と同じ清浄さに保つこと」である。

――『看護覚え書』(8)

これは『看護覚え書』の「換気と暖房」の有名な冒頭部分である。ナイチンゲールがいかに換気を重要と考えていたかが分かる文章である。

看護師の第一の目的（object）は患者が呼吸する空気を屋外の空気と同じくらい清浄に保つことである。

――『看護覚え書』(24)

この文では、換気が看護師の第一の目的となっている。

感染性病原物を閉じ込めたり、締め出したりすることはできない。壁で仕切ることもできない。われわれに「できる」ことは、それを空気で追い出し、拡散させ、一掃することである。

――『看護師の訓練と病人の看護』(70)

換気の目的は室内に漂う病原体を室外へ追い出し、空中で拡散させることである。広く拡散した病原体が人に危害を加えることはない。ここを理解することが重要である。

常に屋外からの空気で換気すること、そして最も新鮮な空気が入ってくる窓を通して換気すること。

――『看護覚え書』(2)

屋外の空気は基本的に安全である。屋外の空気に菌やウイルスは通常含まれていない。

例外として、ビルの冷却塔や公園の噴水から発散することがあるレジオネラや、工事現場から空中に放散されることがあるアスペルギルス、ハトの糞から発散されるクリプトコッカスがあるが、かなり稀な事象である。

常識として指摘したいことは、清浄な空気は必須だが、患者を寒がらせないように室温も保証されねばならない、ということである。――『看護覚え書』(一一)

冬場では換気によって室内が冷えすぎることがある。患者を寒がらせないためには、どうすればよいか？　ナイチンゲールはこう言っている。

適切な掛け布団（bed-clothes）と必要なら湯たんぽで、患者をベッドの中で常に暖かくしておける、そして同時に換気も十分できる。

――『看護覚え書』(10)

適切な室温の確保は換気を実行するときの大事な注意点である。しかし、冬場は窓を開けた時、室温確保が難しいかもしれない。ブランケットを一枚増やす、厚着する、電気あんか、電気毛布を使うなどの工夫が必要であろう。十分検討する必要がある。しかし、ナイチンゲールは細かい。次の忠告も忘れない。

意識混濁のある発熱症例では、窓から飛び降りる危険があるので、もちろん例外である。このような症例では、涼しく保ち換気をすることが絶対必要である。私なら事故を防ぐために四つのねじ錐を使って窓枠の上下を二〜三インチ以上、ただ開かないようにするのだが。

――『看護覚え書』(11)

あらゆる部屋は室外からの空気で換気すべきである。すべての廊下も同様に換気すべきである。

――『看護覚え書』(23)

病室だけでなく病院の廊下も空気が停滞しがちである。廊下にも風を通さないといけない。ナイチンゲールは廊下の空気も信用していない。

常に窓を開け換気しよう、できれば戸外の空気で。窓は開け、ドアは閉める。

——『看護覚え書』(23)

廊下から、つまり院内の汚れた空気が入ってこないように、病室のドアは閉めるのも原則としている。すでに述べたように、ナイチンゲールは戸外の空気も信用していないが、基本的には「屋外の空気は安全である」と考えている。

窓を開けたり、暖炉を開けたりすることによる自然換気こそ、病人の生命の源泉、すなわち、新鮮な空気を得る唯一の有効な方法である。

——『病院覚え書』(16)

さらにナイチンゲールは大切なことを言っている。

看護師は、立ち止まったとき、顔に空気の静かな流れを感じないならば、空気の清浄度についていてけして満足してはならない。

——『看護覚え書』(20)

私の経験からしても、風速一m/秒くらいの風があると、顔で空気の流れを感じることができる▼6。風の流れ、方向性を肌で感じなければ、換気が本当にあるのか自信が持てない。ナイチンゲールの直感は鋭い。

▼6 コロナウイルスの場合、一時間に数回窓を開けるなどの「定期的な換気」ではなく、常に顔に風を感じる「常時換気」が望ましいと筆者は考える。

開口部ひとつだけで部屋の換気ができるとけして期待してはならない。

――『看護覚え書』(34)

部屋の換気には空気の取り入れ口と、対角線上に設置された排気口が要る。そうあってこそ空気の流れができ、室内の空気がまんべんなく除去される(図4―7)。

清浄な空気を得るためには、あなたの家は清浄な空気が家の隅々まで容易に入ってくるように建築されていなければならない。

――『看護覚え書』(29)

ここで建築というハード面が問題になってくる。病院のみならず、すべての建物が換気ができるように最初から設計されていなければならないのだ。最近のビルや住宅は窓が少ない。今後の検討課題である。

さらに清潔(清掃)と換気は切り離せない、密接な関係であることをナイチンゲールは繰り返し述べている。これがナイチンゲールの感染対策の核心である。

清潔でなければ換気の本当の効果を得ることはできないし、換

病室内換気の5原則 [5, 6]	換気のその他の注意点 (窓を開けて換気する場合も含む)
1. 陰圧にする　病室内の汚染した空気が院内に行かないように 2. 換気回数は時間6回以上　部屋の空気のいわば安全基準 3. 院外排気　汚染した空気は院外で拡散させる 4. 医療者は風上に立つ　患者から汚染した空気を浴びないように 5. 吸気口と排気口は対角線上に設置　部屋の隅々まで新鮮な空気が行き渡るように 患者が空気感染する結核などの場合、医療者はN95マスクを着用し、患者にはサージカルマスクを着用してもらう	1. 防寒　寒いと風邪を引いてしまう 2. 防転落　開口部を制限する、柵をもうける 3. 防犯　上記に同じ 4. 防雨　開口部を制限する、軒を作る 5. 防虫　網戸を設置 各施設で工夫が必要

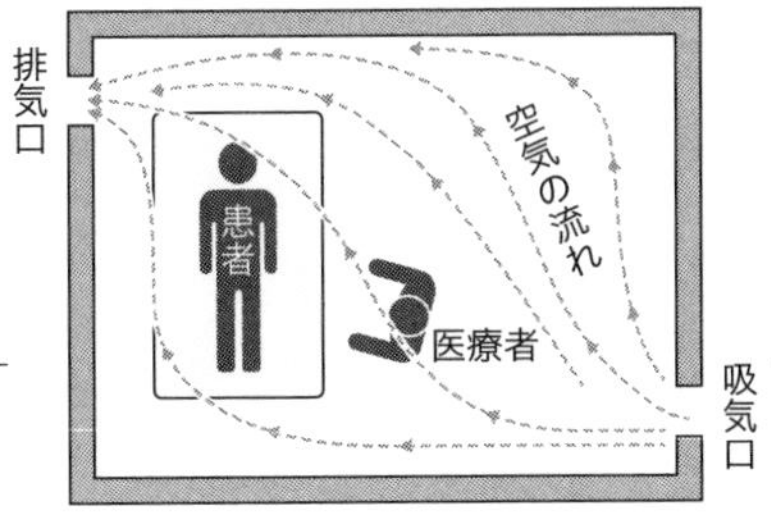

図4–7　理想的な換気の方法

気なしには完全な清潔は得られない。

——『看護覚え書』(131)

細心の注意を払って清潔が順守されていなければ、どんなに換気しても部屋や病棟の空気を清浄にすることはできない。

——『看護覚え書』(124)

なぜなら、ほこりの溜まった環境表面から、ほこりが次々に舞い上がるからである。


真の看護は、感染を予防することを重視する。患者に絶え間なく注意しながら、清潔と、開けた窓から新鮮な空気を保持することこそ、真の看護師が求め、必要とする唯一の感染防御策である。

——『看護覚え書』(46)

清潔さと新鮮な空気は患者に命を吹き込むというよりは、むしろ患者にとって生命そのものである。清潔——清浄な空気、清浄な水、清潔な環境、そしていたるところに清潔な雰囲気があること、——これらこそ、「感染」に対する真の予防手段である。……

「防ぐことのできない感染はない」ということが、看護の第一原理である。

——『看護師の訓練と病人の看護』(70)

この文にナイチンゲールの感染対策が集約されている。

＊＊＊

ナイチンゲールは生涯にわたって、清潔と換気について同じ主張を繰り返した。一八五九年の『看護覚え書』執筆当時には、まだ細菌が感染症を引き起こすことや細菌の接触伝播などの概念はなかったので、感染経路がどうしても空気感染に傾きがちだった傾向はあるが、それを差し引いたとしても、私は、ナイチンゲールは感染対策分野の先駆者の一人であり、病院における感染対策の基礎を確立した人であると思う。その理論は他の看護理論（たとえば、ヴァージニア・ヘンダーソン）とは全く異質なものである。[10] しかし、看護というものを感染対策の視点から最初に説き明かしてくれた人であると私は思う。

ナイチンゲールの言葉には普遍的なものが含まれていて、いつまでも価値が失われない。彼女の言葉は時代を越えて、これからも多くの人の心を打つであろう。

〈コラム〉エアロゾルについて

従来、飛沫（直径5㎛以上）による感染が「飛沫感染」、飛沫核（直径5㎛未満）による感染が「空気感染」と定義付けられてきた。しかし近年、空気感染は飛沫核というよりもエアロゾルによって起こると考えられるようになってきた（**図4―A**）。エアロゾルは飛沫の水分が気化（蒸発）することで生成される（したがって、飛沫核もエアロゾルの一種である）。

＊本稿を昨年看護学雑誌に連載していた時は、従来の概念で記述したが、単行本にするにあたって、全面的に修正することにした。

エアロゾルには次の二つの定義がある。

①エアロゾルは粒子と空気のランダムな混合系である。いわば粒子が空気に溶けている状態で、aero solutionとみなされ、その省略形がaerosolである。生食液は塩化ナトリウムが水に溶けている水溶液（aqueous solution）であり、ナトリウムイオンや塩化物イオンが水とランダムに混合している系である。

②エアロゾル状態になっている、すなわち空中を浮遊している粒子を表すときも「エアロゾル」と言う。エアロゾルは、水分を含むかどうかは関係がなく、粒子径も問わない。PM2・5（直径2・5㎛以下）、黄砂（直径約4㎛）、スギ花粉粒子（直径約30㎛）などもエアロゾルである。

（文献）向野賢治・原宏：「［緊急寄稿］COVID-19は空気感染対策に注力を」、『日本医事新報』No. 5125（二〇二二年七月一六日発行）、三〇―四〇頁。https://www.jmedj.co.jp/journal/paper/detail.php?id=19893

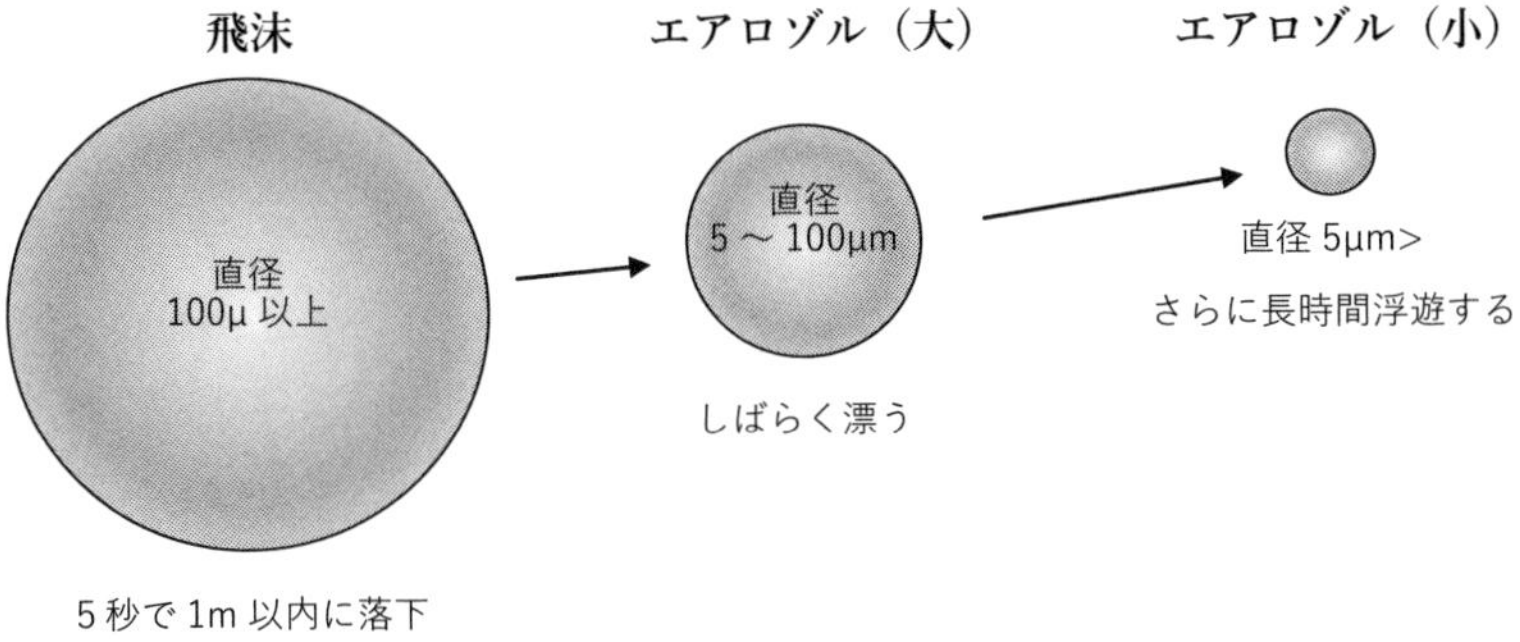

図 4–A　飛沫とエアロゾルの新しい概念＊

＊飛沫（droplet）は直径 100μm 以上である。飛沫は人に吸入されない。飛距離は 1m 以内である。

それ以下の直径の粒子はエアロゾルに分類される。直径 5 ～ 100μm の大きなエアロゾル粒子は空中に数分～数十分程度漂い、地表に落下する。飛距離は 1 m 以上になる。直径 5μm 以下のさらに小さな粒子は数時間漂い、飛距離はさらに遠くなる。この小エアロゾルは従来の飛沫核に相当する。

第4章　参考文献

（1）Florence Nightingale: Notes on Hospitals. Longman Green, Longman, Roberts, and Green, 1863.
（2）Florence Nightingale: Notes on Nursing. Harrison and Sons, 1860.
（3）Cecil Woodham-Smith: Florence Nightingale. Constable, 1950.
（4）Pam Brown: Florence Nightingale, Exley Publication, 1993.
（5）向野賢治訳：『病院における隔離予防策のためのCDC最新ガイドライン』メディカ出版、一九九六年。
（6）矢野邦夫訳：『医療現場における隔離予防策のためのCDCガイドライン』メディカ出版、二〇〇七年。
（7）Florence Nightingale: NURSES, TRAINING OF, AND NURSING THE SICK, 1882, Two articles from "A Dictionaary of Medecine" edited by Sir Robert Quain, Bart, M.D., 1882.
（8）Florence Nightingale: SICK-NURSING AND HEALTH-NURSING, A paper read at the Chicago Exhibition 1893.
（9）ICHG研究会：『感染予防対策とアメニティーに配慮した患者と医療従事者のための病院建築・設計ハンドブック』医歯薬出版、二〇一三年。
（10）V・ヘンダーソン：『看護の基本となるもの』日本看護協会出版会、一九九五年。

第5章　ジョン・スノウ——もうひとりの感染対策の先駆者

1　一八五四年、ロンドン、三人の歴史的人物

一八五四年八月末、ロンドン中心部のソーホーとよばれる地区で、コレラのアウトブレイク（集団感染）が起きた。せいぜい五〇〇m四方の狭い区域で、一か月の間に六〇〇人が、コレラのために命を落としたのである。このとき、現場近くに三人の歴史的な人物がいた（図5―1）。

二か月後にクリミアに派遣され、「白衣の天使」として有名になるフロレンス・ナイチンゲール。

コレラの感染源となった井戸を突き止め、「疫学の父」とよばれるようになる医師ジョン・スノウ。

ドイツから亡命してきた革命家カール・マルクス▼1である。

スノウとナイチンゲールの経歴を表5―1に記した。

▼1　マルクスは一八五一―五六年の間、ディーン街二八番地に住んで、赤貧の生活を送っていたが、ここでは詳細を記さない。

2　コレラ・アウトブレイクの概略

ジョン・スノウが作成した感染地図を図5―2に示した（図5―3に地図の見方を示している）。流行曲線（コレラ患者発生件数の時系列ヒストグラム）は図5―4に示した。

図 5–1　ロンドン市街地図

スノウの作製した感染地図の上に、重要な関連場所を示している。

図 5–2　コレラ感染地図 (1)

表 5–1　スノウとナイチンゲールの経歴

	スノウ	ナイチンゲール
1813 年	3 月 15 日にイギリスのヨークで生まれた。父は炭鉱労働者だった。	
1820 年		イタリアのフィレンツェで生まれた。
1827 年	ニューカッスル・アポン・タイン地域で医学の見習いとなった。	
1832 年〜	炭鉱の外科医の助手として働いた。	
1835 年	絶対禁酒主義者および菜食主義者になった。	
1836 年	ロンドンのハンター医学校に入学した。	
1837 年	ウェストミンスター病院で働き始めた。	ヨーロッパ歴訪の旅へ。
1838 年	イギリス王立外科医師会に入会。	
1844 年	ロンドン大学を卒業。	
1847 年		ローマ旅行。シドニー・ハーバートと知り合う。
1849 年	『コレラの伝播様式について』出版。	エジプト旅行。
1850 年	王立内科医協会に入会。5 月、ロンドン疫学会の創設メンバーとなる。	7 月、カイザースヴェルト学園に滞在。
1851 年		7 月、カイザースヴェルト学園に再度滞在。
1853 年	4 月 7 日、ビクトリア女王の無痛分娩(8 人目の子ども、第 4 王子レオポルド)を担当。	8 月 12 日、ロンドンの病院へ就職。
1854 年	9 月、コレラ流行地区を調査、井戸水が原因であることを突き止める。	10 月 21 日、クリミアに派遣される。
1855 年	1 月、『コレラの伝播様式について（第 2 版）』出版。3 月、「有毒ガス」に関する国勢調査委員会で「迷惑商売」を擁護。4 月、ホワイトヘッド、index case 発見。	5 月、“クリミア熱”発症。
1856 年		7 月、帰国。9 月、バルモラル城でビクトリア女王夫妻に謁見。秋、ウィリアム・ファーと出会う。
1857 年	4 月 14 日、ビクトリア女王の無痛分娩（9 人目の子ども、第 5 王女ベアトリス）を再び担当。	7 月、『英国陸軍の健康、能率および病院管理の覚え書』執筆。8 月 11 日、完全な虚脱発作を起こした。
1858 年	6 月 10 日、脳卒中で倒れ、6 月 16 日死去。	
1859 年		『病院覚え書』『看護覚え書』『思索への示唆』出版。

街路に沿って描かれた黒いバーが、コレラによる死亡者数を表している。死亡者1人につき1つの黒いバーである。18人死亡はイリー雷管工場の死者を示している。その右2つ隣の4人死亡は、ルイス一家のアパートの死亡者を示している。

図 5–3 感染地図の見方 [1]

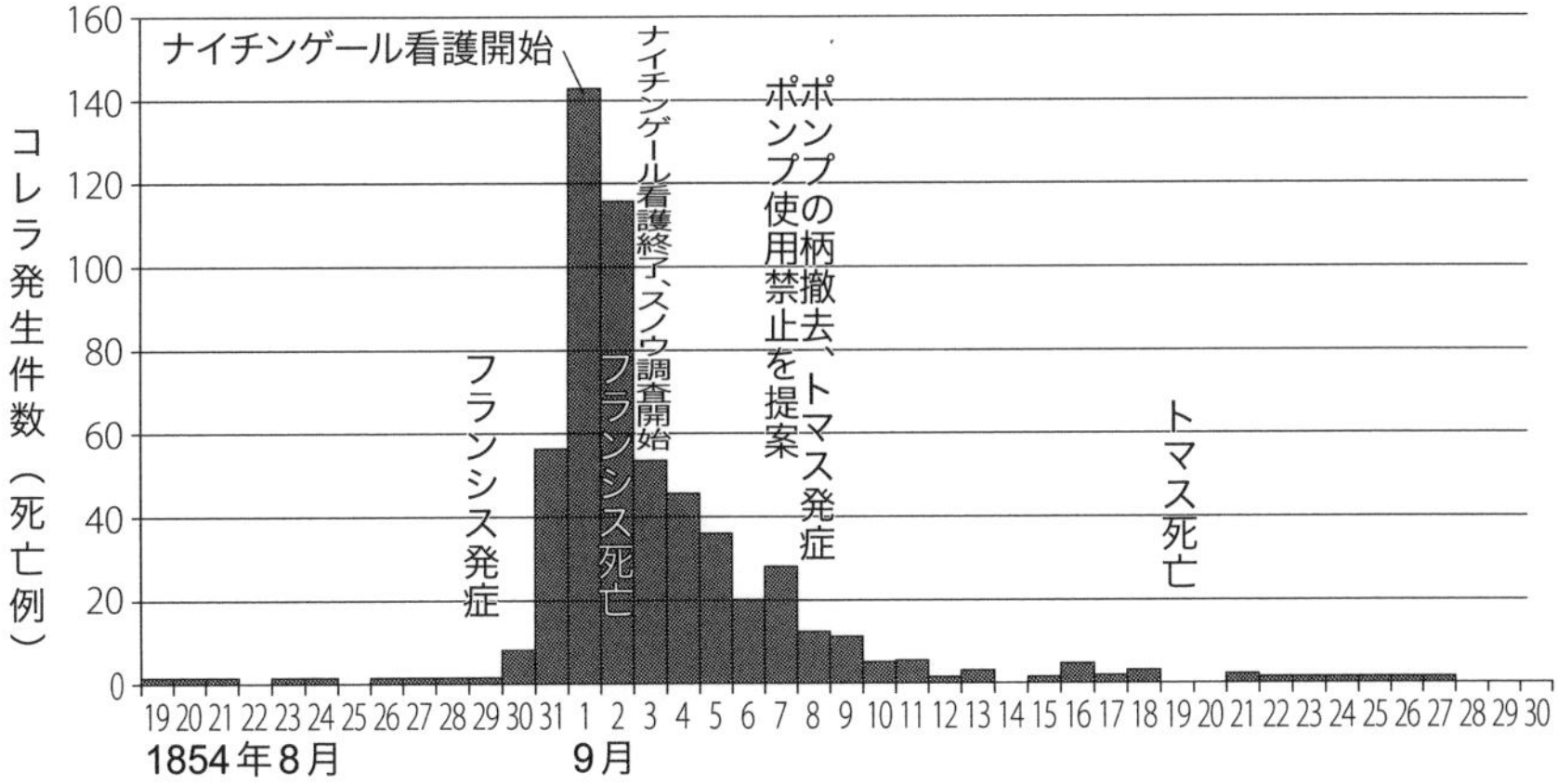

致死的な経過をとった症例のみで流行曲線を作成[1、2]。これに、ナイチンゲールとスノウの行動を示している。

図 5–4 ブロード街でのコレラ・アウトブレイクの流行曲線 [1]

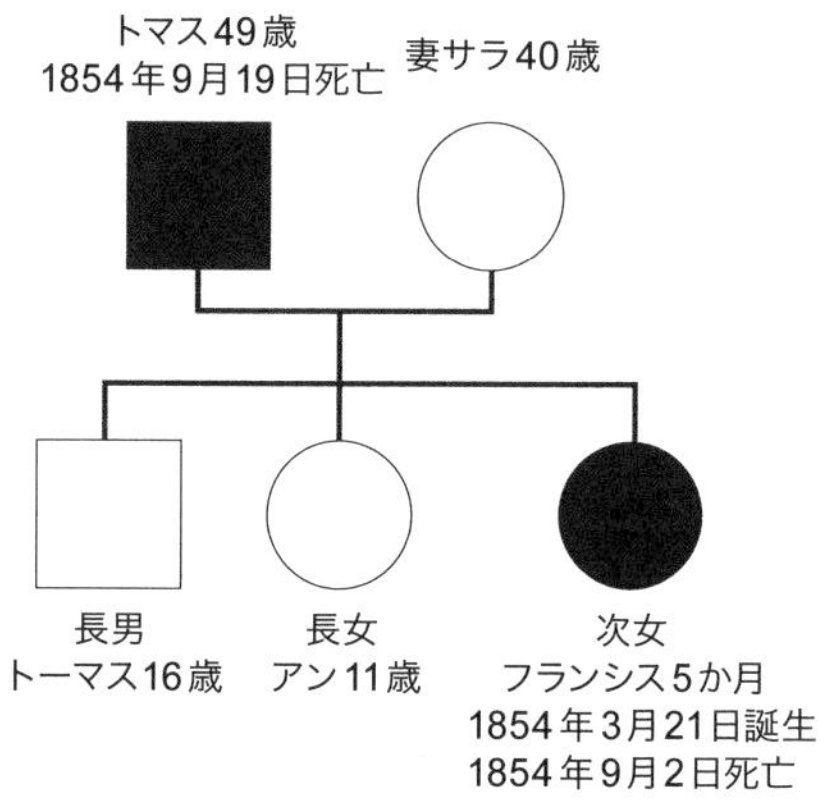

図5–5　警官トマス・ルイス一家の家族構成[2]

これらによって、ブロード街におけるコレラ流行の全貌を知ることができる[1]。

アウトブレイクの発端となった症例（初発症例 index case▼2）は、ブロード街四〇番地に住む警察官トマス・ルイス一家（**図5—5**）の、生後五か月の女の赤ちゃん（フランシス）だった。この子が八月二八日午後一〇時から、激しい下痢症を発症した（**図5—4**）。母のサラは、汚れたオムツをバケツの水につけて洗った。汚染した水を、サラは部屋（地下）の前にあった汚水溜め（地下）に廃棄した。この汚染水が、汚水溜めから九〇cmしか離れていない井戸に浸透していった。この子（フランシス）の症状は改善せず、九月二日午前一一時に亡くなった[2]。下痢がその日まで続いたとしたら、約五日間にわたって、ブロード街の井戸は汚染され続けたことになる。流行曲線（**図5—4**）でみると、八月三〇日から発症者の増加が始まっている。流行のピークは九月一日である。

この井戸の水はもともと冷たくてきれいな水と評判であった。八月の暑い時期に、多くの人がこの清涼な水を求めてやってきた。そして、その水を飲んだ人々のうち、六〇〇人以上が約一か月間に死亡したのである。

▼2　index case（初発症例）は、一八五五年四月、ベリック街にあるセント・ルークス教会の牧師ヘンリー・ホワイトヘッドによって発見された。ホワイトヘッドはもともと瘴気説信者であったが、自ら調査をするうちにスノウの正しさを知った。ホワイトヘッドは生涯、スノウの肖像画を部屋に飾っていたという[3]。

3　そのときナイチンゲールは……

ナイチンゲールは一八五三年八月から、ハーレー街一番地に設立された「病める貴婦人のための養護施設」Institution for Sick Gentlewomen（図5―1）に、管理者 superintendant として住み込みで働き始めた。なお、この施設の実体は、著名な貴族の男性たちから資金提供され、貴族の婦人たちによって運営される「病める家庭教師 governess のための私設クリニック（二七床）」であった[4]。

一八五四年九月一日、コレラの入院患者が急増しているミドルセックス病院（図5―1）から、周辺の病院に対して患者介護応援の要請があった（表5―2）。ミドルセックス病院は、アウトブレイクの起きたブロード街から最も近い総合病院で、例の井戸からは約六〇〇 m の位置にあった。ナイチンゲールは、ミドルセックス病院の要請に応えて出向し、感染のピークだった九月一日（金曜日）から三日（日曜日）午後までぶっ通しで勤務した。その後、彼女は疲れ果てて実家のリー・ハーストに帰った。

リー・ハーストの邸宅には、古くからのナイチンゲール家の知り合いである作家のエリザベス・ギャスケル夫人（第2章五一頁も参照）が泊まっていた。このとき彼女は、小説『北と南』をこの家で仕上げているところだった。自宅に戻ったナイチンゲールは、ミドルセックス病院でのコレラ看護の体験をギャスケルに語っている。

九月一日からの三日間で、一二〇人を超えるコレラ患者がミドルセックス病院に

表 5–2　コレラ患者の収容状況（初めの 3 日間）[4]

ミドルセックス病院	120 人以上
ユニバーシティ・カレッジ病院	25 人
ウェストミンスター病院	80 人
ガイズ病院	50 人以上
セント・トーマス病院	50 人以上
チャリング・クロス病院	50 人以上

セント・バーソロミュー病院でも初めの数日間で 200 人以上

やってきた。ナイチンゲールはそのとき、全患者のうち、娼婦の割合が極端に高いと観察している。「売春婦たちがもうひっきりなしに、自分たちの縄張りからふらつきながらやってきていた。病気はどこの誰よりも彼らが一番ひどかった[3]」。

4　そのときジョン・スノウは……

ジョン・スノウは、ブロード街の近くのサックヴィル街（井戸から四〇〇m）で内科医兼麻酔科医として開業していた（**図5―1**）。彼は医師になって以来、エーテルやクロロホルムの実験研究を（自分をも実験台にして）続け、吸入量を調節できる麻酔器を発明し、ロンドンにおける著名な麻酔専門医になっていた。ビクトリア女王の無痛分娩を二度も担当していることからも、その高名さがうかがえるだろう。

一方で、スノウは、以前からコレラの原因追究に情熱を燃やしていた。ロンドン周辺でコレラの流行が起こると、診療の合間に調査活動を行っていた。一八四九年には、『コレラの伝播様式について』という論文を発表している。

当時は、感染は空気から起こるという「瘴気説」▼3が支配的であり、コレラも瘴気が原因と考えられていた。しかしスノウは、嘔吐下痢症であるコレラが空気を介して起こることが信じられなかった。スノウは、「病原体はまず腸管を攻撃する」と考え、コレラが飲み水によって起こること（経口感染）を想定して研究していた。そんなとき、自分のオフィスのすぐ近くでコレラのアウトブレイクが起きたのである。スノウ

ジョン・スノウ

▼3　疫病は悪い空気によって起こるという、一種の空気感染説。

は何か運命的なものを感じたに違いない。

5　スノウ、アウトブレイクの調査を開始する

スノウが、一八五四年八月末に発生したロンドンのコレラ流行の調査を開始したのは、九月三日（日曜日）の夕方からだった。スノウは真っすぐにブロード街四〇番地の井戸に向かったという。[3] 彼は「現地に行くと、ほとんどすべての死亡はこの井戸の近くで起きていることに気がついた」と記している。[1] そして、井戸水を採取し、家に持ち帰った。その水はスノウの予想に反して、濁っておらず、きれいに澄んでいた。

翌日の九月四日も、麻酔の仕事が終わると再びブロード街に向かい、井戸水を採取して自宅に持ち帰り、顕微鏡で観察した。しかし、コレラの原因となるような物質は何も特定できなかった。その夜、井戸水の分析を諦めて、今度は流行区域の戸別訪問調査を始めた。使っている井戸水、水道会社、家の構造、飲水習慣などを一軒一軒尋ね歩いたのだ。

九月五日は、朝から訪問調査を始め、行き交う人にも声をかけて質問をした。昼からテムズ川河畔のサマセットホール内にある戸籍本庁（General Register Office）を訪れ（**図5―1**）、主任統計官 compiler of abstracts のウィリアム・ファーから、死亡者リスト（八月三一日から九月二日までの三日間で亡くなった八三人分）▼4を入手している。そして、ブロード街のソーホー地区に戻って、それらをもとに再び調査活動を始めた。

▼4　この三日間の発症者は三一五人、死亡者は二〇〇人。死亡のピークは九月二日一二七人。**図5―4**も参照。

九月六日も戸別訪問を続けた。その結果、ファーから提供された死亡者八三症例のうち、六一症例がブロード街の井戸水の常用者であることが判明した。また、常用者でなくとも、食堂や喫茶店のテーブルの上に井戸水が置かれていたし、近隣のパブでは蒸留酒を割るのに井戸水を使っており、ブランデーの水割りを一杯飲んで死んだ男性もいたという。

さらにこの日は、セント・ジェームズ救貧院、ライオン醸造所、イリー兄弟の雷管工場を訪問した（図5―2）。この三か所への訪問が、コレラ井戸水説の決定的なエビデンスをもたらすことになる。

セント・ジェームズ救貧院

救貧院とは、貧困者を収容し、救済するために設けられた施設である。ここには当時五三五人が収容されていたが、死んだのはたった五人だった。施設内に井戸があり、多くの人はそれを飲み、ブロード街の井戸の水は飲まなかった。

ライオン醸造所（ビール製造工場）

ここには当時七〇人あまりの労働者がいたが、一人もコレラで死亡しなかった。彼らは、喉が渇いたときは水を飲まず、ビールを飲んでいた。

イリー兄弟の雷管工場（ブロード街三七番地）

この工場では、二〇〇人あまりの従業員のうち、一八人が亡くなった。ここでは喉の渇いた従業員のために、中庭の二つの大きな桶に、井戸の水を常時汲み置きしていたという。

さらに驚くべき情報があった。この工場の前経営者の未亡人であるスザンナ・イリー（五九歳）は、このときロンドン郊外のハムステッド▼5に住んでいたが、スザンナがブロード街の井戸水を好んでいたので、社員が毎日この井戸水をハムステッドまで配達していたという。八月三一日と九月一日に、スザンナと姪がその水を飲んだ。九月一日、スザンナは下痢を発症し、九月二日に亡くなり、姪も発症して九月三日に亡くなった。そして、ハムステッドではほかにコレラ患者の発生はなかった(3、5)。

▼5　ちなみに、一八五九—六一年、ナイチンゲールはしばしばハムステッドで静養している。

これらの事実を知って、スノウはブロード街の井戸水がコレラ流行の原因であることを確信し、翌日、行動に出た。

九月七日夜、セント・ジェームズ教区救貧委員会が、ピカデリーのセント・ジェームズ教会に隣接する教区会議堂で開かれた。そこに発言を求めて登場したジョン・スノウは、自分の観察と考え方を話したのち、ブロード街の井戸水の使用禁止を提案した。委員会は半信半疑ながらも、この提案を多数決で了承した。

九月八日、井戸のポンプの柄は撤去された。時を同じくしてこの日、コレラ・アウトブレイクの初発症例だったフランシス（生後五か月）の父、トマス・ルイスがコレラにかかった。そして九月一九日に亡くなった。この時点でコレラの発生はピークを越えていたが（図5―4）、もしポンプの柄がそのままだったら、トマスの下痢便で汚染された下着・リネンなどを洗濯した水が再び汚物溜めに投棄され、そこから九〇cmしか離れていない井戸へと再び浸透し、アウトブレイクの第二波になった可能性が高い。

こうして、この地区でのコレラの流行は終息していった。

6 ウィリアム・ファー――ナイチンゲールとスノウ両者にかかわる人物

ウィリアム・ファーは、スノウにコレラ患者の情報を提供し、スノウの調査に協力はしたが、本人は瘴気説の信奉者であった。ファーは、公衆衛生局長ベンジャミン・ホールが立ち上げた「コレラ流行に関する科学的調査委員会 the Committee for Scientific Enquiries in Relation to the Cholera-Epidemic of 1854」のメンバーの一人であったが、この委員会も瘴気説を支持するのみで、スノウの井戸水原因説を「エビデンスがない」と切って捨てた。

しかし、コレラ・アウトブレイクが起きた一八五四年から一二年後、一八六六年のロンドン東部でコレラの流行が起きたとき、ファーは、死者（四〇〇〇人以上）のほとんどがある特定の水道会社の給水を受けていたことに気づき、「沸騰させた水以外

ウィリアム・ファー（一八〇七―一八八三）

を飲んではいけない」という勧告を出した。自分の立場を、瘴気説から飲水説にいきなり転換させたのである。スノウの死後八年たって、ようやくファーはスノウの正しさに気づいた。それはよいことではあるのだが、ナイチンゲールに自分の立場の変化を説明しに行ったのだろうか？　一八六六年のこの頃、ナイチンゲールは病気のためにサウス街の自宅に引きこもってはいたが、ファーとの手紙のやり取りは続いていたはずなのだが。

ファーとナイチンゲールは、クリミア戦争ののちに長い付き合いを育むことになった。一八五六年秋、クリミアから帰国したばかりのナイチンゲールと出会い、ファーは陸軍の衛生改革派の一員となって、ナイチンゲールとは同志的結束を固めていくことになる。ファーは自分の娘にフロレンスと名前を付けているし、ナイチンゲールの『英陸軍の死亡率』の論文（あの有名なグラフのある論文）作成に大きく貢献した（一八五七―五八年）。ナイチンゲールの瘴気説に偏った考えを是正してくれただろうか？

一八八三年四月、ファーは気管支炎のために亡くなる。この年、ドイツの細菌学者ロベルト・コッホがコレラ菌を発見する。コレラの瘴気説はここで完全に終わりを迎えたのではないか。コレラ菌が空中を浮遊するエビデンスはない。

7　なぜ売春婦が多かったのか？――酒とコレラの法則

ナイチンゲールがミドルセックス病院でコレラ患者の看護をしていたとき、売春婦が多いと観察していた。[3、5] このことについて、筆者は長い間、心に引っかかっていたが、見市雅俊氏の『コレラの世界史』[6]（晶文社）を読んで、疑問が氷解した。

エジンバラの医師デービッド・クレイギーによると、エジンバラのある病院のコレラ患者の内訳は、女性は一九九人、うち四一人が既婚者、三八人が売春婦、八人が元売春婦、二人が売春婦ではないが不品行の女性、五人が極貧者、その他未婚者、未亡人、となっている。常習の酔っ払いが四一人で、そのほとんどが売春婦だった。そして、男性のコレラ患者は一一九人。二一人が酒飲みで不品行、八人が蒸留酒好き、三人がコレラに感染する数日前に酒を飲んでいた、と報告している。さらに、サンダーランド市の医師によると、「全体としてコレラの犠牲になっているのは、貧しく悲惨な状態にあって、ジンとタバコに溺れた人びと」であった。[6]

ナイチンゲールの観察は間違ってなかった。どういうことかというと、当時、ジンはポピュラーな蒸留酒であり、価格が安いわりにアルコール度数が高く、酔いが回るのが早かった。このため、ジンには労働者や庶民の酒、ひいては「不道徳な酒」「退廃的な酒」というイメージがあり、貴族や富裕な紳士、健全な者の飲む酒ではないとされていたのである。

ジンなどの蒸留酒は、水割りにして飲む。その水がコレラで汚染されていたため、コレラを発症したのだろう。一方、ビールを飲んでいた者はコレラに罹患しなかった。ブロード街事件でも、近くのビール製造工場の労働者はビールを昼間も飲用し、水は飲まなかったため、一人もコレラ罹患者を出さなかった（一三八頁）。以上について、筆者は**図5―6**に「酒とコレラの法則」としてイラスト化した。

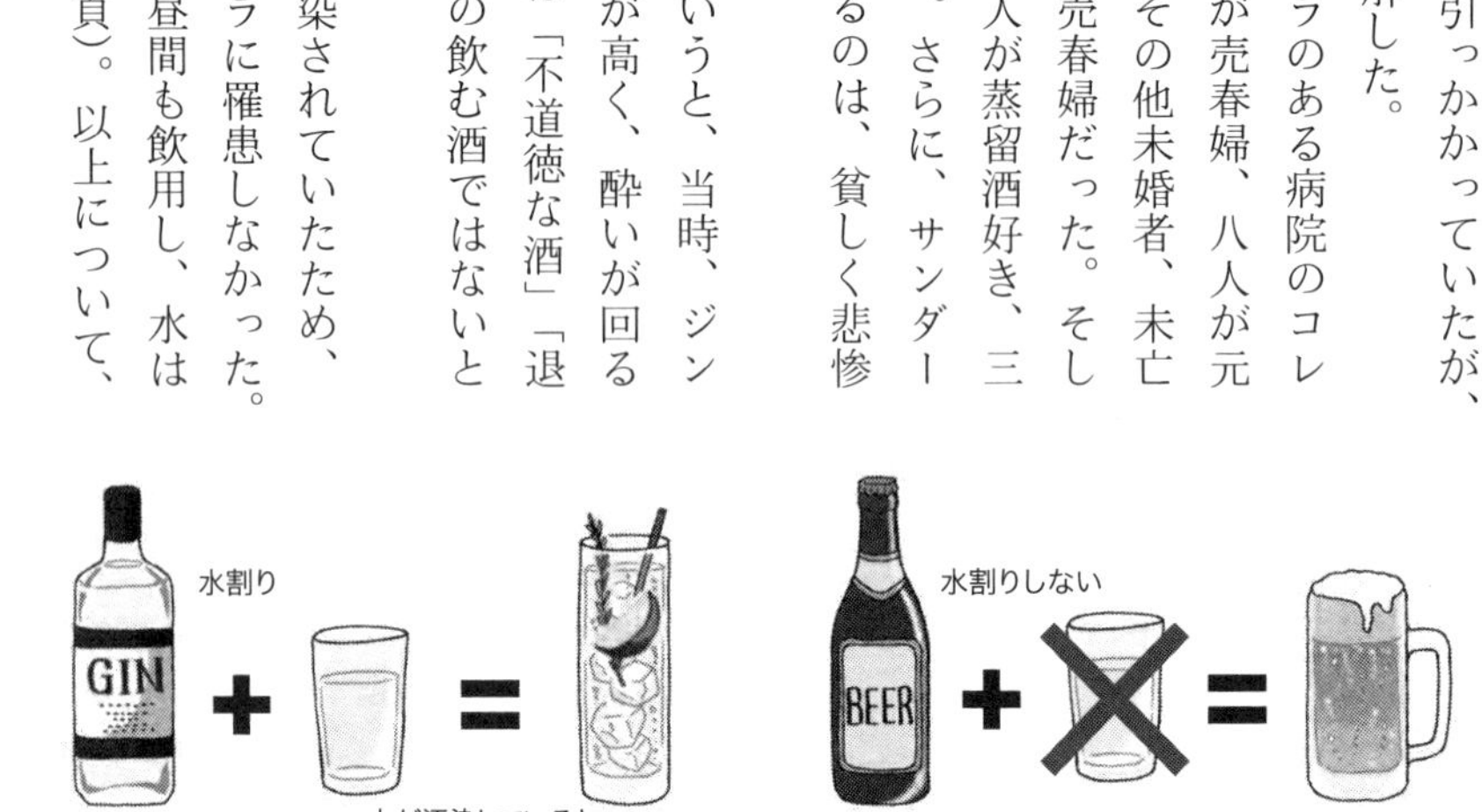

図 5–6　酒とコレラの法則

さて、ナイチンゲールは売春婦のコレラ罹患率が高いことに気づいていたが、なぜそうなのかを追究していない。このことをもっと深刻に考えてほしかった。そうすれば従来の瘴気説では説明できない部分に、気づいたのではないだろうか。

スノウの論文[1]には、売春婦のこともジンのことも記載がない。スノウはコレラ患者が収容されている病院にも足を運んでほしかった。そうすれば、売春婦の罹患率とジンとの関係に気づいたかもしれない。そして、論文にそのことを記述したかもしれない。あるいは、井戸のポンプの柄を外すよう訴えたとき、ジンとコレラの関係に言及していたら……と筆者は思うのである。そうすれば、「多くの売春婦はジンの水割りを飲んでコレラにかかった」という筋道に人々が気づいたかもしれないし、売春婦にコレラが多いことに気づいていたナイチンゲールの注意を喚起できたかもしれない。このときにスノウとナイチンゲールとの接点ができたかもしれない。つまり、知り合いになっていたかもしれない。

8　ジョン・スノウ vs「瘴気説」派

瘴気説の核心は「悪臭が病気を引き起こす」という考えである。当時、ロンドンには悪臭をまき散らす業者がたくさんあった。骨煮沸《しゃふつ》処理業者、石けん製造業者、獣脂《じゅうし》溶解業者、化学肥料製造業者などである。そして、この業者たちを規制する法律をつくる動きがあった。

一八五五年三月五日、この問題を討議する議会の委員会で、スノウは「悪臭は病気のもとではない」と発言し、悪臭業者を擁護する側の証人となった。委員会の座長は瘴気説信奉者ベンジャミン・ホールである。スノウは瘴気説信者に痛打を浴びせるべく立ち上がった。

私は疫病、とりわけコレラに大きな関心を寄せてきました、また実際、一般の公衆衛生にも。そして私は不快な商売と呼ばれるものについて、それらの多くが現実に疫病の伝播を手助けすることはない、そしてそれらが公衆衛生に実際に有害ではないという結論に達しました。それらが公衆衛生に有害ならばその仕事に従事している労働者に極めて有害であろうと私は考えます。私が知る限りそんな例はありません。気体の拡散の法則に従えば当然次のようになるはずです。すなわち、それらがある場所にいる人々（そこでその仕事をしている人々）に実際に有害でないならば、その場所からずっと離れた人々に有害であるはずがありません。(2、5)

ここで「気体の拡散の法則」と述べているところに注目していただきたい。

スノウは麻酔科医である。麻酔薬エーテルやクロロホルムは、吸い込み過ぎると死ぬわけだから、ある意味、有毒ガス、つまり「瘴気（悪い空気）」である。

スノウは瘴気の専門家であり、気体の性質を学び、瘴気をコントロールする方法を知っていた。そして「気体の拡散の法則」に基づいて「瘴気説」を否定したのだ。瘴気説論者がこれに反論する術があるだろうか？　結局、業者側が勝利することになったのである。

9 スノウはクリミアでの感染流行をどうみていたのか？

ジョン・スノウは、彼なりにクリミアにおける疫病流行について資料を収集し、総括した。論文「クリミアにおける最近の病気と死亡率の主な原因について[7]」は、スノウがクリミア戦争時の感染流行に言及した唯一の論文である。

この論文の結論は、「クリミアにおける疫病流行の原因は汚れた水である」というものである（汚染飲用水媒介説）。これは、ナイチンゲールの考え（汚染空気媒介説）とは大きく衝突するものである（なお、この論文はナイチンゲールがバラクラバで病に倒れた一八五五年五月一二日に刊行されている）。

クリミアの軍隊の間で流行した疾患はすべて（壊血病を例外として）彼らがバルナを離れる前に存在していた。コレラ、赤痢、下痢症に罹った兵士たちはクリミアへ船出する出発の時点でバルナからボスポラスへ送還された。バルナでコレラにかかったフランス軍の数はイギリス軍より多かった。しかし、連合軍がクリミアへ移動した後には、コレラやほかの疾患による罹病と死亡率はフランス軍よりイギリス軍のほうがずっと多くなった。この状況の主たる原因は、フランス軍はセバストポリの手前に着陣するとすぐに丘の上から野営地の軍隊へ水を運ぶ鉄パイプを敷設したが、イギリス軍はそのような方法を全く採らなかったことである。

さらにスノウは言う。

バラクラバ周辺で飲用に使われていた水は、近くの山から流れてくる小川の水であり、その中には戦争で死んだ馬の死骸、食肉処理された牛の臓物、ときには人の死体さえ投げ込まれていた。兵士たちの排泄物も流れ込んでいたに違いない、セバストポリ周辺でも同様の汚染があったであろう。軍隊へラム酒▼6を配給したことも感染伝播を促進した。蒸留酒は水で希釈して飲まれるが、使われるのは通常生水だからである▼7。

スノウは手指衛生にも言及する。

水の媒介によって伝播するすべての疾患は、また水なしで病毒を飲み込むことによっても伝播することは全く明白である。したがって、手を洗う水の不足が兵士の間でさまざまな病気の伝播を助長してきたことはありそうなことである。彼らの幾人かは小さなテントの中で一緒に生活している。これが普通の兵士が将校よりも疾患によるより高い死亡率に苦しめられてきた原因の一つと思われる。

人はすべての機会で野営地の屋外トイレの使用を強制されるべきであるという

▼6　ラム酒は、サトウキビを原料として作られる蒸留酒。西インド諸島（カリブ海）が原産地。

▼7　スノウは「酒とコレラの法則」に気づいていた。

ジョン・プリングル卿のアドバイスは守られるべきである。そして、屋外トイレは、手がそれらによって汚れやすくならないように組み立てられ維持されるべきである。

スノウは結論として、野営地の軍隊の健康を保持するには、汚染していない地域からの水を（パイプなどで）供給しなければならない、さもなければ、水は煮沸した後に飲むべきであると強調した。まさに正論である。

スノウは引き続き、瘴気説を批判する。

> 気体の物質の化学が存在していなかった頃、そしてある種の熱性疾患、赤痢、その他の疾患が生体の分泌液の腐敗によるとされていた頃、これらの病気は通常の腐敗のときに発生する悪臭によって引き起こされると推定されていた。これらの意見は今も、公職の分野においてさえ、一定数の信奉者をもっている。そして、クリミアにおける最大の死亡率は、腐敗が進むにはあまりにも寒い季節に、そして多くの死んだ馬が横たわっていたが臭いを発していなかったことがとくに知られていた季節に起こったということは、彼ら〔信奉者〕個々人の注意を喚起するだけの価値がある。

これはこれとして傾聴すべき意見かもしれない。しかし、ナイチンゲールが戦っていたのはクリミアではなく、スクタリの病院の中での感染流行であった。「これらの意見は今も、公職の分野においてさえ、一定数の信奉者をもっている」、これはナイチンゲールを暗に指しているのだろうかと思ってしまう。ナイチンゲールは公職に就いてはいなかったが。

最後にスノウは次の意見を述べて、この論文を締めくくっている。

ジョン・プリングル卿は接触感染（contagion）による疾患伝播をできる限り阻止するために、大きな規模の病院の代わりに、たくさんの小さな病院をもつ有利さを一〇〇年以上も前に強調している。わが同盟国〔フランスのこと〕は、ボスポラスの海岸に沿って多くの小さな病院を準備することでこのアドバイスに従って行動してきた。しかし、ジョン・プリングル卿自身の国の当局〔イギリス政府のこと〕はスクタリで巨大な容積の病院をつくることでそのアドバイスを完全に無視してきた。そしてコメントを要しないほどよく知られた結果となった。この国の公務員たちは一般に疾患の伝播というものがないかのように最近まで行動してきた。しかし、スクタリでの医師や看護師の間の大きな死亡率▼8は彼らにその間違いをわからせたはずである。

この部分は、スノウがスクタリの病院に言及した唯一の箇所である。スノウは、ナイチンゲールの活躍も知っていたはずであるが、残念ながらナイチンゲールに関する記述はない。

▼8　兵士の死亡率の間違いではないかと思われる。

スノウはジョン・プリングルに言及し、その意見を盾に政府の対応を痛烈に批判している。しかし、「ジョン・プリングル卿は接触感染による疾患伝播をできる限り阻止するために、大きな規模の病院の代わりに、たくさんの小さな病院をもつ有利さを一〇〇年以上も前に強調している」という文言の、この傍線の部分には問題が残る。引用されたプリングルの文献によると、プリングルは感染防止のために小さな病院を推奨しているが、それは接触感染ではなく、むしろ空気感染防止のためであった（後述、一五二頁参照）。つまり、プリングルの主張は瘴気説に近い。「contagion」を単に「感染」と訳せば問題ないが、contagion は単なる感染よりも接触感染を意味することが多い。となると、プリングルの言葉を参照するこの記述は、瘴気説を否定するスノウの主張と整合性がないことになる。

スノウは、クリミアの戦場について主に言及しているが、スクタリの病院内での感染流行についてはほとんど言及していない。一方、ナイチンゲールはクリミア、すなわちバラクラバやセバストポリではそれほど感染が多かったとは言ってない。ナイチンゲールは、クリミアをあまり問題にしていないのである。すなわち、ナイチンゲールはスクタリの病院内感染を問題にしているのである。

ここにスノウとナイチンゲールとの、意見の違いの出発点がある。現場にいた人といなかった人との相違であろうか。

ただ、スノウのコレラ感染対策[1]を読むと、米国ＣＤＣの対策[2]とほぼ同じである（**表5—3**）。これだけでもいかに感染対策に関して先見性があったかがわかる。また、スノウは主著『コレラの伝播様式[1]』の中で、「ペスト、黄熱病、赤痢、腸チフスはコレ

表5–3　コレラ予防策：ジョン・スノウと米国CDCの比較 (1、11)

	ジョン・スノウ	米国CDC
安全な飲用水	飲用水や食物調理用の水（井戸ポンプ由来、水道管由来にかかわらず）は、汚水溜、家の排水、または下水で汚染されてないものを使う。汚染の疑いのある水の場合は、よく煮沸し、できれば濾過する。	安全な水を飲む（使用する） 瓶詰めの水、沸騰させた水、消毒した水、瓶（缶）詰めの炭酸飲料水（これらが“安全な水”である）のみを飲むこと。皿を洗ったり、歯をみがいたり、食物を洗浄・調理したり、製氷するときは、安全な水（瓶詰めの水、沸騰させた水、消毒した水）を使用する。 台所と台所用品は石けんと安全な水で洗い、再使用前に完全に乾かす。
手指衛生	病人をケアする人は最も厳重な清潔を遵守する。コレラ患者がいるすべての部屋に手洗い用ベースン、水、タオルを置く。看護師やほかの介護者は頻繁に使用し、とくにすべての食物に触れる前に使用する。	石けんと安全な水で手をよく洗う ・食物を調理する前、食べる前 ・子どものお尻を拭いた後 ・下痢の人のケアをした後
安全な食料	コレラが地域で非常に流行するときは、家に持ち込まれる全ての食料は清潔な水でよく洗浄し、沸騰した水にさらす。あるいは少なくともこれらの過程のどちらかに通し、水あるいは火によって清浄化する。手を注意深く洗い、食物に関する細心の予防策を取ることによって、人は自分を危険にさらすことなくコレラ患者の中で時間を費やすことができる。	しっかり火を通す 包装された食物、あるいは清潔に調理され、熱々の状態で出された食物を食べる。生の、あるいは生焼けの肉・魚介類、皮の剝かれていない果物・野菜を食べない。魚介類（とくに貝類）は全体にしっかり火を通す。
ベッドリネンの清潔	患者の汚染したベッドリネンや衣類は取り外した後すぐに、洗濯されるまでに水に浸漬する。排泄物が乾いて小さなほこりとして浮遊することがないようにするためである。洗うことができないベッドリネンや衣類は沸騰した水にしばらくの間、曝露する。	
便の安全な処理		水と食物の汚染を防ぐために、便は衛生的に処理する。排便後は石けんと安全な水で手をよく洗う。

ラと同じように伝染する」と書いた。ペストはネズミ↓ノミが感染経路であり、黄熱病は蚊が媒介するが、赤痢、腸チフスは保菌者の便（やその汚染物）による経口感染であるから、その通りである。ナイチンゲールがクリミアに行く前にスノウの意見を聞いていて損はなかったのだが……。

10　ジョン・プリングル卿の考え方

先ほどスノウの論文内に登場したジョン・プリングル卿（一七〇七―八二）は、スコットランド出身の医師で、オーストリア継承戦争（一七四〇―四八年）に軍医として従事し、野戦病院の実状を知り、その環境の改善（適切な排水、適切な屋外トイレ、沼地を避ける）を提案した人物であった。「軍陣医学の父」と称される。軍の病院は聖域として交戦国相互に守られねばならない、という彼の考えが、後の赤十字社の設立につながったという。

さて、プリングルの代表作『Observations on the Diseases of the Army in Camp and Garrison』[10]のスノウが引用した部分、パートⅡセクションⅢ「腐敗した空気から生じる病気を防止する方法」を読んでみよう。

ジョン・プリングル卿

もし軍事作戦が陸軍にそのような地面での長期継続を強いるならば、最良の方法は頻繁に移動すること、一つの陣地に固定したままにしないことである。というのは、移動によって麦わらは変えられるし、人々はより運動するし、屋外トイレは残して出発するからである。屋外トイレというのは、赤痢が頻繁に発生することを考慮すると通常より以上に有害であるからである。

赤痢が蔓延し始めるときはいつでも、最高の予防方法は野営地の屋外トイレ、汚い麦わら、その他の汚物を残して、その地を離れることである。

「**野営地は感染の温床になりやすいので頻繁に移動する**」というのがプリングルの感染対策の第一原則である。これは〝下痢便との接触を避ける〟という接触感染防止的意味と受け取ることはできる。さらにプリングルは議論を進める。

病気が流行し始めたとき、病人をけして一つの普通の病院に送ってはならない。少なくとも空気を汚染するだけの人数になったときは。というのは、感染を他人に伝播するだけではなく、彼らの間でそれを持続させるからである。

固定した野営地で遵守されるべきもう一つの論点は、連隊病院は分散させること、一つの村に押し寄せないことである。(中略)病人を一つの村に収容するのではなく、二つか三つの村に分散することは適切であろう。

「**一つの大きな病院に病人を集中させない、小さな病院に分散する**」、これがプリングルの感染対策の第二の原則である。ここでプリングルは「空気を汚染する人数」を問題にしており、瘴気説的考え方をはっきりと述べている。プリングルのいう小さな病院とは連隊病院（regimental hospital）であり、野営地近くの民家の納屋、馬小屋、その他の離れ家がよく、教会が最もよいと述べている。

赤痢が流行しているときは、連隊付の外科医は野営地ではより軽症の症例を治療することになる。残りの症例はできるだけ多く、連隊病院を受診し入院することになる。その病院はそのときとくに広々として換気のよい（spacious and airy）ものが選択される。

総合病院については、連隊病院が都合よく収容できない者、軍と共に移動できない病人のみを受け入れるようにする。この病人の分散なしに、総合病院は悪い季節には数千人の負担をするかもしれない。そして、それはうまく入院できず、世間でこれまで考えられてきたよりもずっと多くの人手がいることになろう。

病院の性質について、空気の清浄を保つことに関していえば、最良の原則は各病棟に非常に少ない患者を入院させることである。

そこでは、それぞれの外科医が、病気の状況と同様、患者の体格と気質に最もよく精通している。そして医師がどんな難しい症例でもなお頻繁に診察し、あるいは定期的に訪問するので、病人を治療する方法に対してなされる異議申し立ては起こり得ない。そして治療がなされるときはいつも非常に成功してきたことがわかった。

「病院は小さく、病人は少なく、部屋は広々としていて、風通し（換気）が良いのがいい」、これが第三の原則である。換気については、次の言葉によって補強され、決定的となった。

良い空気が入ってくる機会が多ければ多いほど、連隊病院からはさらに多くの利益が生じる。

問題は空気であって温度ではない、空気こそ必要不可欠であることをわれわれは経験によって確信している。

われわれはこれを一つのルールとして策定する、すなわち、われわれがより新鮮な空気を病院の中に入れれば入れるほど、この悪性のジステンパー▼9が発生する危険はなくなる。

換気装置が使用されるなら、ほかの予防策はそれほど必要ではない。

▼9　ジステンパーは犬のウイルス性上気道炎だが、ここでは一般的なウイルス性上気道炎の意味で使っていると思われる。

「新鮮な空気、換気こそ、最も重要である」、これは第四の原則であり、第二、三の原則の背景となる考え方である。

こうしてプリングルの残した言葉を読んでみると、スノウがその論文内で紹介した記述とはかなりニュアンスが違うことがわかる。

プリングルは、接触感染防止のために患者を小さな病院に分散させよと言ったのではない。それもあったかもしれないが、風通しの良い病室環境の実現のために言ったのである。

換気を重視している点は、ナイチンゲールの考えに近い。むしろナイチンゲールはジョン・プリングルの影響を受けたのではないかとさえ思われる。しかし、ナイチンゲールの著作にはプリングルの名前は出てこない。たとえば、クリミア戦争終結後に書かれた『女性による陸軍病院の看護』には出てこないし、著名な『病院覚え書』にも出てこない。

11　ナイチンゲールとスノウはなぜ出会わなかったのか?

さて、本章第2節で詳述した、一八五四年八月末のロンドンで発生したコレラ・アウトブレイク（集団感染）の話に戻ろう。ナイチンゲールがコレラ患者の看護を終えて実家のリー・ハーストに帰ったのが九月三日で、入れ替わるように今度はスノウが九月三日からブロード街周辺でコレラ・アウトブレイクの調査活動を開始している。

ナイチンゲールの活動はミドルセックス病院での看護であり、スノウの活動はソーホーのコレラ流行地域での戸別訪問調査なので、時間的にも地理的にも役割的にも交差しない。

もし、ナイチンゲールが患者の家族の家を訪問するとか、スノウが入院した患者のインタビューのためにミドルセックス病院を訪れたなら、すれ違ったかもしれない。

いずれにしてもこのときに二人が出会うチャンスはなかった。この時期に偶然に出会って言葉を交わしていればおもしろかったのに、と筆者は思う。

この後、一〇月二一日にはナイチンゲールはスクタリに向かって旅立っているし、帰国したのは一八五六年の八月。しかし、スノウが亡くなったのは、一八五八年六月一六日なので、二年くらいはまだ邂逅の機会はあった。一八五二年から一八五八年に亡くなるまで、スノウはロンドンのサックヴィル・ストリート一八番で開業していた。ナイチンゲールは帰国後、病弱ではあったが、バーリントン・ホテルを拠点に陸軍の衛生改革の活動をしている。スノウのオフィスからバーリントン・ホテルまでは一〇〇mくらい、目と鼻の先である（図5―2）。

ちなみに、ナイチンゲールとスノウの両者に面識があるのは、ビクトリア女王夫妻とウィリアム・ファーくらいである。

ビクトリア女王夫妻とは、ナイチンゲールは一八五六年九―一〇月にスコットランドのバルモラル城で会って以来、親しい関係である。スノウもビクトリア女王の無痛分娩を二度も担当した、信頼の厚い産科麻酔医であり、アルバート殿下とも面識があった。ただ、ビクトリア女王を介して二人が出会うというのは、女王が晩餐会か何かを主催して両者が招かれる以外、あり得ないかもしれない。ナイチンゲールはクリミアから帰国後はそんな会には参加しないだろうし、スノウは貴族でもないから、おそらくよばれない。住んでいる世界が違っていたのか▼10。

しかし、二人の最も近くにいて影響を与えた人物がいる。それはウィリアム・ファー（一八〇七―一八八三）である。本章第6節でも紹介したが、ファーは一八五六年一一月にナイチンゲールと出会って以来、衛生改革派のメンバーであり、娘の一人にフロレンスと名づけるほど（Florence Farr, 1860–1917）、ナイチンゲールの信奉者であった。しかし、そのメンバーには瘴気説の親玉エドウィン・チャドウィック▼11もいて、悪く言えば瘴気説派で固まっていた。ファーがスノウの意見を取り入れて、コレラ流行時には沸騰していない水を飲まないようにと公に指示を出したのが一八六六年のことだったので、それまで約一二年間、ファーはスノウの意見を信じていなかったのだろう。とすれば、ファーがナイチンゲール帰国後二年間にスノウを紹介するとは思えない。

12　二人が出会っていれば

ナイチンゲールがスノウと出会い、少しでもスノウの話を聞いていれば、彼女はコレラの飲水感染説について何か暗示を受けたのではないだろうか。

▼10　しかし、第3章九一頁で記したハリエット・マーティノは庶民の出だが、ビクトリア女王の戴冠式に招待されている。

▼11　ベンジャミン・ホールの前の公衆衛生局長。「あらゆるにおいは病気である」が信念の持ち主[3]。

もしスノウの意見をナイチンゲールが聞いていれば、瘴気説に偏らない、よりバランスの取れた、より広い視野を持ったかもしれない。スクタリ、クリミアでももっと賢明な行動が取れたのではないか。クリミアでの主敵はやはりコレラだったし、対応が違ったのではないかと筆者は思うのだ。そしてナイチンゲールは生ものを摂らなかったかもしれず、そうすればブルセラ症にも罹らなかったかもしれない（ここまでは無理か）。

二人とも合理的な考えをする人だし、何よりも患者への深い愛情が二人にはあった。話をすれば、気が合ったのではないだろうか。共通点も多い**（表5―4）**。それとも、二人とも頑固そうなので、結局決裂していただろうか？

二人とも独身だし、ひょっとしたらロマンスが生まれたかも知れない。コレラ流行当時、ナイチンゲールは三四歳、知的できれいな女性であった。スノウは四一歳、口下手で風采は上がらないが、すでに王立内科医師会会員（これは医師の最高資格といわれている）であり、ナイチンゲールも面識のあるビクトリア女王の無痛分娩を二度も成功させた地域の名士であった。富豪ではないが、金には困らない。その真摯な生き方は必ず彼女の心をとらえたと思うのだがどうだろう。リチャード・モンクトン・ミルンズ▼12のようなイケメンではないが、スノウのほうが絶対気が合ったはず。結婚でなくても、友人として感染対策の最強のコンビができたのではないか（下手な空想はこの辺で止めようか）。

しかし、世紀の出会いは起きなかった。

スノウはコレラ流行の四年後に四五歳の若さで亡くなってしまう。おそらく麻酔薬

▼12 **リチャード・モンクトン・ミルンズ** 第2章六七頁参照。

表 5–4　スノウとナイチンゲールの似ている点

	ジョン・スノウ	フロレンス・ナイチンゲール
誕生〜死亡年	1813-58	1820-1910
出生地	ヨークシャー州、ヨーク市	イタリア、フィレンツェ
最終学歴	ロンドン大学	カイザースヴェルト学園（ドイツ）
結婚	未婚	未婚
数学好き	幼い頃から数学の才能を示した	幼いころから数学が好きだった
ロンドン	1836 年 10 月ハンター医学校入学以来ロンドン在住	ナイチンゲール家は春と秋はロンドンで暮らす習慣だったので、幼い頃からよく来ていた。
1856 〜 58 年頃の住所	1852 年以降サックヴィル・ストリート 18 番	1856 年 8 月帰国、11 月頃からバーリントン・ホテル 1857 年 8 月から寝たきり状態
共通の知人		
ビクトリア女王	無痛分娩担当麻酔科医	理解者
ウィリアム・ファー	コレラ患者情報提供者	衛生改革の同志
孤高の性格	粗食ぶりは世捨て人のようで、着るものも質素、交友も望まなかった（ベンジャミン・リチャードソンの言葉）[5]。	彼女には友だちはいませんし、それを欲してもいません。彼女は完全に一人で立っており、神と人間の中間にいます（ギャスケルの言葉）[12]。

吸入に関して自分の身体を使って実験を重ねたためか、腎不全、高血圧症を患い、脳卒中を起こしてしまったのだ。彼は帰らぬ人となった。禁酒禁煙の菜食主義者だったのだが……。

ナイチンゲールは『看護覚え書』[11]（一八五九年）の中で、こう書いた。

衛生改革者たちの努力のおかげで、以前に比べて清浄な水が家々に導入されるのはより一般的になった。この二〜三年の間は、ロンドンの大部分は下水やトイレの排水に汚染された水を使うのが日常的な習慣であった。これは幸いにも改善された。しかし、この国の多くの地域では、非常に不純な井戸水が家庭内で使われている。そして疫病が出現したときは、このような水を使っている人が必ず罹患するのだ。

瘴気説的な考え方とは一味違うナイチンゲールの文章である。これは一八五四年のブロード街のコレラ流行を意識して書かれていると思う。スノウに関する言及はない。そして、ナイチンゲールがこの『看護覚え書』を書いた一八五九年には、すでにスノウはこの世にいなかった。

第5章　参考文献

(1) John Snow: On the mode of communication of cholera. John Churchill, London, 1855.
(2) UCLA: John Snow Site. https://www.ph.ucla.edu/epi/snow.html（二〇二一年七月二日閲覧）
(3) スティーヴン・ジョンソン著、矢野真千子訳：『感染地図――歴史を変えた未知の病原体』河出書房新社、二〇〇七年、一六四頁。
(4) Gillian Gill: Nightingales. Random House, USA, 2004.
(5) サンドラ・ヘンペル著、杉森裕樹ほか訳：『医学探偵ジョン・スノウ』日本評論社、二〇〇九年。
(6) 見市雅俊：『コレラの世界史』晶文社、一九九四年、一三八―一三九頁。
(7) John Snow: On the chief cause of the recent sickness and mortality in the Crimea. Med. Times and Gazette, n. s. vol. 10, May 12, 1855, pp.457-458.
(8) Florence Nightingale: Notes on Hospitals. Longman Green, Longman, Robert and Green, London, 1863.
(9) CDC: Cholera Prevention and Control http://www.cdc.gov/cholera/pdf/Five-Basic-Cholera-Prevention-Messages.pdf（二〇二一年七月二日閲覧）
(10) John Pringle: Observations on the Diseases of the Army in Camp and Garrison. 1752.
(11) Florence Nightingale: Notes on Nursing. Harrison and Sons, London, 1860.
(12) Cecil Woodham-Smith: Florence Nightingale. Constable, 1950.

第6章　理系女子ナイチンゲール

フロレンス・ナイチンゲールは子どもの頃から数学が好きだった。一二歳のときから数学を習い始め、二〇歳代では人に教えるほどにまでなり、三〇歳の頃からは統計学のとりこになった。彼女は根っからの理系女子だったのである。ここに彼女の、あまり知られていない一つの本質がある。

そして、「神のお告げ」によって、その数学的才能は医療系（看護、感染制御、医療統計）へと向かった。彼女には人道主義者の血が流れていたからである。

筆者は、「リケジョ」という呼び名は好きではないが、ここに真理の一端があるので、本書ではあえて使用する。そして、彼女は、その並外れた「リケジョ性」とでもいうような性質のために、多くの無理解・誤解を生んだ。

たとえば、「白衣の天使」という文学的表現がそうである。フロレンスはそんな美しい言葉でよばれるような、甘ったるい人では全然ない。むしろ逆で、自分にも他人にも厳しい人であり、とくに部下の看護師には「鉄の規律」で臨んだ。既存の体制を守ろうとする役人や軍人には、「うるさい人」「怖い人」だったに違いないのである。

フロレンスはこう語る。

看護について感傷的（センチメンタル）な目で見ている（まるで自分が天使であるかのように「救う」などと言っている）女性は、当然ながら使いものにならないどころか、それ以上に有害です。自分を犠牲にしているという考えをもった女性には、絶対看護はできないでしょう。(1)

1　フロレンス・ナイチンゲールの数学学習史

フロレンスが初めに数学を習ったのは、父ウィリアムからである。

ウィリアムは、先代のピーター・ナイチンゲールの莫大な遺産を相続した人物だが、ケンブリッジ大学出身のインテリで、特別に社交的ではなかったが、地方貴族として、地方の州長官として数多くの善政を行った。しかし、生真面目な「理系」的性格のために（と筆者は思う）、買収工作ができず、国会議員になることには失敗した。

妻のファニーは社交的な人で、夫の「世間的成功」を期待していたので、痛く失望したという。ウィリアムはそれ以降、自宅に引きこもりがちになった。もともとウィリアムは、

読書と会話がある限り、ほかの楽しみには関心がなかった。静けさと余暇、そしてその中で読書し思索する長い時間が好きだった。それらがあるならば、宮殿に住もうと、屋根裏部屋に住もうと、新しい上着を着ようと、古い上着を着ようとどうでもよかった。(2)

という様子であった。フロレンスは、そんな父の内省的な性格を受け継いでいた。

フロレンスが一二歳の頃から、父は娘たちに家庭内教育を始めた。というのも、適

当な家庭教師が見つからないためである。ギリシャ語、ラテン語、ドイツ語、フランス語、イタリア語、歴史、哲学、それに基礎的な数学を教えた(3)。

2 モンスター——心に渦巻く異常なエネルギー

フロレンスと母ファニーの関係はぎくしゃくしていた。娘は理系(リケジョ)であり、母はたぶん文系(リケジョではない)だから、というのが筆者の解釈である(表6―1)。

彼女が普通のわんぱくな子どもであったなら、ファニーも彼女を理解できただろうが、彼女はけしてわんぱくではなかった。彼女は一風変わっていて、熱しやすく、偏屈で強情で、憂鬱な子であった(2)。

この細かい批評は誰のものだろうか? 普通の子とはちょっと違っていたということだ。ただ、心の中に悩みがあることはあった。

ある自伝的なメモの中では、ナイチンゲールは、幼い頃、自分はほかの人のようではないという強迫観念に取りつかれていた。彼女は怪物(モンスター)だった。そのことはいつ見破られるかもしれない、彼女の秘密だった。見知らぬ人、とく

表6–1 フロレンスを取り巻く人々の理系・文系分類

理系の人	文系の人
フロレンス	ファニー(母)
ウィリアム(父)	パース(姉)
メイ叔母さん(ウィリアムの妹)	リチャード・モンクトン・ミルンズ(詩人)
ウィリアム・ファー(医師、統計学者)	ベンジャミン・ジョウェット(哲学者)
サミュエル・グリドリー・ハウ(医師)	アーサー・ヒュー・クラフ(詩人)
トマス・アレクサンダー(外科軍医)	エリザベス・ギャスケル(小説家)
ジョン・サザーランド(医師)	シドニー・ハーバート(政治家)
ダグラス・ゴルトン(従妹の夫)	
アドルフ・ケトレ(天文学者・統計学者)	
フランシス・ゴルトン(遺伝学者・統計学者)	

に子どもは避けねばならなかった。新しい人に会うときは苦悶し、人に見られることは拷問だった。彼女はほかの人のようには振る舞えないのではないかと恐れ、ナイフとフォークで異常なことをして本性を現すかもしれないと確信していて、階下で夕食をすることを拒否した。(2)

幼いフロレンスは人見知りが強かった。彼女の心に何か異常なエネルギーが渦巻いている感じだ。そして、そのため対人恐怖状態になっている（しかし、それは特別異常なことではない）。

意識的思考の始まりとともに、彼女を取り巻くすべての人と彼女を分け隔てる大きな溝を自覚するようになった。初め、彼女は恐怖と罪悪感で圧倒された。本当に自分はほかの人のようにあるべきなのか？　もし彼らが真実を見破ったら、自分に対してどう振る舞うだろうか？　しかし幼児期を卒業する頃には、罪悪感と恐怖は不満へと変わっていった。彼女は六歳にしてエンブリーやリー・ハーストの裕福で何事もない生活がすっかり嫌になったことに気づいたと書き残している。彼女は恐れることをやめ、そんな生活を軽蔑し、嫌悪し、抵抗した。(2)

フロレンスの心の中に周囲への敵対心が生まれ、対人恐怖が完全に克服された。

フロレンスは一七歳のとき、彼女にまつわるエピソードとして有名な「神のお告げ」を聞いた。

一九三八年二月七日、神は私に話しかけられ、神に奉仕するよう命じられた(2)。

その後、フロレンスは何度か「神のお告げ」を聞いている。「神のお告げ」は、フロレンスの人生にとって極めて重要な要素である。しかし、彼女は「お告げ」以降も何をして神に仕えたらいいかわからず、悶々とした日々を送っていた。

一九歳のとき、父ウィリアムの妹であるメイ叔母さんと仲が深まり、やっと元気が出てきた。

二人は気が合った。メイ叔母さんは兄（ウィリアム）と同じく理系的要素をもっていた。フロレンスは、これ以前からずーっと数学に熱中していたが、この出会いを機にメイ叔母さんと一緒に勉強することになった。

> 彼女はクラーキー▼1にこう書いた。数学は自分に確かさを与えてくれる。数学の勉強はハードである。しかし、数学を勉強したら、たぶん生活はより申し分のないものになるし、自分自身より納得できるものになるであろうと。彼女はメイ叔母にすべてを打ち明け、家の日課を邪魔しないよう、夜明け前に起きて、一緒に数学の勉強を始めた(2)。
>
> （傍点は筆者）

メイ叔母さんは、親戚の中ではフロレンスの唯一の理解者であった。しかし、母ファニーは数学の勉強に大反対。母は娘に、結婚し、社交界で活躍してくれることを願っ

▼1　メアリー・クラークの愛称。第2章六二頁参照。

ていた。平凡な娘であって欲しかったのだ。

なぜ数学を勉強する必要があるのか、家庭は大騒動になった。理系の父ウィリアムですら数学を学ぶことに反対した。しかし、フロレンスは数学の勉強を主張して譲らなかった。理系女子の頑固さが出ている。


結局メイ叔母さんが得ることができたのは妥協案であった。彼女〔メイ叔母〕はオクタビウス・スミス〔母ファニーの弟〕に援助を求めた。スミス夫人はずっと病気であった。子どもを扱う才能があることがよく知られているフロレンスに、家に来てもらって一緒に住み、子どもたちの世話をすることを認めてくれるようお願いした。ファニーは一か月間ならと同意したので、一八四〇年の四月から五月にかけて、彼女はオクタビウス・スミス家に滞在し、週二回、書斎で数学のレッスンを受けた。そして五月中頃、エンブリーに帰り、数学の授業は終わった(2)。


しかし、その後もフロレンスは自宅で数学の勉強をすることをやめなかった。

彼女は寝室で数学を勉強した。そして真夜中過ぎに起きて哲学を読み、またギリシャ語の勉強をした(2)。

セシル・ウーダム゠スミスによるナイチンゲールの伝記にはこれ以上のことが書かれていないが、のちに著名な数学者になるシルベスター▼2がフロレンスの家庭教師

▼2　**ジェームス・ジョセフ・シルベスター**（一八一四―九七）　英国生まれで成績優秀だったが、ユダヤ人であったために学位を取得できないなどの苦労をした。若い頃は数学を教えてバイトしていたのだろう。のちに、バージニア大学、ジョンズ・ホプキンス大学、オックスフォード大学などの数学教授を歴任し、代数学などに多くの功績を残した。

をし、「自分の最も優秀な生徒」と褒めていたことはほかの文献にはよく出てくる（いつの頃かはわからない）。

また、この頃にある食事会で、著名な数学者チャールズ・バベッジ▼3とその弟子エイダ・ラブレス▼4と出会っている。彼らとの交流の中で、ベルギーの数学者ケトレの存在を知ったのだろうか。フロレンスは、ケトレの『社会物理学』（初版、一八三五年版）▼5を読み、いつしかケトレの信奉者になっていた▼6。

二四歳の頃、こんなこともあった。

〔一八四四年の〕一〇月頃、ウィリアム・ニコルソン〔従弟。ヘンリー・ニコルソンの弟〕に陸軍士官学校受験のための数学を教えていたが、それが家族の不快感を引き起こした。……父のニコルソン氏がそのことを知って激怒し、女の子に教えてもらっていたという噂が広まれば、陸軍士官学校で笑いものにされて、追い出されてしまうだろうとフロレンスに言った(2)。

ナイチンゲール家とニコルソン家との間で大騒動になってしまった。

ともあれ、こうしてフロレンスは、一九歳の頃から本格的に数学の勉強に励み、筋金入りの理系女子になっていった。頭はコンピューターのように明晰な〝数学脳〟になっていたといえるだろう。

▼3 **チャールズ・バベッジ**（一七九一―一八七一） 英国の数学者。世界で初めて機械式計算機を考案し、「コンピューターの父」といわれた。

▼4 **エイダ・ラブレス**（一八一五―五二） 詩人バイロンの娘。バベッジの弟子で、「世界初のコンピューター・プログラマー」とよばれた女性である。エイダはフロレンスを褒めたたえる詩をつくっている。

▼5 この本はケトレの主著で、統計学を社会や人間の事象の解明に応用するものである。

▼6 ナイチンゲールと統計学については、わが国では多尾清子『統計学者としてのナイチンゲール』（医学書院）と丸山健夫『ナイチンゲールは統計学者だった!』（日科技連出版社）という二冊のいい本があり、おすすめする。

アドルフ・ケトレ（一七九六―一八七四）

〈コラム〉ケトレについて③

一七九六年、アドルフ・ケトレはベルギー・フランダース地方の町ヘントで生まれた。七歳で父を亡くし、苦学の末にヘント市立大学で数学講師の職を得た。一八一九年、数学の研究によってヘント大学から博士号を授与され、一八二四年にパリに留学し、天文学のほか、ラプラスやフーリエから確率論を学んだ。一八二八年には政府や篤志家を説得してブリュッセルに天文台を創設し、天文学の研究を行った。当時、新しい科学であった確率論や統計学は、主に天文学で使用されてきた。とくに惑星の軌道の決定には「最小二乗法*」が使われていた。

*最小二乗法　一八〇〇年頃に考案された、統計学上の重要な手法。

ケトレは、ラプラス*の「確率論を社会研究に応用する」という考えに影響され、統計学を社会や人間に応用する研究を「社会物理学」の名で開始した。彼の目標は、犯罪率、結婚率、自殺率といったものの統計学的な法則を究明することだった（ケトレは、犯罪のリスク因子として、年齢、性別、気候、貧困、教育、アルコール消費を挙げた）。

*ピエール＝シモン・ラプラス　フランスの数学者、物理学者、天文学者。統計学的には「中心極限定理」、数学的には「ラプラス変換」が有名。ケトレはラプラスを崇拝していた。

ケトレは、人体計測（身長、体重、心拍数、呼吸数など）についても統計的研究をし、身長などの変数が「正規分布」することを発見した。そして、その平均値で表される人間を「平均人」とよんだ。このような研究の中から、肥満指数BMI（図6―A）が生まれた。

$$\mathrm{BMI} = \frac{体重\ (\mathrm{kg})}{身長\ (\mathrm{m})^2}$$

図 6–A　body mass index(BMI)

一八三五年、ケトレは、これらの概念を著書『人間とその能力の発展について――社会物理学の試み』としてまとめ、出版した。フロレンスはのちにこの本を読み、深

$$\frac{4264}{\sum_{n=1}^{i} 平均気温^2} > 1$$

図 6–B　ライラックの法則

く感銘を受けた。もともと数学が好きだったフロレンスは、「数学を社会のために応用する」という考えに魅了されたのだ。この本の中に「ライラックの法則」というのが出てくる。それは、「霜が降りなくなった日から数え始め、一日の平均気温の二乗を合計していく。その合計が四二六四を超えるとライラックの花が咲く」（図6—B）というものである。フロレンスはこの法則を深く愛し、自分でもそれを証明しようとした。また、ライラックが好きだった姉パースの誕生日には毎年、開花したライラックの一枝に、ケトレの数式を添えてパースに送ったという。

　これに関連して、丸山健夫氏はおもしろいことを書いている。[15]

「ところで、BMIの計算式。私は、ニュートンの万有引力の法則（図6—C）のマネだと思う。体重という質量が分子にあり、身長という距離の二乗が分母にある。そういえば、ライラックの開花予想の式にも二乗があった。ケトレは、天文学の数学的な理論を、人間社会の問題に持ち込もうとした。だから、どこかに天文学のなごりが残ってしまうのである」

$$万有引力 = 定数 \times \frac{物体Aの質量 \times 物体Bの質量}{(物体間の距離)^2}$$

図 6–C　万有引力の法則

　その後のケトレについて記そう。一八五三年に第一回国際統計学会をブリュッセルにて主催したが、一八五五年に脳梗塞で倒れてしまう。これは国際統計学会の仕事の過労のためといわれている。後遺症が残ったが、研究活動は継続できたようだ。一八六〇年、ロンドンでの国際統計学会の折に、フロレンスと出会った。その後、二人の間で文通が続いたという。一八六九年、『社会物理学』の新しい版を出版した。一八七二年、ケトレはフロレンスにその本を一冊献上した。そして、一八七四年二月一七日、ブリュッセルにて死去した。フロレンスはケトレの訃報を聞いて、ウィリアム・ファーに手紙を送っている。

「先生の死は私をどれほど悲しませたか言い表すことができません。彼は全世界の最も重要な科学の創設者でした」

　統計学なしに科学は前に進むことができない。フロレンスの言うとおりだと思う。

3　データの本源的蓄積始まる――ヨーロッパへ

二六歳になると、そのコンピューターのような頭脳にいよいよ本源的蓄積（データの投入、データベース作製）が始まる。

〔一八四六年〕アシュリー卿▼7の奨めで、彼女は政府白書や病院報告書の勉強を始めた。この二、三年の間に公衆衛生を取り扱う最初の政府白書が刊行されていた。……彼女はひそかに勉強した。夜明け前に起きて、ろうそくの光の下で、ショールにくるまって執筆した。何冊ものノートが大量の事実で満たされ、比較され、索引が付けられ、表にされた。

彼女はパリのモール氏に内密に報告書を探してくれるよう手紙を書いたり、ブンゼン夫妻からベルリンの病院の情報を入手したりした。寒く暗い朝に彼女は衛生状態に関する膨大かつ詳細な知識の土台を築いた。そしてそれが彼女をヨーロッパで最初の専門家にするのである。そうしていると朝食のベルが鳴り、彼女は階下に降りて、「家庭の娘」になっていた。(2)

「深夜勉」「早朝勉」である。この頃からフロレンスは、家族も知らないうちに〝数字データを栄養とする怪物〟とでもいうような存在に変身して行った。〝データ怪獣〟

▼7　シャフツベリー卿のこと（二一五一頁）。

の誕生である。日々データをガツガツと食べて巨大な怪獣になっていった。フロレンスはやはりモンスター（怪獣）だったのか。

さて、一八四六年一〇月、ブンゼン男爵から「カイザースヴェルト学園」の年報が送ってくるようになった。これはドイツ、ライン川のほとり、デュッセルドルフ近郊にあるディーコネス養成施設で、牧師テオドール・フリードナーによって設立運営されていた。ディーコネスとは、病める人、貧しい人の奉仕に携わった女性職を指し、当時、ヨーロッパ全土でディーコネス養成施設（つまり看護学校のようなもの）が生まれつつあった。カイザースヴェルト学園はもともと「女性犯罪者更生施設」であったが、施設内に病院を建て、ディーコネス養成施設ができたのである(2)。

三〇歳になったとき、ようやくフロレンスに転機が訪れた。カイザースヴェルト学園で看護師のトレーニングを受ける機会を得たのだ。実際に看護を実践することによって、これまでの文字や数字だけの一〜二次元的データから、人、物、環境などを含む三〜多次元的データの蓄積が始まったと捉えることができるだろう。

フロレンスが初めて訪問したとき（一八五〇年七月三一日）、この施設には約一〇〇床の病院があり、ほかに幼児学校、売春婦更生施設、孤児養育院、女性教師養成学校があった。フロレンスはディーコネスたちが、フリードナー牧師の監督のもと、宗教的・道徳的な厳格な雰囲気の中で献身的に働いているのをみた。仕事は過酷で、食事も質素であった（もちろん飲酒する者はいない！）。また、病院特有の悪臭がないことに気づいた▼8。フロレンスにとって、これは大発見であり大進歩であった。

道徳的（宗教的）で、清潔な病院は可能なのだ。そして、看護師も質素で道徳的な

▼8　第4章一〇六頁で述べたことであるが、「当時の病院はひどく不潔であり、常に強烈な悪臭が漂っていた。ひとつのベッドに二人の患者が寝ているのは普通で、さまざまな患者が汚い病棟に、ごちゃ混ぜに収容されていた。患者の体が清拭されることはなく、マットレスも濡れていて、リネンも交換されなかった。トイレの不足から床には屎尿がしみついていた。窓は閉め切られていて、病院内の臭気は吐き気を催すほどだった。そのため香水が撒かれていた。医師はハンカチで鼻をつまんで回診していた。看護婦は教育を受けてなく、病院に住み込み、大酒飲みで、素行も悪かった」という状況があった。

生き方をしなくてはならない。これらのことがフロレンスの心の中に固い志として凝集・結実されたに違いない。

施設長のフリードナー牧師は、フロレンスについてこう語った。

かつてナイチンゲール嬢ほど優秀な成績で試験に合格した人はいませんし、学ぶべきすべてのことの女性専門家であることを完璧に証明した人もいません(2)。

コンピューターのように明晰な頭脳をもってすれば、このような評価は当然であるといえるだろう。

一八五三年二月、フロレンスはフランスに渡り、パリに着いた。親友のクラーキー宅に一か月滞在し、パリのすべての病院を調査する計画だった。

彼女は一か月間を費やして、病院や診療所や救貧院や養護施設を訪問して、医師が患者を診察するのを見学したり、手術に立ち会ったりした。いろんな病院の組織や設備を比較する精巧な表をつくった。また、詳しいアンケート用紙を作成して、それをフランス、ドイツ、イギリスの病院に配布し、ヨーロッパじゅうの病院の組織機構や看護体制を示している報告書や回答や統計の巨大なコレクションを集積した。これだけ大量の情報をたった一か月で整理し、照合し、要約することは、偉業であった。あの底冷えのする夜明けの長時間にわたる労苦は実を結んだ。すでに彼女は学生ではなく、専門家であった。八年間もの間、彼女は病院か

ら離れていたが、病院で一生涯暮らしてきたかのように、彼女は病院を熟知していた。(2)

こうしてフロレンスの頭脳には、ヨーロッパの病院に関する最高度のデータベースが構築された。あとは〝本番〟あるのみである。

一八五三年、フロレンスはロンドンのハーレー街の養護施設(小病院)に、看護管理者として赴任した。これは、クリミアに行く前の看護師、看護管理者としての〝予備訓練〟であった。患者ケアの向上のために、ナースコールや食事配膳の昇降機を設置したことは有名であるが、彼女はリケジョとして病院財政、会計経理にも精通し、経営が傾いていたこの施設を立て直した。彼女の数学的能力を示す、こんな記述がある。

彼女の財政に対する才能は桁外れだった。彼女は陸軍医務局の原価会計システムを考案したが、そのシステムは一八六〇―六五年に施行され、その後、八〇年間にわたって今なお使用されている。一九四七年、概算見積書特別委員会はそれについて好意的に報告し、ほかの部署では過去二〇年以内に導入された会計システムは廃棄されているのに、そのシステムは立派に働いている、とコメントし、そのシステムを始めたのは誰かと質問したところ、それはナイチンゲールであることが判明した。(2)

一八五四年になると、そろそろこの施設を卒業するときが迫っていた。この年の三月にクリミア戦争が勃発した。そして、同年一〇月、フロレンスは三八人の看護団を結成して、東方へ旅立っていったのである。

4　ナイチンゲールが教える、リケジョの五つの法則

さてここからは、右のタイトルで記述を進めてゆきたい。ただし、これら法則は筆者の主観的・独断的なものであり、文系女子でも同じことが成り立つことがあるかもしれないことをあらかじめお断りしておく。

ルール❶　リケジョは鉄の意志を持つ

フロレンスは二〇歳の頃から、家族の反対に負けず、結婚という選択もせず、看護師への道を歩んできた。周囲の情緒的な喧噪に影響されることは、全くなかった。彼女の意志はただひたすら、道徳的で清潔な病院をつくること、道徳的で知性的な看護師を養成することに向けられていたと思う。彼女の意志がブレることは、生涯なかった。それは彼女がリケジョであり、また、感情的ではなく、理性的に判断できる人だったからではないだろうか。

フロレンスは、スクタリの病院に看護師三八人の集団を引き連れてきたが、その中

には看護師としてふさわしい者、ふさわしくない者がいた。この集団は三種に分類することができた。すなわち、①修道女（カトリック系、英国国教会系）、②上流階級の婦人、③雇われ看護師、である。①と②はボランティア的精神で参加したのはいいが、当時の病院という3Ｋ（きつい、汚い、危険）の職場に耐えられるのかどうか懸念があった（臭いも加えれば4Ｋである）。③は、そんな職場には慣れている人たちかもしれないが、大酒飲みで、品行の悪い人が多かった。しかし、なんといっても一番の問題児は①修道女であったという。彼女らはフロレンスの命令に従わないことが多く、ときに公然と反旗を翻した。

フロレンスは、陸軍病院の看護を通じて、看護師を立派な職業にすることを意図していた。[4]その意味でいえば、第一の敵は、指示に従わない修道女（尼僧）であり、第二の敵は、モラルの低下した雇われ看護師であった。

私の考えている主な目的は、病院看護を改善することによって病院を改善することである。そしてこれを、看護師にせよ師長にせよ、病院看護師の階層を改善することによって、あるいは改善に貢献することによって、これを為すことである。

これについて私が提案していることは、一つのキリスト教修道会を設立することによってではなく、労働によって自活している、女性の大きな階層の一定部分（彼女らは生計のために病院看護に専念する）を訓練し、体系化し、許される限り道徳的に改善すること。（中略）また、一部の貴婦人たちで、報酬なしに、（下の階層の人と）同じ規則の下で、厳格な上司の下で忠実に義務を果たすという同じ立場で、この職業を選択することが自分に適していると考えている人たち、これら両方の階層を組み合わせることである。(4)

まずここで「鉄の規律」を予感させている。看護師は厳しい規律の下で皆平等である。上流階級の婦人であろうが、修道女であろうが、雇われ看護師であろうが関係ない。フロレンスの課した規則を守ること、これが陸軍病院（患者はすべて男性兵士である）で看護師をする絶対条件であった。

病人のケアは病院の主な目的である。彼らの心のケアは病院聖職者の大きな領域である。身体のケアは看護師の務めである。おそらく、この務めも、どこかの教団の修道女よりも、信仰心のある看護師のほうがよりよく実行されるであろう。なぜなら、重症疾患や重症損傷の多くの場合では、手荒で苦役的で私事的な世話を、注意深い熟練した技で、しかも頻繁に行うことが重要である。そして、これは、必ずしもそうではないかもしれないが、修道女にありがちな上品ぶった態度とは反対の、あるいは両立しないものだからである。(4)

つまり、修道女が過酷な環境の中で傷ついた兵士の止血・消毒処置、排泄処置を実行できるか疑問視している。いや、フロレンスは確信している。

彼女ら（修道女）を導入することは、ある面では利点があったとしても、ほかの面ではそれをはるかに上回る害を及ぼすに違いない……。[4]

また、モラルの低い雇われ看護師には、次のような[4]「鉄の規律」で臨んだ。

●贈物を要求したり、受け取ったりした看護師は、それが金銭であっても物品であっても、また患者からであっても患者の友達からであっても、また病気中であっても死後、回復後、あるいは退院後であっても、いずれの場合も直ちに停職処分となり、給与は即時停止され、総監督（The Superintendent-General）〔ナイチンゲールを指す〕に通告され、その容疑が真実であるならば即刻解雇される。

●休日以外は常に制服を着用すること。師長も看護師も日々の二時間の運動時間以外には、マトロン▼9の許可証なく病院外に出ることはできない。

●夜勤看護師は一二時間勤務とし、居眠りをしているのがみつかった場合は即刻解雇される。

●オーダリー▼10はけして看護師の部屋に入ってはならない——これは「必須条件」である。

●退院した患者は、入院中にいかに品行方正であったとしても、病棟を訪問することを許さない。

●汚点のない清潔な品性の女性以外、誰もがこの仕事に就くことは許されない。

▼9　上級師長。指導的立場にある師長。マトロンの上に総監督（Superintendent）が存在する。

▼10　雑役兵。看護兵とも訳されることもあるが、教育を受けているとは思われず、衛生兵と訳すことはできない。

純潔からのどんな逸脱も、即刻正式解雇となる。すべての種類の刑務所あるいは矯正施設などに最近入所した者からの申し込みはすべて拒絶する。第一の違反である不正直も、最も軽微な第三の違反、泥酔も、違反者は確実に解雇され、撤回されない。解雇された看護師は、どんな理由があっても、復帰することは許されない。

●看護師は、頑健で活動的な女性で、三〇歳未満ではなく、私の考えでは六〇歳以上ではなく、清廉な品性の人でなければならない。そして不品行、泥酔、不正行為の初犯があった場合、またいかなる種類であれ、不適性が証明された場合は、解雇され撤回されることはない。

●高い品性と能力とを持ち、ほかの病院で師長の責任を果たした女性のみが陸軍病院に入ることを許される。彼女たちは患者のベッドサイドに付随するすべてを監督し、責任を負う。すなわち、患者の清潔、リネン類・ベッド・用具の清潔、小さな包帯交換（外科医や包帯係がするのではない）、与薬、配膳、医務官からの指示を、患者やオーダリーに服従させること、である。彼女たちは医務官の指示を受け、その回診には常に付き従う。（総監督は）看護師の不品行に対しては、即刻解雇をしたり本国に送還したりする権限をもつ。[4]

当時の看護師の状況を思えば、ナイチンゲールの「鉄の規律」の中から、現代につながる洗練された職業看護師が生まれてきたといえるであろう。

ルール❷　リケジョはモテる

知的で清楚なフロレンスは若い頃からかなりモテていた。特別美人ではなかったが、端正な顔立ちであった。語学に堪能で、恐ろしく博学で、また物まねもうまく、ユーモアもある。知的な男性からみて、リケジョとよばれるような存在は希少だったのだろう。さらにリケジョには話が通じるという一種の安心感、信頼感があったのかもしれない。あえていえば、当時の一般的・常識的な価値観には囚われない傾向にある女性とも捉えられるため、その存在自体におもしろさがある。外見が平凡だとしても、人を惹きつけるという意味では、その内面にアドバンテージがあると考えられる（褒め過ぎだろうか？）。フロレンスのモテたエピソードを少し引用してみよう。一七歳の頃、イタリアのジェノアでの出来事(2)。

フロレンスはより多くの舞踏会に行った。そして「その季節で最も華麗な舞踏会」では非常に多くの人を相手にしたため、頭が混乱してしまった。ある将校がやって来て、「激怒して」彼女に文句を言った。その将校と踊るのは断って、ほかの男性と一緒に座っていたからである。ひと「騒動」になった(2)。

一九歳の頃、いとこのヘンリー・ニコルソンがフロレンスを好きになった。二四歳のとき、ヘンリーから求婚されたが、全くその気がないので断った。ナイチンゲール家とニコルソン家は疎遠になってしまった（フロレンスが三一歳の頃、ヘンリーはスペインで水死する）。

二二歳のとき、貴族のリチャード・モンクトン・ミルンズと出会い、その後、求婚されていた。ハンサムで慈善事業家。ロンドンでも著名人であった。しかし、彼は詩人で、明らかに文系男子だった。フロレンスも嫌いではなかったが、結局看護師の道を進むため、結婚を諦め、二九歳のときに正式に断った。ミルンズはその後、ほかの人と結婚したが、生涯フロレンスを支援し続けた。

三四歳頃の話。(2)

親戚のサム・ギャスケル氏は、ミス・ナイチンゲールの噂を聞いて、彼女に嫌悪感を持っていた。サムは彼女について非常に軽蔑して話し、彼女を「狂信的な若き友」とよんでいたが、実際に会った途端、サムは彼女に「夢中になってしまった」。(2)

ロンドンを出発し、スクタリに向かう途中、マルセイユでの話。(2)

マルセイユではナイチンゲールは物資の購入にとりかかった。彼女は自分の寝室の中に（しかし夜中ではないとサム叔父▼11は説明している）、商人や商店主、販売業者、フランス政府やイギリス領事館の職員、陸軍将校、『タイムズ』紙の特派員、公文書送達吏など、種々雑多な集団を「応接間と全く同じ平静さで」迎え

▼11 サム・スミス。メイ叔母の夫。

入れていた。彼女はこれまでないほど凜として美しく、彼女の周囲に与えた印象は並外れていた、とサム叔父は書き留めた[2]。

四〇歳の頃、ベンジャミン・ジョウェット▼12と知り合いになった。ジョウェットはオックスフォード大学のギリシャ哲学の教授だったが、おもしろく、いい人だった。フロレンスは知るにつれ彼のことが大好きになった（I do so like Mr. Jowett）。愛しのジョウェット（My darling Jowett）とよぶこともあった。彼の言葉にはフロレンスへの愛情があふれていた。ジョウェットは求婚していたらしいが、フロレンスは知らん顔していた。しかし、二人は死ぬまで友達であった。

このようにフロレンスは男性に好かれたし、むしろ文系男子に好かれたようだ。

一方、女性とは合わなかった。とくに文系女子とはあまり合わなかったような気がする。

フロレンスは女権運動が大嫌いだった。

一八六一年一二月一三日、フロレンスは親友クラーキーにこんな手紙を書いた[1]（ただしクラーキーはリケジョではない）。

> もし私が自分の経験から書くとしたら、「女性は共感力（sympathy）を持たない」と書き始めるでしょう……。私あるいは私の意見のために、人生をほんの少しでも変えた女性に私は一人も会ったことがありません。

▼12 第2章七四頁も参照。

これは仕方がないことかもしれない。理系女子として看護師の道を選んだ者には二つの壁がある。理系の女性がとても希少だった当時、まず一般女性は（数学を好む）理系女子をまず理解できない。次に一般女性は当時4K職業であった看護師になろうとする者を理解できない。さらにつけ加えるなら、宗教的な自己犠牲の精神から看護をしている者（修道女）、あるいは、生活のために看護師になった者（雇われ看護師）とでは、これまた相互理解は不可能ではなかったか。
このような言葉も残している。

男性についての私の経験を見てみましょう。……ある中年を過ぎた政治家で、……私に共感して自分の全人生とその方針をつくり変えて、最も無味乾燥で、最も技術的な管理の科学を（それが人間の生活に関係する限り）学び、ロンドンの部屋の私のソファのそばで私と一緒に法規（regulation）を書いた人もいます。もう一人（私が軍医総監にしたアレクサンダー▼13）も、ほとんど同様です。彼も死にました。クラフ▼14は、確かに生まれながらの詩人ですが、私のために、同様に看護管理に専念しています。私に共感して生活をつくり変えた人について三人しか言及していませんが、このほかにもたくさんいます。ファー、マクニール、タロック、ストークス、マーティン、そして何よりもすばらしいのがサザーランドです。……この人たちは皆かなり年配の男性です。(1)

▼13 **トーマス・アレクサンダー**（一八一二―六〇） クリミア戦争に従軍した、英軍外科医。戦後は王立委員会のメンバーとなりファーらと共にナイチンゲールに協力した。

▼14 **アーサー・ヒュー・クラフ**（二七頁、**図1―1**）。メイ叔母の娘ブランシェの夫。リバプール生まれ。ナイチンゲールの秘書として献身的に働く。その過労のためか、イタリア旅行中にフィレンツェで早逝。

フロレンスは確かにおじさんを惹きつける力を持っていたようだ。

では共感を持っている女性の度合いについてみてみましょう。私の経験に関する限り、どんなローマ・カトリックの修道院長も、私ほど異なった教義の女性たちを担当したことはありませんでした。私以上に女性たちの間に〝情熱〟をかき立てようとした女性はいませんでした。それでも私は何の流派も残しませんでした。私の教義は女性には何の影響を与えることはなかったのです。クリミアで私に従った人の誰一人も、私から何も学ばず、帰国後に戦争や病院からの教訓を実行するために、一瞬の機会を持とうともしませんでした。私の知っている女性は誰も、学ぶということを学びませんでした。[1]

かなり強い口調だが、この頃のフロレンスは病気のどん底であったことを考慮してほしい（第2章七二頁参照）。

私はこれは共感力の欠如のせいだと思います……。女性は愛されることを強く求めますが、愛することは求めません。彼女らは一日中共感を求めてあなたに叫び声をあげますが、何もお返しをすることはできません。というのも、お返しするだけ十分に長い間、あなたのことを覚えておくことができないからです……[1]。

女性に対する痛烈な批判であるが、これもフロレンスが並外れた理系女子であり、頭の構造が少し違っていたから仕方がないのではないかと筆者は思う。

ルール❸　リケジョは誤解される

リケジョは誤解される、いや、誹謗中傷されると言ったほうがいいかもしれない。それはごく自然に不可避的に宿命的に発生するような気がする。多くのイギリス人作家がフロレンスを誤解して本を書いている（表6—2）。イギリス人同士ならばいくら悪口を言っても構わないという勢いで書いている。一人一人検証していこう。

（1）エリザベス・ギャスケルの場合

まずエリザベス・ギャスケル（一八一〇—六五）に登場してもらう。ギャスケルはイギリスでは著名な作家で、典型的な文系女子だった。両親はユニタリアン▼15、夫もユニタリアンで、ナイチンゲール家とはユニタリアンのつながりでリー・ハーストの邸宅▼16にやってきたようだ。そこで彼女の代表作『北と南』を書き上げていた。ロンドンでコレラ大流行（アウトブレイク）が起き、フロレンスはミドルセックス病院でコレラ患者の看護に従事し、へとへとになってリー・ハーストに帰ってきた▼17。そのとき、ちょうどギャスケル夫人と会う。ちなみに、この一か月後にフロレンスはクリミアに旅立つ。

ギャスケルは、このときのフロレンスについてこう書いている。一八五四年一〇月

▼15　ユニタリアンとは、キリスト教で伝統的に用いられてきた三位一体（Trinity）（父と子と聖霊）の教理を否定し、神の唯一性を強調する主義のこと。詳細は第1章三五頁参照。

▼16　フロレンスが幼少の頃、ナイチンゲール家は夏はリー・ハースト（ダービーシャー州）に住み、それ以外はエンブリー（ハンプシャー州）で暮らすという生活様式だった。第1章一四頁も参照のこと。

▼17　一八五四年のことである。詳しくは第5章一三五頁を参照。

二七日。

彼女〔フロレンス〕には友達はいませんし、また欲してもいません。(2)

そんなことはない。フロレンスは孤独に苦しんでいた。しかし、クラーキーもジョウェットも終生の友達になってくれた。

彼女は完全に一人であり、神と人間の中間に立っています。(2)

これもオーバーな表現だと筆者は思う。フロレンスは人間的苦しみを持った人だ。ギャスケルは決めつけすぎである。

フロレンスはかつて、村人たちの間に入って、ずいぶんとお世話しましたし、彼らも彼女に愛情を注ぎました。一人の貧しい夫人が七年前、息子を膝の白い腫物のために亡くしましたが、フロレン

表6–2　ナイチンゲールの誤解者6人

	生没年	国籍	職業	主な著書
エリザベス・ギャスケル	1810-65	イギリス	作家	シャーロット・ブロンテ伝
リットン・ストレイチー	1880-1932	イギリス	伝記作家	ナイチンゲール伝
モニカ・ベイリー	1914-98	イギリス	看護師	ナイチンゲールの言葉
ヒュー・スモール	1943-	イギリス	歴史家・政治経済学者	ナイチンゲール　神話と真実
サンドラ・ヘンペル	1948-	イギリス	ジャーナリスト	医学探偵ジョン・スノウ
スティーヴン・ジョンソン	1968-	アメリカ	科学作家	感染地図

スは一日二回包帯交換に行きました。その母親が、つい昨日、フロレンスは天使のようだと私に話しました。ところがその亡くなった息子の父親、つまりこのかわいそうな婦人の夫がこの九月五日に亡くなりましたが、パース〔フロレンスの姉〕がフロレンスに、滞在中に一度、子どももいないこの女性に会いに行くよう説得して、二人が激しい口論になっているところを私は目撃しました。その婦人ももう一度来てほしいと懇願していいましたが、彼女はけして行きませんでした。(2)

看護のために行っていたので、遺族を慰めるのはあまり得意ではなかったのではないだろうか。

彼女があの村人たちの間に入って行くことはないでしょう。というのは、今、彼女は病院の計画に心も魂も奪われてしまっていて、彼女が言うには、一度にひとつのことしか集中できないからです。(2)

フロレンスも行けばよかったのだろうが、そのように言い訳したのかもしれない。このような場面は気が乗らないこともあると考えられるので、そんなに責めなくてもいいのではないだろうか。一度こんなことがあっただけで、冷たい人の烙印を押すのはどうか。

彼女は、声、態度、身のこなしが、過剰なほど優しいので、彼女の近くにいても彼女の一途な性格が見えないのです[2]。

ルール❶で触れたように、理系女子は鉄の意志をもっているから、といえる。

彼女と私はある日、大喧嘩をしました。……彼女は、もし自分が十分な影響力を持つならば、母親には子育てをさせないと言い、貧乏人と同じように金持ちのための託児所があるべきだと言いました。もし彼女に二〇人の子どもがいたなら、彼女は全員を託児所に送るでしょう。もちろん良く運営されている託児所であることをみてからでしょうが[2]。

これは母（ファニー）に対する不信感がそう言わせたのかもしれない。あるいは、自宅に閉じ込められて（籠の中の鳥のように）、絵の才能を発揮できなかったヒラリー・ボナム・カーター（フロレンスの従妹）への同情もあっただろう。フロレンスは、当時のイギリスの富裕家庭での、専制的・封建的な育児・教育方針に対して批判的であった。

このことが、私に彼女に欠如していると思えるものを正確に教えてくれます。しかし、この個々人への愛情の欠如も、彼女の人類への強い愛情と併せて解釈すれば、それは一つの才能となり、極めて稀有なものでしょう[2]。

これも私には暴言のように聞こえる。「フロレンスは個々の人間を愛せない」、「フロレンスは〝人類という概念〟しか愛せない」というのはあまりにもかわいそうではないか？「一人では死なせない」と、クリミアで死んでゆく若い兵士の手を握って看取ったフロレンスだ。

彼女は本当に並外れた人物なので、彼女について判定を下すようなことはおこがましいことであるに違いありません。(2)

これはそのとおりだと思う。ギャスケルはフロレンスの世界（統計学、看護、病院管理）について全く知らなかったと言っていいだろう。

(2) リットン・ストレイチーの場合

イギリスの〝伝記作家〟リットン・ストレイチー▼18の『ナイチンゲール伝』ほど、文系男子が理系女子への嫌悪感をあらわにした本はないであろう。悪意に満ちた表現の連続で、読むに耐えない。同じイギリス人なのに、こんなにも理解がないのかと思う。

〔ナイチンゲールには〕悪魔が取り憑いていた。(5)

ストレイチーには、「数学の好きな女性」は皆悪魔が取り憑いているようにみえる

▼18 **リットン・ストレイチー**（一八八〇―一九三二） イギリスの伝記作家。ヴァージニア・ウルフ（小説家）、ケインズ（経済学者）らと共にブルームズベリー・グループ（イギリスの芸術家・学者の組織）の主要メンバーであった。

のではないか。
また、フロレンスの母ファニーが親しい人にこう嘆いたことを捉えて、ストレイチーは本質を突いたかのような表現をしている。

親しい人たちの中で、ナイチンゲール夫人はときどき泣きそうになった。「私たちはアヒルです」と彼女は目に涙を浮かべて言った。「その私たちが、野生の白鳥をかえしてしまったんです」。しかし、哀れな夫人は間違っていた。かえしたのは、白鳥ではなくて、鷲であった。(5)

この「鷲」という言葉がフロレンスに適切なのだろうか？　日本では「トンビが鷹を生んだ」という言葉があるが、英雄や天才は平凡な両親から生まれる、それは普通のことではないか。いちいちこんな表現をする必要があるだろうか。攻撃的という意味で「鷲」とよんだのかもしれないが、当たっているとは思えない。ただ、彼女を怪物（モンスター）とよぶなら、筆者はその通りと叫ぶだろうが。
ストレイチーはまた次のような的外れなことを書いている。

彼女の精神は、抽象的な哲学の理路整然とした体系を構築することよりも、現実生活における具体的な不快な結果を解剖するほうに実際適していた。法則を尊重したにもかかわらず、一般化には精通していなかった。彼女の生涯の偉大な業績は、彼女が病気の科学的治療法に与えた巨大な刺激にあるにもかかわらず、科学的方法そのものの真の理解は、彼女の精神には無縁であった。ほとんどの（おそらくすべての）偉大な行動者のように、彼女は単に経験主義者であった。彼女は目でみたものを信じ、それに従って行動した。その先へ進もうとはしなかった。[5]

（傍点は筆者）

ナイチンゲールは「医療統計学の先駆者」として、統計学の歴史の中に名を残している。ナイチンゲールの手には細菌学の実験室はなかったが、統計学の力によって、真理を追究していた。「統計学は科学の文法である」。すなわち、統計学は科学的手法そのものである。ストレイチーはこのことを知らなかった。

さらに意地悪い文章が続く（もうこれ以上書かなくてもよいのだが）。

実際に老齢が迫ってきたとき、何か興味深いことが起こった。運命は、辛抱強く待ち続けていて、ミス・ナイチンゲールに奇妙なトリックを演じた。長い人生にわたる博愛と公共心は、そのとげとげしさによって半減させられていた。彼女の長所は厳しさの中にあった。彼女は唇の上の辛辣な微笑とともに、彼女の惜しみない有用性をあふれさせてきた。そして今、皮肉っぽい年月が誇り高い女性に懲罰を与えた。彼女は生きてきたように死のうとはしていなかった。棘は彼女から引き抜かれようとしていた。彼女に柔和になろうとしていた。彼女は従順と自己満足の状態に変わろうとしていた。変化は徐々にやって来たが、ついに明白なものになった。シドニー・ハーバートを死に追いやり▼19、ジョウェットがホーマー

▼19 ハーバートが亡くなったのは腎不全のためである。

の言葉を引用して、飽くことなく怒り狂うと言われた、恐るべき司令官が、今や小さな褒め言葉も感謝の気持ちで受け取り、若い女の子たちとの感傷的な友情に耽っていた。『看護覚え書』（それは女性団体の悪い癖の古典的な概要であり、詳細なとげとげしさで書かれており、スウィフト▼20の悪意のある味つけがある）の著者は、今や、見習い生への同情的な言葉を書くことに長い時間をかけている。彼女らをかわいがり、涙を流した。そして、同時に彼女の体形にも相応する変化が現れた。高慢な目と冷酷な口元の、痩せこけた女性は消えていた。そこには、丸く大きな体形の太った老女がいて、一日中微笑んでいた(5)。

どうしてこの人はこんな歪んだ見方をするのか、筆者にはわからないが、看護、感染制御、統計学に全く知識がないことはよくわかる。うわべだけをみた作品である。

（3）モニカ・ベイリーの場合

モニカ・ベイリー▼21はイギリスの看護師である。そして看護の歴史の研究家だという。フロレンスも一時働いたミドルセックス病院で修業をしている。

彼女の著作『ナイチンゲールの言葉』の前文に、ブライアン・エイベル・スミス▼22というイギリスの著名な経済学者が次のように書いている。

フロレンス・ナイチンゲールの歴史上の立ち位置が正当に評価され、認識されるようになったのは、ここ一〇年くらいばかりの間である(1)。

▼20 **ジョナサン・スウィフト**（一六六七―一七四五） アイルランドの風刺作家。『ガリヴァー旅行記』の作者。

▼21 **モニカ・ベイリー**（一九一四―一九八） イギリスの看護師、看護史家、社会改革家。

▼22 **ブライアン・エイベル・スミス**（一九二六―一九六） 英国の経済学者。ケンブリッジ大学卒。WHO、ILO、EEC、世界銀行のアドバイザー。

この本の初版が一九九一年なので、一九八〇年頃からようやく正しく評価され始めたということか。そんなにも長い間、ナイチンゲールは正当に評価されなかったのかと驚いてしまう。しかし、筆者はこの本を読んで、著者であるモニカ・ベイリーがナイチンゲールを本当に正しく評価したのかは、はなはだ疑問に思った（ただこの興味深い箴言集をつくってくれたことには感謝する）。

ベイリーは、ナイチンゲールの書いた物を評価するときに三つの落とし穴があるという。それは……

> 第一に、印象づけるために過度な方法を用いて、大げさな表現をしていること。ときどき脚色しすぎて、「病院の第一の義務は患者に害を与えないことである」というような格言になってしまうことである。[1]

筆者は「えっ」と思った。これって〝ナイチンゲールの第一の格言〟ですよと言いたい。この言葉はナイチンゲールの著作『病院覚え書』序文の冒頭に出てくる。

> 病院は病人に害を与えてはならないということが病院のまさに第一の必要条件であると明言することは、おかしな原則のように思われるかもしれない。にもかかわらず、このような原則を定めておくことは全く必要なことである。というのは、病院（とくに混雑している大都市の病院）内での実際の死亡率が、病

院外で治療を受けた患者の同じ疾患の死亡率に基づいたどんな予想値よりも、はるかに高いからである。(17)

当時、病院での患者の死亡率が高いという事実に、フロレンスは気づいていた。病院は患者に害を与えているから病院外よりも死亡率が高い。だから「病院は害を与えてはならない」という事実ベースの言葉が出てきた。死亡率という言葉にフロレンスのリケジョ性が顔を出している。

〝病院の害〟の主なものには、医療事故(転倒・転落、投薬ミスなど)と院内感染の二つがある。医療事故を防ぐ活動は「医療安全」とよばれる。院内感染を防ぐのは「感染対策」だ。最近は「感染制御」という言葉もよく使われる(感染対策は医療安全の一つと言えないこともない)。医療安全と感染対策は、病院経営の柱(あるいは土台)であるといわれている。この二つがあってこそ、病院経営が成り立つといえよう。フロレンスは、これを第一の原則と言っているのだ。筆者には素晴らしい言葉、名言であると感じられるし、医療者の格言とするにふさわしい言葉であると思う。劇的効果を狙って発された言葉ではなく、真実を突いた言葉である。むしろフロレンスにとっても、医療改革(医療安全・感染対策)へ踏み出す第一歩となった重要な言葉だと思う。

実は感染対策の業務に日々携わっていた筆者は、この言葉を知って、ナイチンゲールに初めて興味を持った。この言葉がナイチンゲールへの入り口になったのだ。さて、ベイリーは「女性について」の章の中でこのようにも書いている。

多くの七〇歳代の人のように、ナイチンゲールも近代的な女性に対して高評価を持たなかった。親しい男女との付き合いにおいて、彼女はときどき、ほかの著名なビクトリア人たちの罠に落ちた。彼女は傲慢の罪（hubris）に落ちたのである。[1]

筆者はフロレンスの人生を長い間みてきたが、彼女に傲慢さを感じたことは一度もない。フロレンスの友人ジョウェットが指摘したように、興奮してものごとを大げさに表現したり、怒りから人を罵倒したりするような言動はあったかもしれない。しかし、傲慢（hubris）という言葉は、フロレンスには的外れであると思う。hubrisの訳には「過剰な自信」、「尊大」とある。また、「破滅へと導く、現実を無視した過剰な誇りや野心」ともある。筆者は、この言葉はフロレンスには全く不適切であると思う。

ベイリーの本の別の箇所に、看護師を批判するフロレンスの言葉が載っている。筆者はこちらのほうが正しいと思う。

我慢できないほどのうぬぼれ（conceit）はわれわれ看護師たちの主な欠点の一つです。

古い衣服の上の新しいパッチ（継ぎ当て布）以上に、同じ人の中にうぬぼれと看護は存在できません。[1]

フロレンスが自分の考えをそのまま強く主張するので、言われたほうは傲慢に感じたのではないか。いずれにしてもベイリーがこの本で何を主張したかったのか全く見えてこないのである。

（4）ヒュー・スモールの場合

ヒュー・スモール▼23の伝記(7)は、

「ナイチンゲールはスクタリの病院で多くの兵士が死んだのは食物不足で栄養不良のためと思っていたが、帰国後に統計調査をしたら衛生面の不備が原因だったとわかってショックを受け、〝自分は衛生面のことは何もしなかった〟との罪悪感から病気（うつ病）になり、一方で自分の罪を隠蔽するため、多くの手紙を廃棄するなどした」という、〝馬鹿げた仮説〟、〝虚構〟の上に書かれた本である。

実際は、『クリミアからの手紙(8)』を読むと、スクタリに到着した直後から、トイレや病棟の清掃をしたり、リネンやシャツの洗浄のためにボイラーを設置したりするなど、衛生活動に取り組んでいる。また、フランスの料理人アレクシス・ソイヤーを雇って、兵士のためにおいしい料理をつくらせている。栄養不良も免疫力が低下して感染症死の原因になるので、これも一種の衛生活動であろう。設備的な衛生の不備は当然、医官長やオスマン帝国大使の責任であろう。

一八一頁でもすでに記述したように、「彼女〔看護師〕たちは患者のベッドサイドに付随するすべてを監督し、責任を負う。すなわち、患者の清潔、リネン類・ベッド・用具の清潔など」と、フロレンスは言葉を残している(4)。

もともと看護とは衛生活動なのである。患者の環境を衛生的に守ることなのである。

▼23 **ヒュー・スモール**（一九四三―）英国の歴史家・政治経済学者。英国ダラム大学卒。物理学・心理学専攻。

このことをヒュー・スモールは知らない。

ヒュー・スモールの文章の中に「スクタリのナイチンゲールの病院（Nightingale's hospital）」と何度も出てくるが、ナイチンゲールは来たばかりで、看護師に対しては指揮権があったが、病院の管理者でもなく、医師や事務官に対してはなんの権限もなかった。「ナイチンゲールの病院」であるはずがない。むしろ来た当初は身動きの取れない立場にいたわけで、到着直後に死者が増えたからといって、ナイチンゲールの責任であるはずがなく、ナイチンゲールが罪の意識を持つはずがない。もう少し何かできなかっただろうかという後悔の念はあるかもしれないが、それは「うつ病になるような罪の意識」とは違う。

ましてやうつ病になったからといって、何度も高熱を発症したり、仙腸関節炎を起こして、痛みのために起き上がることも歩くこともできなくなり、寝たきりになったりするのだろうか▼24。自分の罪を隠すために手紙を捨てるなどという姑息なことをナイチンゲールはする人だろうか。ヒュー・スモールはフロレンスのことが何もわかっていないと思う。

（5）サンドラ・ヘンペルの場合

サンドラ・ヘンペル▼25はロンドン在住の医療ジャーナリストである。『医学探偵ジョン・スノウ』は、医師ジョン・スノウの活動を記した面白い本で、スティーヴン・ジョンソンの『感染地図』とともに、われわれにとってはジョン・スノウの功績を知るための必須の入門書といえる▼26。しかし、感染症学的には間違いが多いことは指

▼24　詳しくは第2章六八頁参照。

▼25　**サンドラ・ヘンペル**（一九四八―）英国の医療系ジャーナリスト。『医学探偵ジョン・スノウ』は医学ジャーナリスト協会賞を受賞している。

▼26　詳しくは第5章一三六―一四〇頁参照。

摘せねばならない。たとえば、『医学探偵ジョン・スノウ』の次の箇所。

一九世紀の前半には、病気がどのように広がるかについて、二つの主な学説があった。すなわち、一つは接触伝播説（contagionism）で、もう一つは反接触伝播説または瘴気説（miazmatism）であった。接触伝播論者は、コレラやそのほかの腸チフス、発疹チフス、インフルエンザのような流行病は直接接触によって広がると信じていた。つまり、ヒトからヒトへ、あるいは衣服やベッドのシーツのような媒介物によって、直接に伝播すると考えた。インフルエンザ、結核、天然痘といった病気では、それはもちろん正しかった。[9]

結核、天然痘の伝播様式は接触感染ではなく、空気感染である。インフルエンザも接触感染もあるが、飛沫感染が主たる伝播経路であり、空気感染も一部存在する。こうした感染経路の区別[10]をヘンペルは知るべきである。

ヘンペルはさらに書いている。

反接触伝播説の教義は、中世から存在していた。これは、ほとんどの病気が汚物から起こる。とりわけ、排泄物、腐った肉や植物性物質（そして一九世紀には、これらすべては至る所にあった）から放出される悪臭、あるいは「瘴気（miasma）」から来る。そしてそれらは人を病気にする毒を含んでいる、というものであった。これこそがまさに瘴気であり、有毒ガスであり、すべての「熱病」（腸チフス、発疹チフス、黄熱、コレラ）の原因であり、どの病気が流行するかは、気候のような付加的因子によると考える医者もいた[9]。

「人からの分泌物、排泄物、さらには血液・体液が、病原体を含んでいる可能性がある」というのは現代医学の常識である。これを前提に現代の感染対策は成り立っている[10]。

「血液・体液、分泌物、排泄物」を湿性生体物質とよぶ[10]（第2章一〇七頁）。これらはすべて水分を含んでいるから、湿性とよばれる。患者が咳をしたときには痰は飛沫、しぶきとして空中に放出され、周囲にいる人はそれを吸入して、感染する（その代表がインフルエンザである）。従って、患者の湿性生体物質に接触したり、吸入したりすることを避けなければならない。

フロレンス・ナイチンゲールは、一八五〇年代の半ば、クリミアの軍隊で何百人ものコレラ患者を看護したが、一生涯確信的な瘴気論者であり、新鮮な空気の力を固く信じた。「看護の第一の規則（canon）、看護師の注意がそこに固定されねばならない最初で最後のこと、患者に一番不可欠なこと、それなしではあなたが患者に何をしてやっても無意味なこと、それさえしていたらほかのことは何もしなくてもよいとさえ言えること。――それは患者が呼吸する空気を、患者を寒がらせることなしに、屋外の空気と同じ清浄さに保つことである」と彼女は主張した。そして、「排泄物から放出される悪臭の致命的な効果は、語る必要もないで

あろう」、これも、ミス・ナイチンゲールの言葉であった。(9)

フロレンスを瘴気説信者として攻撃しているが、「瘴気説も一理ある」とここでは言うにとどめておこう。

（6）スティーヴン・ジョンソンの場合

スティーヴン・ジョンソン▼27はアメリカの科学作家で、ジョン・スノウの活躍を描いた『感染地図』は読み応えがあった。しかし、フロレンスに対する批判は的外れだと筆者は思う。フロレンスが瘴気説信奉者であったのは、残念だ。当時は依然として自然発生説が支配していた時代で、細菌や感染症という正確な概念はまだなかった。そんな時代の中で、コレラが飲水から来ることを見破ったジョン・スノウは確かにすごい。

空気が、コレラ、そしてほとんどの病気の謎を解く鍵であった。ビクトリア時代に最も人びとから愛され影響力のあった医学界の人物、フロレンス・ナイチンゲールの著作のなか以上に明白な哲学はどこにもない。彼女の革新的な一八五七年の著作『看護覚え書』の初めの次の一節を考える。

看護の第一の規則、看護師の注意がそこに固定されねばならない最初で最後のこと、患者に一番不可欠なこと、それなしではあなたが患者に何をしてやっても無意味なこと、それさえしていたらほかのことは何もしなくてもよいとさえ

▼27 **スティーヴン・ジョンソン**（一九六八―）アメリカの科学作家。ブラウン大学で記号学、コロンビア大学で英文学を専攻している。科学、技術関係の多くの著書があり、様々な受賞歴がある。

言えること。——それは「患者が呼吸する空気を、患者を寒がらせることなしに、屋外の空気と同じ清浄さに保つこと」である。（以下略）
病室に新鮮な空気を取り入れることを保証することについて悪い点は何もない。問題は、清浄な空気を供給することが医師や看護師にとって最も重要な任務になるとき、空気がまず第一に患者の病気を引き起こす毒であると仮定されるとき、発生する。ナイチンゲールは、コレラ、水痘、麻疹、猩紅熱はすべて事実上瘴気によると信じていた。そして、彼女は学校、家庭、病院に、空中の有機物を検出する空気テスト（化学者アンガス・スミス▼28によって考案された）を勧めた。(11)

確かにコレラは水系感染であり、コレラ菌に汚染された水を飲用することで発症する。患者をケアしたときに手が汚染し、それによって経口感染することもあるだろう。これは接触感染のカテゴリーに入る。また、嘔吐のひどい患者をケアしたとき、飛沫を吸入して感染することもあるかもしれない。しかし、空気感染は指摘されていない。だが、天然痘やはしかは空気感染することが知られている。従って、この部分はスティーヴン・ジョンソンの誤りである。感染経路について基礎から学ぶべきであろう。(10)『看護覚え書』の冒頭に登場するこの文言（第一の規則）は、看護の一般原則として記されており、筆者は必ずしも間違っているわけではないと考える。フロレンスは、すべての感染症は空気感染であるとは言っていない。だからこそ、手やシーツの清潔を主張した。

病原菌の感染経路には、大きく分けて接触感染、飛沫感染、空気感染がある。汚染

▼28 **ロバート・アンガス・スミス**（一八一七—八四）スコットランドの化学者。大気汚染の研究家。「酸性雨の父」と呼ばれる。

された空気による感染は存在する。たとえば、結核、麻疹、水痘はその代表的なものである。それ以外にも、ノロウイルス、SARSウイルスがある。インフルエンザウイルスもその可能性がある。また、バイオテロに使用される可能性のある病原体は、空中にばらまかれ、感染する。たとえば、天然痘ウイルス、炭疽菌、野兎病菌《やとびょうきん》がある(12)。

＊＊＊

以上、ルール❸「リケジョは誤解される」という視点から、ナイチンゲールの誤解者を検証するため、六人の言葉を紹介してきた。次のルール❹をみていこう。

ルール❹　リケジョは観察力を持つ

科学者には観察力が必須である。

アレクサンダー・フレミング▼29は、寒天培地上のブドウ球菌のコロニーが、カビが生えた周囲にはなかったことを観察して、カビから抗菌物質が分泌されているのではないかと直感し、ペニシリンの発見につながった。エドワード・ジェンナー▼30は、ロンドンの女性はあばた（痘痕）が多いのに、田舎の女性には少ないことを観察し、これが種痘、ワクチンの発明のヒントになった。

フロレンスも、リケジョとして看護師に「観察力」を要求する。観察によって科学上の大発見をしろと言っているのではなく、それは、患者の顔つき、表情、脈などか

▼29　**アレクサンダー・フレミング**（一八八一―一九五五）　イギリスの細菌学者。ロンドン大学教授、エジンバラ大学学長。世界初の抗生物質ペニシリンの発見者。一九四五年ノーベル医学生理学賞受賞。

▼30　**エドワード・ジェンナー**（一七四九―一八二三）　イギリスの医学者。ジョン・ハンター（第7章二三二頁）の教え子。より安全な天然痘予防接種法（牛痘接種法）を開発した。「近代免疫学の父」と呼ばれる。

ら患者の状態を理解せよというものだった。患者に「どうですか？」と質問することなしに患者の状態を知らねばならないとすれば、これは神技に近いものではないか。

『看護覚え書』の中で、フロレンスはくどいほど観察について述べている。たとえば、[6]

健康な状態を維持あるいは回復する方法を私たちに教えてくれるのは、観察と経験以外にはない。(191)

看護師のまさしく初歩は、患者が感じていることを患者に言わせることなく、患者の表情に現れたすべての変化を読み取ることができることである。(196)

看護師は正確で綿密で迅速な観察者でなくてはならない。そして繊細で親切な感情の持ち主でなければならない。(182)

正確な観察の習慣がなければ、どんなに献身的であっても、その看護師は役に立たないであろう。(160)

あなたが観察の習慣を持てないならば、あなたは看護師になることをあきらめたほうがよいであろう。あなたが親切でいろいろ気にかけてくれる人であったとしても看護師はあなたの天職ではない。(160)

看護師にとっては、半分脅迫に近いほどの訴えようである。とはいえ、言っていることは理があるので、ひとまず納得しよう。こんなエピソードもあった。(17)

ある上席陸軍士官はスクタリを訪れて、愕然とした。「ナイチンゲールは外科手術を、腕を組んだままで、見るのが大好きのようだ」と。ナイチンゲールは家族への手紙の中に、ときどき賞賛して書いている。「外科医たちは次の手術に移りました。肩関節からの弾丸摘出です。見事に行われ、うまく行きました。弾丸はちょうど関節の先端にくい込んでいて、周辺が星の形に砕けていました(7)」。

もうひとつのエピソード。

ある晩、……若い看護師がナイチンゲールに付いて遺体安置室へ行った。その日病院で死亡した遺体が横たわっていた。「そこはいつ訪れても恐ろしい場所でした。ドアのところで待って、ナイチンゲール嬢をみていました。彼女は静かに遺体の顔から覆いを取って、彼らをじっとみていました。彼らは妻や母親から遠く離れたこんなに寂しい場所に横たわっています。あんなに華奢で、優雅で上品な人が、真夜中にそのように悲しい多数の死体が横たわっている風景の中にたった一人で立っているのをみるのは異様な感じがしました(7)」。▼31

▼31 この項の引用に関してはヒュー・スモールの著作から引用しており感謝する。

フロレンスは死者の顔をじっと観察していたのだろうか。『看護覚え書』にはこんな記述がある。

肺結核で亡くなる患者は非常にしばしば天使のような喜びと平和の状態で亡くなる。顔の表情はほとんど歓喜を表している。これとは反対に、コレラや腹膜炎で亡くなる患者は、絶望に近い状態で亡くなる。顔は恐怖を表している。赤痢、下痢症、発熱では、患者はしばしば無関心の状態で亡くなる。(6) (204)

フロレンスは顔の表情だけでなく、脈も重視する。たとえば、

腸チフスでは脈は遅く、どんなことをしても増えない。(6) (176)

これは腸チフスの主徴の一つである〝比較的徐脈▼32〟を捉えた言葉である。

ルール❺ リケジョは地道である

リケジョはとにかくコツコツ勉強するのが好きなようだ。人知れず地道に学問の道を歩む。そこにリケジョの幸せがあるのだろうか。

一八世紀のパリにシャトレ侯爵夫人（一七〇六―四九）という、有名なリケジョがいた。侯爵夫人でありながら、ヴォルテール▼33の愛人（しかも夫公認）という恋多

▼32 **比較的徐脈** 一般的に高熱になると脈ははやくなるが、高熱でも脈がはやくならない状態。

▼33 **ヴォルテール**（一六九四―一七七八） フランスの啓蒙思想家。

き女性であった。

この夫人は長い年月にわたってコツコツと勉強しては、科学書をたびたび出版する人だった。彼女は亡くなる年（一八四七年）に、ニュートン▼34の代表的な著作『自然哲学の数学的諸原理』（ラテン語記述）を、フランス語に翻訳して出版するという歴史的な業績をあげた。そのシャトレ夫人が次のような「幸福論」を述べたという。

恋の情熱は、わたしたちにもっとも大きな喜びをもたらし、最大の幸せをあたえてくれる。だが恋愛がもたらす幸福は、他人に依存している。これに対して学問への情熱は自分自身にしか依存していない。

学問への愛は、男の幸福よりも女の幸福により大きく貢献する。男ならば、すぐれた武術なり、政治的手腕なり、商才なり、国や同朋のために自分の才能を活かす機会はいくらでもある。しかし、女はあらゆる栄光から遠ざけられている。少しばかり高い志を持つ女にとって、自分がこうむっている排除と従属の慰めになり、涸れることのない喜悦の源となるのは、学問をおいてほかにない。それによってもたらされる喜びは、存命中の栄光だけではなく、後世の人たちの称賛に対する期待感でもある。学問は、不幸にならないためのもっとも確実な手段なのだ。[13]

（傍点は筆者）

現代の女性は、男性と同じことができるようになってきた。政治家にも社長にも何にでもなれる。男女雇用機会均等法でそれが保障されるようになった。しかし、一九

▼34　**アイザック・ニュートン**（一六四二―一七二七）イギリスの科学者。

世紀はそうではなかった。女性は家に閉じ込められる傾向にあった。少女時代から家族に隠れてコツコツと数学の勉強をしたり看護の勉強をしたりしてきたフロレンスにも、そんな「学問の中に幸せがある」というような思いがあったのではないだろうか？

フロレンスは次のようなことを言う。「世間的な成功」の否定である。

> 私たちは自分自身のほうをより厳しくみつめていなければなりません。それに劣らず私たちは、自分の看護師としての生活と職務とに高い基準を求める必要があります。私たちは、自分の弱さと狭さとに今まで以上に気づいていくことによって、謙遜と中庸とを身につけて、看護師としてまたクリスチャンとして、過ちに対しては責任を負うことを学んでいかなければなりません。高貴で気高い心の持主にとっては、世間的な成功などというものはなんの意味もないのです。あのアグネス・ジョーンズ▼35が、あるいはいま私たちと共に働いている方々が、世間的な成功ばかりに気を使っていたとでも思いますか？ 彼女たちは仕事の能率とその質の高さとに気を使っています。そしてこれは世間的な成功とは全く別なことなのです。
>
> ——ナイチンゲールの看護学生への手紙（一八七三年五月二三日）(1)

リケジョは世間的成功ではなく、学問的成功を求めるのだろうか。看護師ならやはり看護学を究めていくということだろうか。

▼35 **アグネス・ジョーンズ**（一八三二―六八） カイザースヴェルト学園およびセント・トーマス病院ナイチンゲール看護学校出身。フロレンスの一番の愛弟子で、彼女の推薦でリバプールの救貧院病院の看護管理者として赴任したが、過労と腸チフスのために早逝した。

さらにフロレンスは、看護師に地味さ、質素さを求める。

服装をつつましくすること。とくに勤務時間外や外出時にはこのことを守ってください。そして、そう、看護実習生に、この小さいけれど大事なこれらのことについて、その模範的な行動がいかに重要なのかをわからせてください。あなたが看護師であるなら、制服を着ていようといまいと、着飾るべきではありません。キリストが私たちの服装の手本として野の花を示されたことを思い出してください。そう、私の親愛なる看護師さんは人びとにあなたについて〝時代の少女〟のようだと言わせるのではなく、〝野の花〟のようだと言われ、温かく迎え入れられるようになってください。(1)

現代の看護師に〝地味であれ〟というのは無理かもしれない。服装はともあれ、感染制御学や医療統計学など、高度な学問を究めていこうとする看護師たちが多いことも筆者は知っている。そして、言うまでもなくフロレンスは医療統計学の先駆者である。

さて、この章の最後に、次の話をして終わりとしたい。

5　行動的統計学者への道

フロレンスは「情熱的な統計学者（the Passionate Statistician）」と呼ばれている(3)。その情熱（passion）とは何か？　それは、action（行動）であると筆者は思う。action につながらない統計は意味がない。このことを述べていきたい。

ウィリアム・ファーの協力、アドルフ・ケトレとの出会い

一九五六年八月、フロレンスはクリミアから帰国後、病身でありながら九月にバルモラル城でビクトリア女王夫妻に謁見し、イギリス軍の衛生改革のための王立委員会設置の承諾を得た▼36。一一月、アレクサンダー・タロッチ▼37宅での夕食会で、戸籍本庁の統計学者ウィリアム・ファーと出会った▼38。そして、ファーらと共同でイギリス軍の疾患統計の仕事に着手することになる。フロレンスはファーを王立委員会の委員に推薦した。

一八五八年にイギリス陸軍の死亡率に関する有名な報告書を(14)、ファーの指導のもとに作成した。この報告書をもとに、イギリス軍ひいてはイギリスの衛生改革に取り組むことになる。この報告書にあの有名な鶏頭図（あるいはコウモリの翼ともよばれるグラフ(15)）が出てくる。このグラフは、ファーの指導のもとではあるが、フロレンス独

▼36　詳しくは第2章六四頁を参照のこと。

▼37　**アレクサンダー・タロッチ**　イギリス軍人、統計学者。一八五五年二月にジョン・マクニールとともにクリミアを訪れ、イギリス陸軍の物資補給状況を調べた。一八五六年一月、軍の兵站に関するレポートを提出。イギリス軍の将官たちの怠慢を告発した。

▼38　詳しくは第5章一四一頁を参照のこと。

〈コラム〉鶏頭図とは？――英軍兵士の死亡率の時系列グラフ

鶏頭図はナイチンゲールが、統計学者ウィリアム・ファーらとの作成した王立委員会報告書『英陸軍の死亡率』に掲載されている。ニワトリのとさかと形が似ているところから鶏頭図 cockscomb と呼ばれる。（コウモリの翼 bat's wing と呼ばれることもある。）（図6—D）

＊ 次頁のグラフは報告書のデータ[※1]を基に、筆者が Excel のレーダーチャート機能を使って模倣・作図したものである。

右側がクリミア戦争の初年度、左側が次年度の死亡率＊を表している（図6—E）。右図では円の9時のところ（一八五四年四月）から始まって右回りに進む。左図も同様に9時のところ（一八五五年四月）から始まって右回りする。

　このグラフを見てびっくりするのは、英軍兵士のほとんどが伝染病死（感染死）していることである。負傷による死ではなく、戦場あるいは病院内で伝染病（感染症）に罹って死んだことが、一目で分かる。一八五四年七月から感染死がじわじわと増加し、一八五五年一月をピークに減少に転じている（右図）。次年度の左図では感染死が著減している。

　第7章「スクタリで何があったのか」ではこの鶏頭図を棒グラフに書き換えて、時系列的に詳しく説明し、その間のナイチンゲールのドラマも紹介している。

図6–D　ニワトリのとさかとコウモリの翼

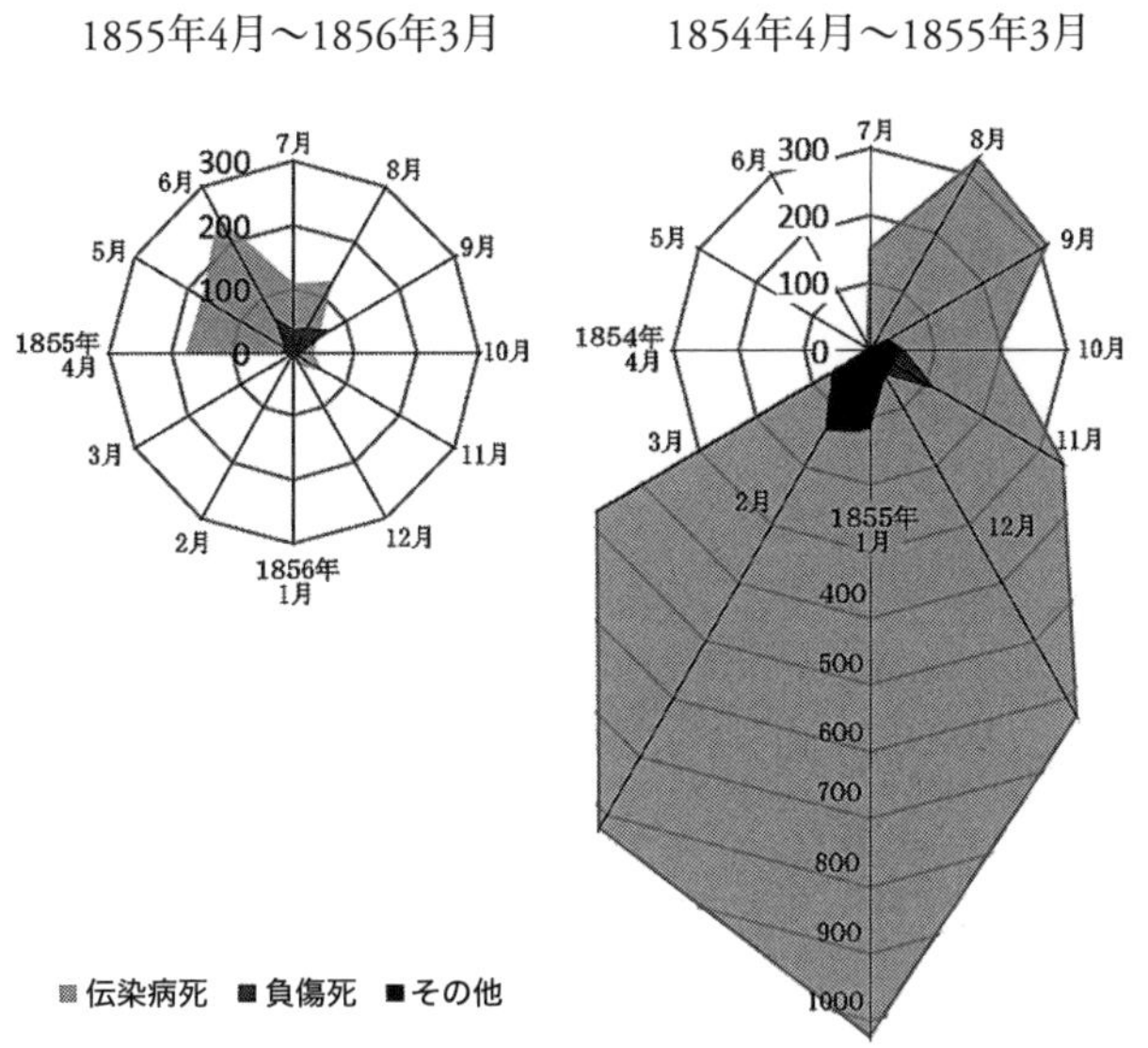

図6–E　クリミア戦争での英軍兵士死亡率

$$死亡率 = \frac{年間死亡者数}{年間平均住民数} \times 1000 \qquad 死亡率 = \frac{月死亡者数 \times 12}{月平均兵力} \times 1000$$

＊一般に死亡率は「一〇〇〇人当たりの一年間の死亡者数」である。具体的には年間死亡者数を年間平均住民数で割り、一〇〇〇を掛けて、一〇〇〇人当たりの死亡者数に直す（右式）。

しかし、鶏頭図は月間死亡率で構成されている。この月間死亡率は「月の死亡者数を一二倍にして年間死亡者数」とし、その月の平均兵力を年間平均兵力とみなして分母に使用している[※2]（左式）。

引用文献

※1　The Royal Commission appointed to enquire into the Regulation affecting the Sanitary of the Army: Mortality of the British Army : at home and abroad, and during the Russian war, as compared with the mortality of the civil population in England ; illustrated by tables and diagrams. Harrison and Sons, London, 1858.

※2　丸山健夫：『ナイチンゲールは統計学者だった！』日科技連出版社、二〇〇八年。

自のアイデアによるものである。(3)

一八五九年、この報告書がベースになって、『病院覚え書』や『看護覚え書』などの優れた著作が生まれた。このようにフロレンスは、ファーには多くの恩恵を受けている。一番の恩人といえるかもしれない。しかし、ファーにとっても単なる戸籍調査官から社会統計学者、社会改革家に引き上げてくれたのはフロレンスだったに違いない。フロレンスと一緒に仕事をしなかったならば、彼は歴史にそれほど名を残してなかったかもしれない。

この頃のフロレンスについての記述。

彼女にとって統計学は〝小説よりも元気が出る〟ことがわかり、〝硬い事実を噛む〟▼39ことを愛した。一八六〇年一月、ファー博士は書いた、「あなたに新年の贈り物があります。それは表の形をしています」。フロレンスは答えた、「その魅力的な贈り物を早くみたくてうずうずしています。とくに死亡者数、入院者数、有病者数を示している表がみたいです」と返事している。ヒラリー・ボナム・カーターも、フロレンスはどんなに疲れ果てていても、数字の長い列をみると〝完全に復活する〟と書いている。(2)

一七四頁でも触れたが、そのデータ怪獣ぶりは健在である。

一八六〇年七月、ロンドンで第四回国際統計学会が開催された。ファーは主催者の

▼39　数字で示される厳然たる事実を噛み砕く、すなわちよく吟味し、解釈するということであろう。(2)

一人であり、フロレンスに参加を促した。彼女はその分科会において、標準病院統計方式（疾患リスト、死亡率、在院期間などを含む）を提案した。[15] フロレンスの名声もあって、この提案は学会で承認されることになった。これはいわば現代の「院内感染サーベイランス」「疾患定義」などに相当し、医療統計、病院統計の先駆けである。

この機会にフロレンスは尊敬するケトレと面会することができた▼40。彼女は病気のために足腰が不自由だったので、おそらくバーリントンの居宅で会ったのだろう。ケトレはケトレで一八五五年に脳梗塞になっていて、身体がやや不自由だったかもしれないが、二人は初対面であったが友好関係を築くことができた。ケトレがベルギーに帰国した後も手紙のやり取りは続いた。

すべての病院が、フロレンスによって提案された標準病院統計方式を採用すれば、入院患者の疾患の種類や死亡率について、病院別、地方別、国別に比較することができる。ひいては病院の衛生状態の比較ができるはずであると考えられた。

学会の直後、ロンドンの主要な病院はこの方式を採用した（この統計方式は一八六二年九月の統計学雑誌に掲載された）。しかし、この計画は頓挫した。採用する病院は広がらなかったし、採用した病院でさえ中断されてしまったからである。

フロレンスはさらに一八六三年九月の国際統計学会（ベルリン）で、内科治療や外科手術に関する標準統計方式についても提案した。これが採用されれば、さまざまな治療法や手術の価値もわかるはずであった。しかし、これも王立外科大学などの反対を受け、採用されなかった。

▼40　ケトレについては一七一頁コラムを参照のこと。

ところで、フロレンスに統計情報を提供して協力したファーであったが、統計をもとに原因を改善するための行動を取ろうとする彼女の考えには反対した。ファーは次の言葉を残している、「私は原因と統計を混同することに重ねて反対しなければならない。統計家は原因に対してなすべきことを持たない。統計情報は無味乾燥なもので、それでいいのだ」と(3)。

一方、フロレンスは、病院のみならず、社会全体の統計情報を把握し、衛生状態の改善に役立てようとしていた。一八六一年の国勢調査の折に、調査票へ衛生に関する項目（家庭の病人・虚弱者の数、家屋の状態など）を追加してもらって、社会の衛生改革の資料にしたいと考えた。これについてファーは賛成したが、ときの内務大臣ルイスは「まったく意味がない」と反対した。フロレンスは議会にも働きかけたが、議員たちの理解と支持を得ることもできなかった。

フロレンスは親友のジョウェットにこう話している。

大臣たちはほとんど大学教育を受けていますが、統計学的な教育は受けていません。法律を定めるにしても、何が必要であり、どのようなことが有益であるかなど全くわからないまま行っています。陸軍省は素晴らしいいくつかの統計をもっているのに、全く何の役にも立っていません。それは、軍の幹部や支配者がそれらの統計をいかに活用するかを全く知らないからです。インドの統計はイギリスの統計よりも優れているにもかかわらず、何も活用されていません。

少なくとも今は、事実の積み重ねではなく、むしろ国家の支配者たちに統計的事実の活用方法を教えるべきです。[15]

ナイチンゲールは、ケトレは統計学の中に「人類を進歩させるために何をすべきかを語る神の言葉」を発見したと信じるようになった。

（中略）

彼女は「これらの（統計的な）結果を通じて進歩の法則を人間に教える神の計画を説明するために——われわれが神の統治の法則を発見するのなら、通らねばならない道筋を説明するために——ケトレの発見を応用すること」と書いた。[17]

ここまで来るとフロレンスは「宗教的な統計学者」ともいえるかもしれない。医師のみならず、政治家たちが統計の価値を全く理解していないことが、フロレンスの行動の壁になったのである。これでは「神の計画」（統計に基づいた社会改革）が実現できない。そう思ったのではないか。

その後、一八七二年、ケトレから『社会物理学』（一八六九年版）が送られてきた。このときフロレンスはケトレに対して、彼女が最も影響を受けた『社会物理学』（初版）の改訂版を出してほしいと懇願した。というのも、彼女は初版本をオックスフォード大学の学生たちが読むことを希望し、そして統計学を大学のカリキュラムに入れてもらいたいという願いから、ジョウェットを通じてオックスフォード大学に初版本を寄贈していた。それでフロレンス自身の手元には初版本がなかったし、それに加えて、学生用に読みやすい「初版本の改訂版」をケトレに出してほしかったのではないかと思われる。しかし、ケトレはすでに高齢で、脳梗塞後遺症もあり、フロレンスの期待に応えることはできなかった。ケトレの考える社会物理学とは社会統計学であったといえるが、ケトレは、「統計に基づいて社会を改革する」というフロレンスの〝情熱〟は持っていなかった。ケトレは自分の統計分析が社会の改革に役立つことを希望したが、それをもとに行動に移すという考えまではなかったということだ(3)。一八七四年、ケトレは七七歳でこの世を去る。

ファーにもケトレにも、フロレンスの情熱は伝わらなかったようだ。

ナイチンゲールの統計学と、ゴルトンの統計学

しかし、フロレンスは諦めなかった。それから、約二〇年後……。

一八九一年、オックスフォード大学に「応用統計学寄付講座」を設置するため、基金を立ち上げようとした。彼女は自身のお金二〇〇〇ポンドを準備し、親友のオックスフォード大学教授ベンジャミン・ジョウェットと、親戚筋（図6—1）の著明な統計学者フランシス・ゴルトン▼41の協力を求めた。多くの学生に統計学を教えてほしいという願いだったのだろう。しかし、ゴルトンは研究内容を指示される可能性のある「寄付金」を嫌がり断ったので、この話は頓挫した。「大学に統計学講座をつくる」というフロレンスの悲願はここに潰え、彼女はすっかり落胆した。

ゴルトンは社会統計学には興味はなかった。ゴルトンの考えは、フロレンスとは全

▼41 **フランシス・ゴルトン**（一八二二―一九一一） イギリスの統計学者・遺伝学者。フロレンスの従姉妹（いとこ）の夫の従兄弟（いとこ）。

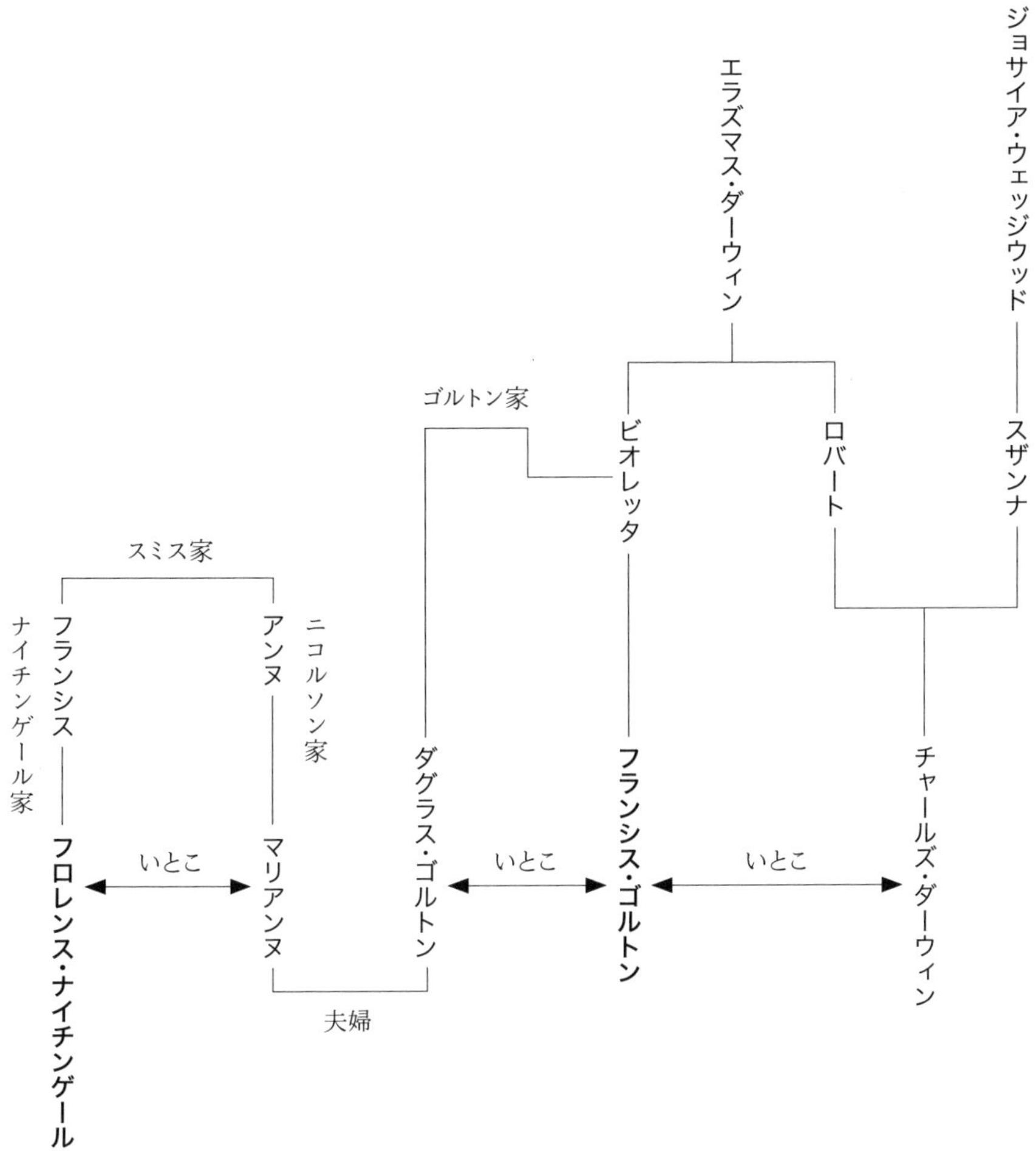

図 6–1　統計学者フランシス・ゴルトンとナイチンゲールとの関係

く違っていた。彼女はそれに気づかなかったのだろうか？

ゴルトンは、遺伝学と統計学から「優生学」という新しい学問をつくり出した。優生学（eugenic）という言葉を発明したのもゴルトンである。一八八三年のことだった。

ゴルトンは優生学に基づいた社会改革を考えていた。優生学とは、「優秀な遺伝子を残し、劣悪な遺伝子はこの世から除去する」という考えである。すなわち病者・弱者切り捨ての思想である。ここから、「障害者には子どもは産ませない」という断種の考えが生まれた。この優生学の影響を受けたナチス・ドイツは「ゲルマン民族が優秀である」として民族衛生学（劣等人種を駆逐するという思想）を実践し、これがユダヤ人大量虐殺につながったという。日本でもかつて断種法（国民優生法、優生保護法など）が制定され、精神病患者とハンセン病患者が対象となった。現在では、断種は「人道に対する罪」として否定されているものである。

考えてみてほしい。フロレンスの看護の思想と、ゴルトンの優生学の思想に、共有できる何かがあるだろうか？　ゴルトン、ピアソン▼42、フィッシャー▼43と続く統計学の巨人たちが皆、優生学信奉者であったことに、筆者は慄然とする。そう考えると、フロレンスの寄付金でゴルトンの統計学教室を設置するということはもともとあり得ない話だったといえる。なぜなら、ゴルトンの目指したのは優生学教室なのだから。それは看護（弱者や病人を助ける）とは無縁の世界なのだから。

こうして三人の統計学者（ファー、ケトレ、ゴルトン）、言うなれば、気が合うはずの理系男子から、理系女子ナイチンゲールは完全に振られてしまったといえるかも

▼42　**カール・ピアソン**（一八五七―一九三六）　イギリスの統計学者。

▼43　**ロナルド・フィッシャー**（一八九〇―一九六二）　イギリスの統計学者。

しれない。なかなか人生うまくいかないものである。

さて、フロレンスの理解者が少なかったのは、リケジョとしてあまりにも時代の先を行っていたからだと筆者は思う。しかし感染対策にせよ、医療統計にせよ、フロレンスの考えは現代を生きるわれわれにはストンと胸に入ってくるように思う。

今の日本においても統計学教室を堂々と設置している大学は少ない。筆者は（他学部のことはわからないが）医学部には必ず統計学教室を設置すべきと思う（統計学を知らなければ論文も書けない）。そして、フロレンスのように、統計学を action（医療改革・社会改革の実行）につなぐことのできる人を育ててほしいと考えている。

〈コラム〉統計からAction（行動）へ

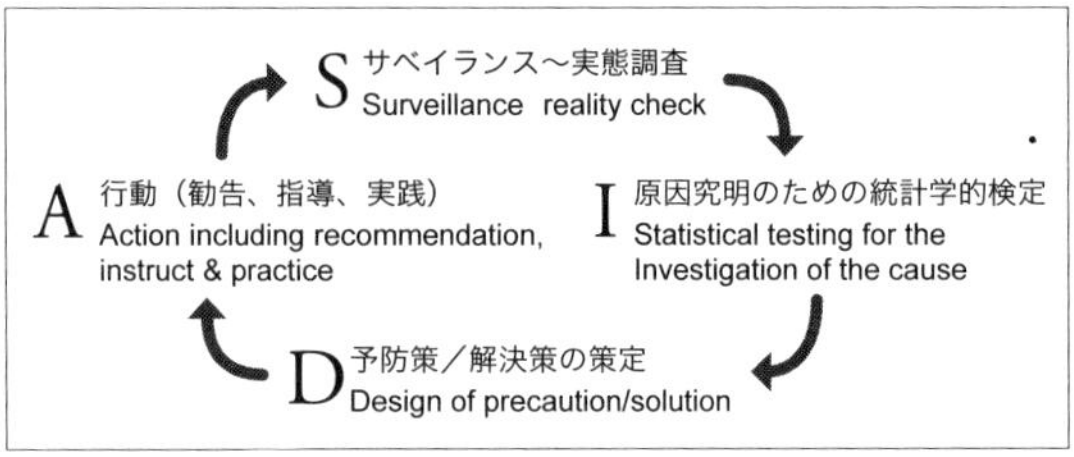

図6–F　Actionにつなげる統計学の方法（SIDAサイクル）

統計学をAction（行動）につなげるにはどうしたらよいか？

筆者は感染制御医として、院内感染サベイランスにかかわっている。サベイランス＊Surveillance は Action につながらないと意味がないといわれている。ただ漫然と院内感染症を毎年集めて報告するだけでは駄目である。感染率が高いときは、その原因を究明して、これまでの感染対策の方法を見直し、問題点を改善する行動をとらねばならない。

このように「統計をActionにつなぐモデル」として、筆者は図6―Fのようなサイクルを想定している（考え方としてはPDCAサイクルに似ているが、同じではない）。

＊　一般的には「サーベイランス」と読まれるが、発音的には「サベイランス」が正しい。向野賢治：「サーベイランスの基礎知識」、『Infection control』一九九九年八月号、メディカ出版、一九九九年、二四―二七頁。

たとえば、MRSAのアウトブレイクがA病棟で起きたとき、それはどの程度のもので、いつ、どこで起きたかを実態調査（Surveillance）する。まず、発生率（頻度）incidence（図6―G）を計算し、他病棟と比較する。また「流行曲線」と「感染マップ」を作成する。[1] 次に、A病棟のリスク因子（年齢、性別、基礎疾患、主治医など）をリストアップし、アウトブレイクの背景・全体像を把握する（記述統計）。さらに、高いリスク因子を取り出して、統計学的に精査、検定する（オッズ比、相関係数など）。

$$\text{発生率 incidence} = \frac{\text{結果 outcome}}{\text{曝露 exposure}}$$

※曝露とは、この例でいえば、ある一定期間にA病棟に入院していた患者数。結果とはその期間に発症したMRSA患者数。

図6–G　発生率の一般的公式

病棟間を比較したり（抗菌薬使用量、アルコール使用量、保菌圧など）、入院患者間を比較したり（人工物挿入、抗菌薬使用の有無など）、統計学的にリスク因子の特定＝原因の究明をはかる（Investigation of the cause）。

そして、「過剰な抗菌薬使用量」などがリスク因子として推定されれば、「抗菌薬使用量とMRSAの間に関連がある」と仮説を立てる。これを統計学的に検定する（推測統計）。統計的に有意差であれば、当該病棟での抗菌薬適正使用状況をさらに詳細に調べる。「A病棟の主要診療科での周術期抗菌薬投与がガイドラインを越えて過剰である」とか、「B先生の肺炎の抗菌薬投与が過剰である」などの問題点がみつかるかもしれない。問題解決のために抗菌薬使用の適正な方法あるいは新しい方法を検討・策定（Design）する。感染対策委員会などに報告・提案し、承認を受けて病院全体に勧告し、指導する（Action）。

その結果、MRSAアウトブレイクが終息すれば、一連の流れが正しかったことが証明される。終息しなければ、ほかの原因（たとえば、手指衛生の欠如など感染対策の不備）が推定され、さらにサイクルを回さねばならないことになる。

このような手法を導入しなければ、統計データは「労多くして実りのない」ものになる。ナイチンゲールが危惧したのも、ここであろう。

第6章　参考文献

（1）Monica Baly: As Miss Nightingale said... Scutari Press, London, 1991.
（2）Cecil Woodham-Smith: Florence Nightingale. Constable, London, 1950.
（3）Diamond M, Stone M: Nightingale on Quetelet, J. R. Statist. Soc. A (1981), 144, Part I, pp. 66-79.
（4）Florence Nightingale: Subsidiary Notes as to the Introduction of Female Nursing Into Military Hospitals in Peace and War. Harrison and Sons, London, 1858.
（5）Lytton Strachey: Florence Nightingale. Chatto and Windus, London, 1938.
（6）Florence Nightingale: Notes on Nursing. Harrison and Sons, London, 1860.
（7）Hugh Small: A Brief History of Florence Nightingale: and Her Real Legacy, a Revolution in Public Health. Robinson, London, 2017.
（8）Se N. Goldie: Florence Nightingale: Letters from the Crimea. Mandolin, 1997, USA.
（9）Sandra Hempel: The Medical Detective: John Snow, Cholera And The Mystery Of The Broad Street Pump. Granta Books, London, 2014.
（10）CDC: Guideline for Isolation Precautions in Hospitals. 1996.
（11）Steven Johnson: The Ghost Map: The Story of London's Most Terrifying Epidemic – and How It Changed Science, Cities, and the Modern World. Riverhead Books; 1st Edition, New York, 2006.
（12）CDC: Guideline for Isolation Precautions: Preventing Transmission of Infectious Agents in Healthcare Settings. 2007.
（13）辻由美：『火の女――シャトレ侯爵夫人』新評論、二〇〇四年。
（14）The Royal Commission's report: Mortality of the British army at home and abroad, and during the Russian war, as compared with the mortality of the civil population in England ; illustrated by tables and diagrams. Harrison and Sons, London, 1858.
（15）丸山健夫：『ナイチンゲールは統計学者だった！』日科技連出版社、二〇〇八年。
（16）多尾清子：『統計学者としてのナイチンゲール』医学書院、一九九一年。
（17）Florence Nightingale: Notes on Hospitals. Longman Green, Longman, Roberts, and Green, London, 1863.

第7章　スクタリで何があったのか

1　はじめに

本書もいよいよ最終章となった。

実は、この章を書くために、これまでの章があった。そして、これまでの章はこの章の前提であり準備段階であった、ともいえる。

スクタリで何があったのか？

そこにこそフロレンス・ナイチンゲールのその後の人生を支配する出来事があった。それは、ちょうど「コレラのブロード街事件」▼1とよぶように、「スクタリ兵舎病院事件」とよんでもいいような大きな出来事だった。

▼1　詳しくは第5章一三〇頁以下を参照。

2　歴史背景――クリミア戦争

この事件の背景にはいうまでもなく、クリミア戦争がある。発端はロシア帝国とオスマン帝国間の戦いであるが、イギリスとフランスが介入してきて大規模な戦争へと発展することになった。

一八五三年九月に戦いは始まったが、翌一八五四年三月にはイギリスとフランスがオスマン帝国に味方して、ロシアに宣戦布告した。イギリス軍は六月にブルガリアの港バルナへ上陸したが（巻頭地図②）、ここから悲劇が始まった。というのも、ここはコレラの流行地だったのである。イギリス軍にとってクリミア戦争は、ロシア軍との戦いだけでなく、コレラとの戦いでもあった。バルナに集結した連合軍は九月一四日、カラミタ湾に上陸した（図7—1）。九月二〇日に最初の激戦がアルマ川で起きたが（アルマの戦い）、傷病兵が輸送された後方の医療体制、すなわち、スクタリの病院体制に不備があり、傷病兵がばたばたと死んだのである。

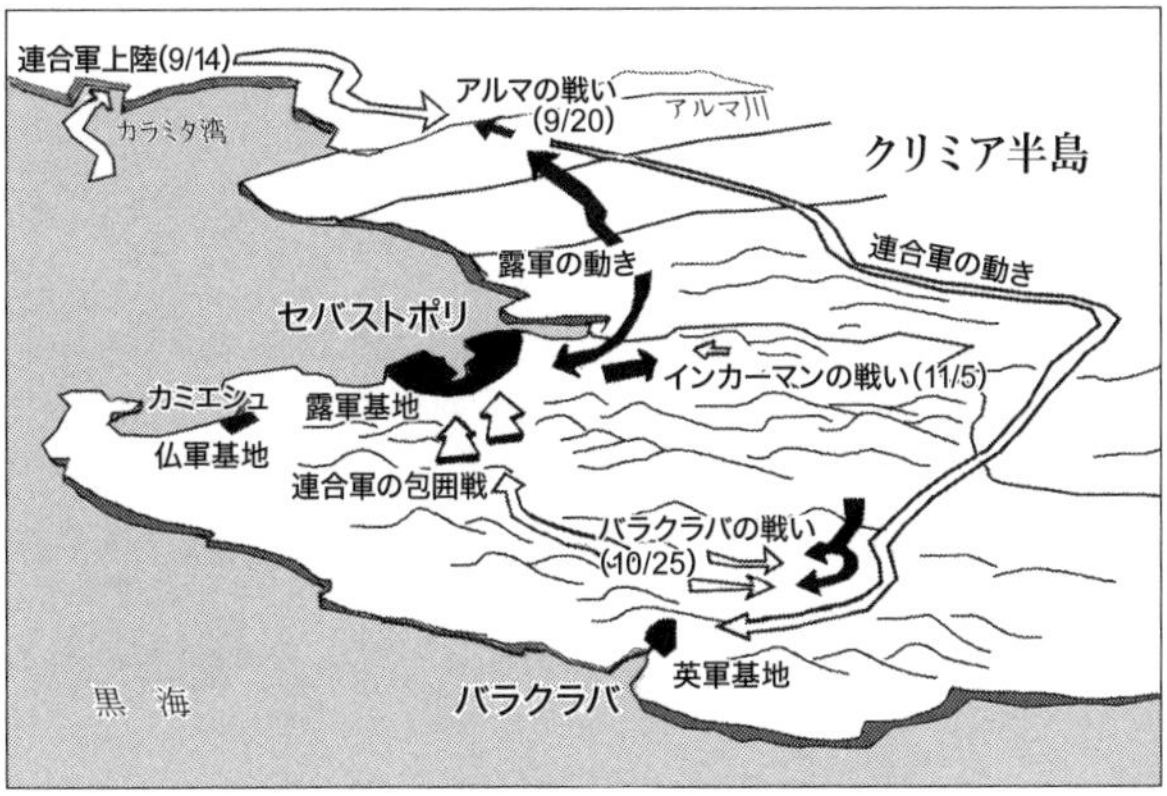

図 7–1　クリミア戦争の経過図

これを受けて、イギリスの有力な新聞『タイムズ』紙の特派員ハワード・ラッセルが、スクタリの兵舎病院について怒りのレポートを本国に送った。一〇月九日から一三日までその記事は掲載された[1]。ちょっと読んでみよう。

> 負傷者のケアをするための十分な準備が全くなされていなかったことを国民が知れば、驚きと怒りの感情でいっぱいになるだろう。十分な外科医がいないだけではなく、衣服係も看護師もいない。包帯をつくるための布類さえもない。アルマの戦いが世界を驚嘆させた事件であった

と言えるのか？　そのうえ、……最も簡単な手術の準備も全然されてなかった！　ある兵士たちは、その傷を医療者に診てもらえないまま一週間も放置された。悪臭のする船内を回診する外科医に必死にすがろうとしては、無視され、振り払われ、苦悶の中で息を引き取った兵士たちもいた。しかし、今は……救貧院病棟にある最も普通の医療器具さえ不足していることがわかったし、傷の包帯をするのに古い布が必要であることを、イギリス軍の医療スタッフが忘れたがために、兵士たちが死んで行かねばならないこともあった。

外科医の指示を実行し、彼らの回診の合間に病人を診てくれる衣服係や看護師はいない。ここでは、フランス軍はわれわれより格段に優れている。彼らの医療体制は周到に用意され、外科医も多く、慈善修道女会の援助もある。……これらの献身的な女性たちは優秀な看護師である。

この記事を読んでイギリス国民は激怒した▼2。「イギリスに看護師はいないのか！」と。

非難の的になったのは、イギリスの戦時大臣シドニー・ハーバートであった▼3。傷病兵に対する手当・処遇などは、彼に重大な責任があった。これに対して、彼はすぐに動いた。彼はこの事態を解決できる唯一の人物、すなわちフロレンス・ナイチンゲールを知っていたのである。ハーバートはナイチンゲールの古くからの友人であり、看護師として、病院管理者としての彼女の見識と力量を知悉していた。ハーバートは

▼2　この『タイムズ』の記事をきっかけに多くの義援金が集まり、「タイムズ基金」となって、ナイチンゲールの活動を支援した。また、この基金によってナイチンゲール看護学校ができた。

▼3　**シドニー・ハーバート**（一八一〇―六一）　政治家、貴族。ナイチンゲールの親友。クリミア戦争時の戦時大臣。ナイチンゲールに対し、

ナイチンゲールに白羽の矢を立てた。

一〇月一五日、ハーバートは「看護師団を組織してスクタリに向かってほしい」というイギリス政府の正式な要請状をナイチンゲールに送った。ナイチンゲールはハーバートの申し出を受諾した。

一〇月二一日、ナイチンゲールに率いられた看護師三八人はロンドンを出発した。ここからナイチンゲールの真の苦難が始まる。

事態は急を要したとはいえ、たったの一週間で出発するとは、あまりに拙速ではなかったか。スクタリに着いてから、看護師の人選や指揮命令系統の確認、物資供給状態の確認などをもう少し慎重にやるべきだったことが明らかとなり、ナイチンゲールを苦しめるのである。もっと準備期間をおいて出発してもよかったのだ。どうせ最初の一か月間は、兵舎病院の医師らの反対で、看護団は傷病兵のケアをすることができなかったのだから……。

一一月四日、ナイチンゲール看護団はコンスタンチノープル（現在のイスタンブール）に航路到着した（**巻頭地図②**）。そして翌日、対岸のスクタリに渡った。そして、傷病兵が収容されているスクタリの兵舎病院に入った。彼女はここで何をみたのか？

3　クリミア戦争の経過と、イギリス軍兵士死傷者の発生状況

兵舎病院の話に入る前に、クリミア半島における戦闘の経過（**図7―1**）からみてゆ

看護団を編成して、スクタリの病院に援助に行くよう依頼した。なお、この人は背が高く、見栄えもよく、弁舌も巧み、人柄も優しい、善良な人であったが、どこか配慮が足りないところがあった。

こう。イギリス軍兵士死亡者数の推移[2]（図7―2）を合わせてみると、状況がよく把握できる。

一八五四年六月終わり、ブルガリアの港バルナに、イギリス軍、フランス軍、オスマン帝国軍が集結した。この連合軍は総勢五万。しかし、バルナではコレラが流行しており、兵士一〇〇〇人が感染し、海路スクタリへ送り返された（これらの患者はスクタリの陸軍病院に収容されることになる）。なお、七月に三五九人、八月に八二八人の兵士が死亡しているが、これはアルマの戦い（九月）の前であり、ほとんどがコレラによる死亡と思われる（図7―2）。

九月一四日、連合軍はクリミア半島のカラミタ湾に上陸。ロシア軍五万の待つアルマに向けて進軍を開始した。連合軍の最終目標は、ロシアの黒海における拠点、セバストポリを陥落させることであった。

九月二〇日、アルマ川を挟んで両軍が激突。ロシア軍は四〇〇〇人の死傷者と七〇〇人の捕虜を残してセバストポリへ退却した。イギリス軍にも三〇〇〇人近い死傷者が出た。重傷者はスクタリへ送られた。この戦場でもコレラが発生し、感染した一〇〇〇人の兵士がスクタリに送還された。これらの傷病兵とコレラ患者は、すでに陸軍病院が満床になったので、急ごしら

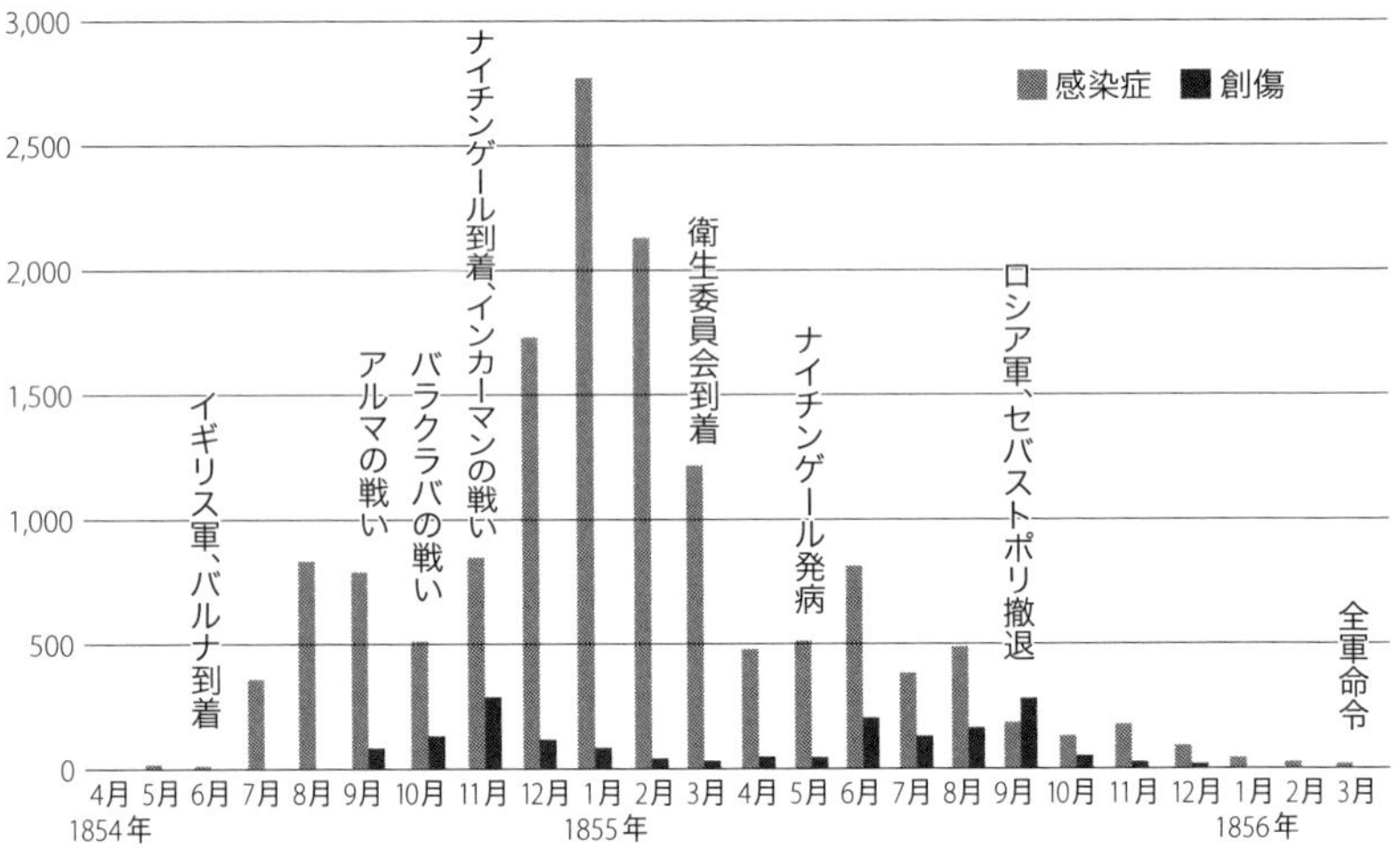

イギリス軍の死亡率レポートより作成。ナイチンゲールが鶏頭図（第6章212頁）を作成したデータとほぼ同じものである。

図7–2　イギリス軍死亡者数推移とクリミア戦争経過

えの兵舎病院に収容されることになった。兵舎病院とは、ナイチンゲールが勤めることになる病院である。

このとき、連合軍は勝利したものの被害も大きかったので、すぐにセバストポリを攻めず、長期戦を想定して南に移動した。イギリスはバラクラバ港を、フランス軍はカミエシュ港を補給路として確保したうえで、南方からセバストポリを攻略する態勢をとろうとした（**図7―1**）。しかし、バラクラバの防御線が手薄なのを知ったロシア軍二万五〇〇〇が、北方からバラクラバに向かって南下してきた。

一〇月二五日、ロシア軍は、イギリス軍のバラクラバ防御線（要塞）への攻撃を開始した。ここでイギリス軍は大苦戦を強いられる。有名な「軽騎兵旅団の突撃」が起きたのもこの戦いである▼4。イギリス軍はかろうじてバラクラバを守ることができた。しかし、このバラクラバでもコレラが発生した。

一一月五日、四万二〇〇〇のロシア軍は、連合軍の北の防衛線（インカーマン）への攻撃を開始した。しかし、連合軍の抵抗は強く、ロシア軍は返り討ちに遭ってしまった。これ以降、ロシア軍は連合軍と野戦をすることはなくなった。連合軍も、ロシア軍と一気に雌雄を決するような大きな戦いはしなくなり、クリミア戦争は「セバストポリ包囲戦（塹壕戦）」の局面へと移っていった。アルマの戦いでの開戦から五〇日足らずのことである。

一一月五日の戦闘での死傷者の数は甚だしく、コレラの流行も相まって、多くの兵士が海路スクタリへ送られていった。

一一月五日といえば、ナイチンゲールがスクタリに到着した日である。しかし、ナ

▼4　この戦いについては、イギリスの詩人アルフレッド・テニスン（一八〇九―九二）が詩を残している。『遥かなる戦場』（一九六八年公開）をはじめとして何度か映画化もされている。

イチンゲールはこんな激戦が五〇日間にわたって行われたことを知っていただろうか。
この兵士たちの海上輸送に関しては、次のように記述されている。

病人と負傷者は、病院船に詰め込まれて、スクタリへ戻る航海に出た。弱り疲れ切った一五〇〇人の兵士が、二五〇人乗りの船にぎゅうぎゅう詰めにされた。しかし、戦場の負傷者たちが到着する頃には、病院はすでに満員状態になっていた。クリミア戦争における一発の銃弾が発射される前に、コレラの大流行が、陸軍の医療部を大混乱の中に投げ込んだ。(3)

輸送船は当初、最も不足しており、過密していて換気も悪く、さらに多くの症例(とくにコレラ患者)が、移動するには病弱な状態で運ばれてきた。結果として乗船中の死亡率は大きかった。クリミア上陸から一八五五年の一月末までの四か月半の間、スクタリに運ばれてきた一万三〇九三人の病人のうち、九七六人がたった三〇〇マイルの渡航中に亡くなった。これは一〇〇〇人当たり七五人の割合である。一八五五年一月には、生きて乗船した一〇〇人当たり一〇人が実際に航海中に亡くなった。(2)

さらにもう一つ、その後に行われた包囲戦(塹壕戦)の悲惨さについては、以前から指摘されていた。参考までに、フランスとの七年戦争(一七五六―六三年)当時、著名な外科医ジョン・ハンター▼5がイギリス軍に軍医として参加したベル島▼6の城

▼5 **ジョン・ハンター**(一七二八―九三) ロバート・ルイス・スティーヴンソンの小説『ジキル博士とハイド氏』(二重人格をテーマとした作品の代表作)のモデルになったという外科医・解剖学者。天然痘ワクチンの開発者エドワード・ジェンナーは、ハンターの弟子だった。

▼6 フランス大西洋島の一つ。ブルターニュ沿岸の島。

塞都市ル・パレの包囲戦の様子では、こう記載されている。(4)

長期の包囲攻撃は七〇〇人以上のイギリス軍の最終的死傷者数をもたらした。しかし、初期の病院が外科的症例によって溢れさせられたように、「重症の熱と下痢」のアウトブレイクが、フランスの大砲による傷害をまだ受けていない軍隊を襲ったのだ。軍が島全体を占領すると、軍の医療部はル・パレに総合病院を建設した。そこでは負傷者と感染者がわら布団の上に一緒に横たわった。伝染性疾患が軍隊に急速に広がった。そのために汚染環境で初歩的な手術を受けた兵士たちは、周囲の荒れ狂う病気にバタバタと倒れた。典型的な陸軍駐屯地の過密して汚染された状況、トイレの穴から汚水が溢れ、衣類は何か月も洗われず水もおよそ清浄ではない、そんな環境の中で、下痢症、チフス、マラリア、天然痘のような感染症がなすすべもなく蔓延した。陸軍軍医リチャード・ブロックレスビー▼7は戦争早期にはドイツで勤務していたが、チフスあるいは「キャンプ熱」は敵の攻撃による死者数の八倍と推定した。

クリミア戦争でも、同じ失敗が繰り返された。

▼7　**リチャード・ブロックレスビー**（一七二二―九七）英国軍医。ジョン・プリングルの後を継いで、軍医総監となった。

4　兵舎病院について

収容可能数

コレラ患者や傷病兵を迎え入れるスクタリの兵舎病院についてみてみよう（図7―3）。

スクタリは、コンスタンチノープルの対岸の村である（巻頭地図①）。今はユスキュダルとよばれる。

スクタリには総合病院（general hospital、九〇〇床）があったが、アルマの戦い（九月二〇日）の傷病兵に加えて、コレラ患者が多数送られてくることがわかった。総合病院だけではベッドが足りないことから、近くにあった旧オスマン帝国軍兵舎（Barrack）を病院として転用することになった。これを兵舎病院（Barrack hospital）とよんだ。

ちなみにこの建物は今も現存し、その一角にナイチンゲール・ミュージアムがある。ナイチンゲールが拠点としたのは、以前は北西の塔とされていたが、最近は東の尖塔と考えられている(5)。

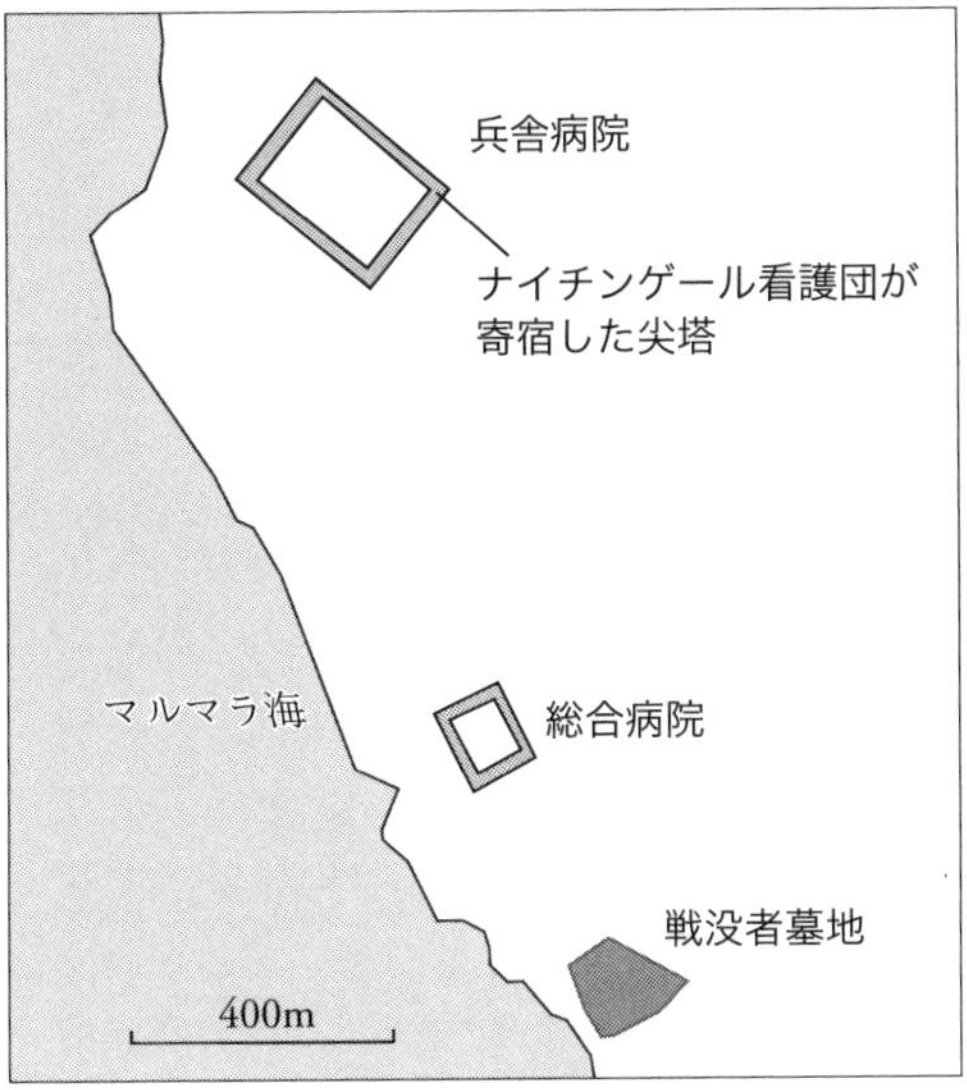

図 7–3　スクタリの兵舎病院と総合病院の位置関係

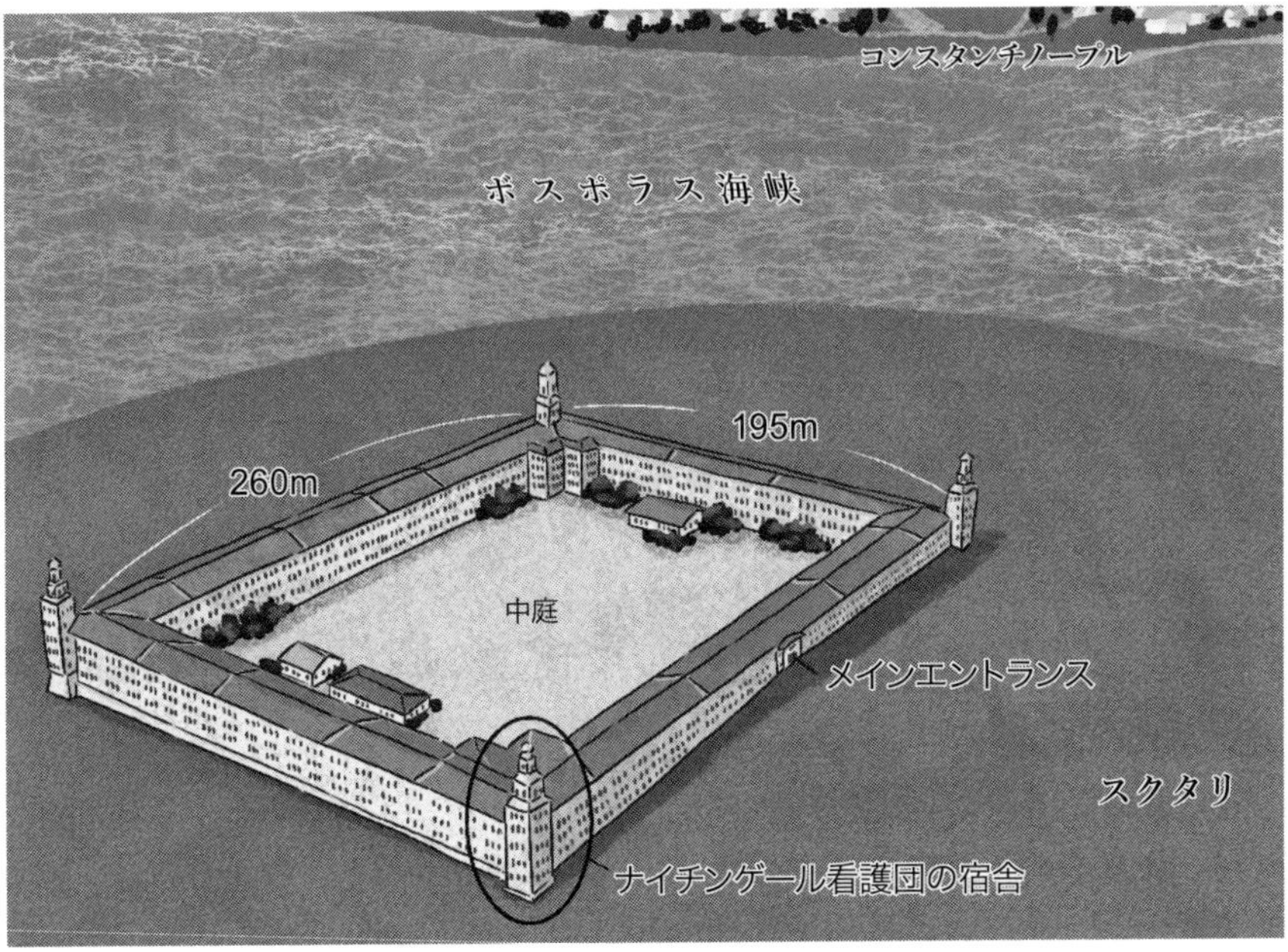

図 7–4　兵舎病院の概観

建物の構造

兵舎病院は巨大な長方形の建物（一九五m×二六〇m）で、中庭は大きな練兵場であった（図7―4）。建物の構造は、三棟が三階建て、東棟のみは傾斜地であったため二階建てだった。

この建物は、オスマン帝国皇帝アブデュルメジト一世▼8の治世に、二度の改修工事があった。最初は一八四二―四三年で、二回目は一八四九―五〇年であった。この経過中、各隅に七階建ての塔が四つ追加され、今日の兵舎の姿になった。

病院の問題点

『英陸軍の死亡率』レポート(2)には、次のように記載されている。

その建物は、外観は雄大で立派であった。実際、大英帝国の軍事建築物のどれよりもそうであった。建物は外からみる限り、本土のどの軍病院よりも病院にふさわしかった。外観は、しかしながら不運にも全くのみかけ倒しだった。

外からみると巨大な建物にみえるが、上からみると、中庭のある方陣形の建物で、それほど容積があるとは思えない。四隅に尖塔があり、ナイチンゲールたちは塔の一

▼8 **アブデュルメジト一世**（一八三九―六一） コンスタンチノープルのトプカプ宮殿で生まれた。クリミア戦争時の皇帝。多くの改革を行ったが、三九歳で病死した。

つに入った。ここはもともと兵舎であったが、使用されてはいなかった。要するに「廃屋」である。建物の一部は壊れており、内部だけでなく中庭も汚れきっていた。

この建物の主な問題点をまとめると、以下となる。

①建物の機能が壊れている。
↓天井は雨漏りがする。上下水道が機能していない(下水については、兵舎病院の悲劇のおおもとであり、後述する)。

↓病棟の一部が火事で焼けて使えなかったが、放置されていた。

↓中庭は残飯捨て場になっており、また臨時トイレもあり、環境を汚していた。
②環境の清掃・消毒がなされていない。
↓不潔。ネズミが走り回っている。ノミ、シラミでいっぱい。
③生活するための物品・設備が一切ない。
↓ベッド、リネン(シーツ、毛布、枕)、コップ、家具(テーブル、椅子など)、トレイ、皿、ほうき、石けん、雑巾、スリッパ、ハサミ、ナイフ、フォーク、スプーン、時計、ランプ、ろうそく。

↓炊事場はあったが、鍋、やかんがなかった。

↓燃料も足りなかった。

↓食料品や水も不足していた。
④医療のための物品・設備がない。

→医薬品、担架、副木《そえぎ》、包帯、手術台、ついたて、便器がない。

次に、スクタリの兵舎病院での院内感染の最大の原因になったと思われる、上下水設備についての記載を、まずは『英陸軍の死亡率』レポート(2)から、みてみよう。

巨大な建築物の下には、予想される最悪の構造の下水があり、汚物で充満し、実際、単なる汚水溜めであった。下水の空気がトイレから、病人が寝ている廊下や病棟へ吹き上げてきた。病棟には換気の手段がなく、壁は石灰洗浄を常に必要とした。とくに建物の劣悪な衛生状態を考慮したとき、冬に病院に収容された患者の数は、不釣合いに大きかった。衛生的予防策は何も取られず、衛生状態は日ごとに悪化し、患者数は増加していった。下水はますます危険な状況になっていたし、壁にはますます有機物が染み込んでいった。

下院議員アウグスタス・スタフォード氏の証言(1)――

トイレからの汚水が一インチの深さで床に流れ込んでいて、隣の部屋まで達していた。……兵舎病院の患者の大多数が下痢症にかかっていたが、スリッパも靴もなく、汚水の中を通って行かねばならないため、だんだんと彼らはあえてトイレまで行こうとしなくなった。

5　入退院患者数

こうした劣悪な病院環境に、多くの傷病兵が押し寄せてきた。詳細な入退院数の推移は把握不可能であるが、ナイチンゲールが到着したとき、すでに兵舎病院には一五〇〇人以上の患者（傷病兵）が入院していた。そして一月には一万二〇〇〇人が収容された(1)。おそらくこれが入院患者数のピークであろう。

ナイチンゲールの手紙(6)とともに、兵舎病院の入院状況をみてみよう。

一八五四年一一月一四日　兵舎病院より

木曜日（一一月九日）には一七一五人の傷病兵がこの病院にいます（そのうち一二〇人はコレラ患者です）。そして六五〇名の重傷患者がほかの病院（総合病院とよばれる）、そしてまた五七〇人の傷病兵に対して準備するように私宛にメッセージが来ました。一一月五日のバラクラバでの恐ろしい出来事（兵士一七六三人負傷し、四四二人死亡、将校九六人負傷、三八人が死亡）▼9から傷病兵が到着しつつあります。

一一月二五日の手紙によれば、ナイチンゲール看護団の一〇人は総合病院へ、二八人は兵舎病院に割り当てられた。この時点で総合病院には九〇〇人、兵舎病院には二

▼9　バラクラバの戦い、とりわけ「軽騎兵旅団の突撃」を指しているのだろう。

三〇〇人の患者がいた。

一八五四年一二月五日　シドニー・ハーバート宛　兵舎病院より

私たちは毎日少なくとも六〇〇～七〇〇人の傷病兵を、すでに超満員の病院に入院させることを予想しています。ラグラン卿▼10は私たちに、寒さからの病人▼11が来ることになるかもしれないと言ってきました。荒廃し、今は人の住めない病棟は、八〇〇人の患者を収容することができます▼12。

一二月一七日から一月三日の一七日間のあいだに四〇〇〇人が収容され、死亡率も確実に上昇していった(1)。

一八五五年一月四日　シドニー・ハーバート宛　兵舎病院より

ここ〔兵舎病院〕には二五〇〇人余りの人がいます。総合病院には一一二二人の人がいます。「サルタンの宿」▼13には今日まで二五〇人以上が収容されています。主にここからの回復期の患者です。しかし、バラクラバから到着したばかりの「南の女王」▼14からの人もいます。昨日、ボスポラスではバラクラバから一二〇〇人の病人が到着しました。これらの人のうち、われわれは約三〇〇人を陸揚げさせました（病院には八〇〇人をなんとか快適にさせるだけの器材があります）。総合病院では約五〇〇人を陸揚げさせました。これらの新規患者はすべて赤痢様であり微熱があることを覚えていてください。▼15

▼10　クリミア戦争におけるイギリス軍総司令官。

▼11　凍傷患者。

▼12　ナイチンゲール持参の資金とタイムズ基金によって改修され、病棟として使用可能になった。後述。

▼13　ホテルの名前か。職員用の病院として利用された。

▼14　船の名前か。

▼15　この手紙の中で、その日、調達官夫妻がコレラで死んだことを書いている。コレラの院内感染が起こっていることが示唆される。

一八五五年一月には病院に一万二〇〇〇人の兵士がいる。セバストポリの野営地には一万一〇〇〇人しかいない(1)。

こうして一月には、最大の入院者数と最大の死者数を出すに至った。

さらに一月中旬までの三週間のあいだに、外科医四人、看護師三人(1)、数百人の兵士が死亡したという。この院内感染はただごとではない。確かに過密は一つの大きな要素であろう。しかし、この頃には病棟もトイレも清掃され(後述二四七頁)、食事も改善しているはずなのに、なぜか? 医療従事者はどうして亡くなったのか? 診断は何なのか?

一八五五年二月五日　シドニー・ハーバート宛　スクタリ病院より

昨日と一昨日、凍傷にかかった兵士たちが、ゴールデン・フリース号から陸揚げされましたが、私たちがこれまでみてきた悲惨さを超えていました▼16。彼らは皆、担架で運ばれてきました。そして死亡率は恐るべきものでした。兵舎病院だけで、この二四時間に三〇人が亡くなりました。先週のある一日は四〇人でした。スクタリの病院で埋葬された人、七二人。私たちは二四時間ごとに埋葬しています。

……私たちはこの二週間でクリミアから四〇〇〇人の患者を引き受けました。

一八五五年二月一九日　シドニー・ハーバート宛　兵舎病院より

▼16　セバストポリを前にした苛酷な塹壕戦による多数の凍傷者が続々とスクタリに送られてきた、ということだ。

この二〜三日で患者の健康状態に著明な改善がみられました。二月の初めの八日間に、私はスクタリの病院だけで五〇六人を埋葬しました。九日には七二人でした。しかし、この二四時間では（この病院の二一〇〇人のうち）一〇人を失っただけです。ボスポラスの病院全体でも三〇人でした。これは〇・五％にも満たないものです。しかし、医療従事者の男女の間には熱性疾患が続いています。私は何人かを自宅に返さねばなりません。

一八五五年三月一八日　シドニー・ハーバート宛　兵舎病院より
病院における病気の減少をみると、あなたは喜ぶでしょう（医官、看護師、一般人は以前よりもっと病気にかかっています）。しかし、今朝のボスポラスの全病院（クーラリ▼17、スクタリ、船を含む）の患者の現状は四〇〇〇人で二人でした。一五日は三人埋葬しました。一六日はゼロ。一七日は二二人。一八日は一二人です。こんなに減少したのは、インカーマンの戦い以来初めてです。

▼17　一月にオープンした、スクタリ近くの総合病院。

6　流行曲線と感染マップ

アウトブレイク（集団感染）の解析には流行曲線と感染マップの作成が必須であるが、このスクタリでの出来事について、詳細な、確実なデータは入手不可能である。流行曲線については**図7―2**の死亡者数推移で推測するしかない。感染マップについ

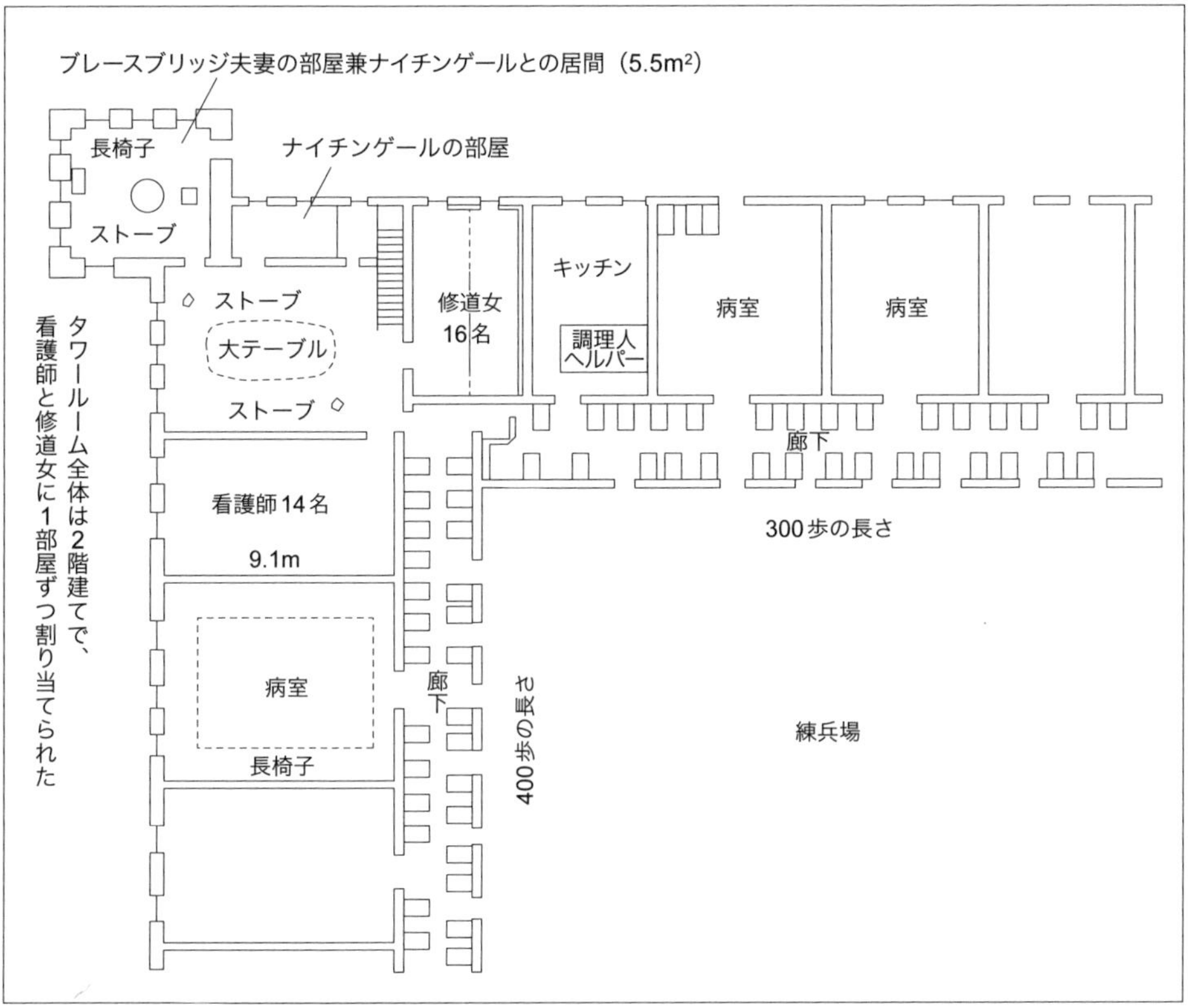

長辺400歩＝約280ヤード（256m）、短辺300歩＝約210ヤード（192m）である。兵舎病院は3階建てである（ただし、東病棟は一部2階建てになっている）。従って、1つの階の廊下の長さは、4辺足すと896mである。全3階分を足しても、廊下の長さは3kmにはならない（ナイチンゲールが6.4kmと言ったのは病室を含めてだろうか？）。看護師の部屋の長辺が約9mとすると、病棟の廊下（幅約3m）の9mごとに10人（5人×2列）ほどの患者が配置されている。計算すると10人／27m^{2}であるから、1人／2.7 m^{2}になる。看護師部屋の隣の病室は、9×9mくらいなので、面積81m^{2}として、計算上30人くらい押し込められる。病室の幅9m＋廊下の幅3m、1階の廊下の長さ900mで計算すると、1つの階のフロア面積が10,800 m^{2}となる。従って、1つの階の全フロアを病室にしたら（あり得ない話だが）、4,000人収容できる。3階全部病室にしても12,000人にはならない（一部2階建てだし、働いている人の部屋、物置なども必要なので）。とはいえ、この図自体が、もとは手書きであり、あまり正確でないと思われる。上記に示したのは、大雑把な数字であり、参考にだけしていただければ幸いである。

図7–5　兵舎病院における配置図

ても、ごく断片的にしか知ることができない。本書は学術的なレポートではなく、不正確な部分も多々あることをご容赦願いたい。

患者の配置状況については、ナイチンゲール自身（あるいは姉のパース）が書いた看護団の配置図が残っている[7]（図7―5）。廊下にも多数の患者が収容され、過密状態だったことが示唆される。ナイチンゲールの一八五四年一一月一四日の手紙[6]には、こう書かれている。

ここではベッドが四マイル（六・四km）も続いています。ほんの一八インチ（四六cm）ずつの間隔をおいて。

四六cmの間隔の場合、飛沫感染を防ぐことができない。近接しすぎており、接触感染も起こしやすい状況であると推察される。

7　ナイチンゲールの介入

こうした状況を改善するために、ナイチンゲールはどんな介入をしたのか？

当初は、患者のケアをすることはできなかった。スクタリに入る前にマルセイユで買い込んでいた葛湯、ぶどう酒、牛肉エキスなどで病院食をつくるくらいであった。しかし、一八五四年一一月一四日、ハリケーンのためにバラクラバ港で輸送船プリンス号が沈没したことなどによって、兵舎病院への物資の供給が途絶えて、兵站《へいたん》部と調達部（図7—6）が困窮してきた。医師たちは、次第にナイチンゲールに頼るようになってきた。

一一月中旬頃になると、大きなブラシ二〇〇本を購入して、病棟やトイレの清掃を始めた。さらに、兵士の衣類の洗濯も始めるようになった。次のナイチンゲールの手紙を読むと、実感として伝わってくる。

一八五四年一一月二五日(6)　シドニー・ハーバート宛　兵舎病院より

病院では、調達官はリネンと人の両方を洗うことを、取るに足らない〝細事〟と考えているようです。私たちがここに来て三週間のあいだ、私たちの抗議文書は完璧な慇懃さで処理されましたが、人に対してもリネンに対してもなんの洗浄も実行されませんでした。例外はわれわれのリネンと、創傷患者の数人の妻です。……汚れたシャツは昨日初めて集められ、そして月曜日には洗われることになったようです。私たちは、包帯などのための私たち自身の小さな洗浄機関▼18を組織しつつあります。私たちがここに来たとき、病棟には洗面器もタオルも石けんもなかったし、傷病者のための個人的清潔の手段は次の例外を除いて何もありませんでした。毎晩三〇人がマックグリゴー医師の命令でバスタブに入浴しました。しかし、これは二三〇〇人にとっては八〇日に一回の洗浄以上を意味するものではありません。

このすべての結果が、発熱疾患、コレラ、壊疽、シラミ、害虫、ノミです。そ

図7—6　陸軍病院の組織図

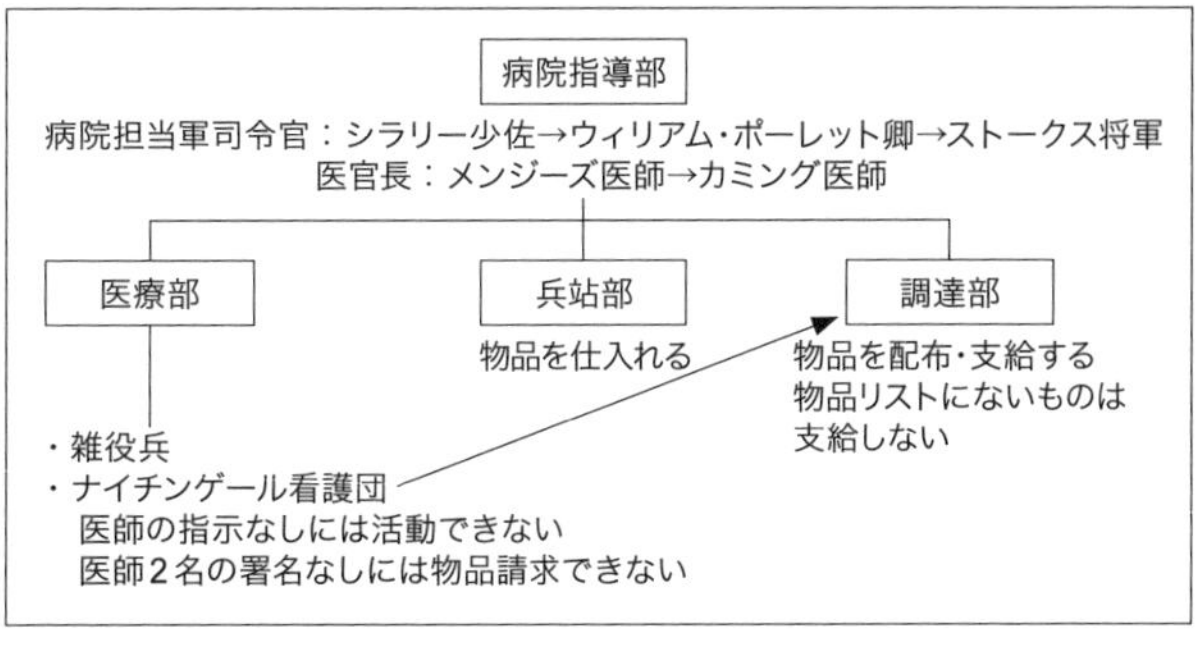

▼18　「小さな洗浄機関」とは、ボイラー設置の話と思われる。ナイチンゲールの提案によって実現したが、費用はタイムズ基金から支払われた。

しておそらく丹毒も。多くの傷にひとつのスポンジを共用した結果です▼19。

また、二〇〇人の労働者を雇って、壊れて使えなくなっていた建物の一棟部分を改修し、病棟として使えるようにした。これによって八〇〇人分のベッドが確保された。あきれたことに病院担当軍司令官にはその資金も権限もなかったという[1]。

ボイラーに関しては、別のところで次のように述べている[6]。

> 兵士の妻たちによる洗濯は全く不十分であることもわかりました。彼らは水道水（通常冷水）で洗っています。しかし、病院では下着類は煮沸されるべきです。というのは、そうしなければ動物性物質▼20の除去はできないからです。これはとりわけ有害なものです。

▼19　衣類や寝具は、ボイラーの設置によって熱湯消毒されることになり、細菌・ウイルスのみならず、ノミ・シラミなどの害虫もリネン類からは駆除された。

▼20　害虫や微生物を指していると思われる。

ナイチンゲールは、物品の共有による感染伝播にも言及している。ボイラーといい、手洗いの推奨、物品共用の禁止といい、これらはすべて「接触感染対策」である。ここまで感染経路がよくみえる人であったのに、「接触感染というものはない。感染は空気を通して起こる」[7]として、接触感染の存在を否定したのはなぜだろうかと思ってしまう。

一一月末には、兵站部と調達部の機能は完全に崩壊し、ナイチンゲールにやっと出番が来て、資金豊富な彼女が兵站部・調達部を取り仕切ることになった[1]（図7—7）。

ナイチンゲールは一二月一〇日、戦時大臣シドニー・ハーバート宛に手紙を書いて、これまでの実績をまとめた。スクタリ到着後、約一か月でここまでやり遂げたという自負が感じられる。

一八五四年一二月一〇日　シドニー・ハーバート宛　兵舎病院より(6)

私たちがうまくいっていると考えられるものは、

(1) 特別食のための調理場は、この病院のために今は全稼働しています。病棟外科医によって送られてきた正規の特別食用食卓もあります。

(2) 病棟の大規模清掃――モップ、ほうき、デッキブラシ、熊手はわれわれが支給しました。調達部ではありません。

(3) 二〇〇〇人分のシャツ、綿およびフランネルのズボンを支給しました。洗濯も組織しました。すでに一週間稼働しています。

(4) 産院がオープンしました。

(5) 未亡人と兵士の妻たちは、安全に世話を受けています。

(6) われわれのうちの最も有能な者によって、複雑骨折患者への日々の包帯交換と観察を多数行っています。

(7) 組織全体の指導と奮励は、一般に医官長との完全な意見の一致のもとになされています。

(8) 人が住めない状態で放置されていた病棟を修復し、八〇〇人の傷病兵が収容可能になりました。私はこれが一番重要だったと思います。

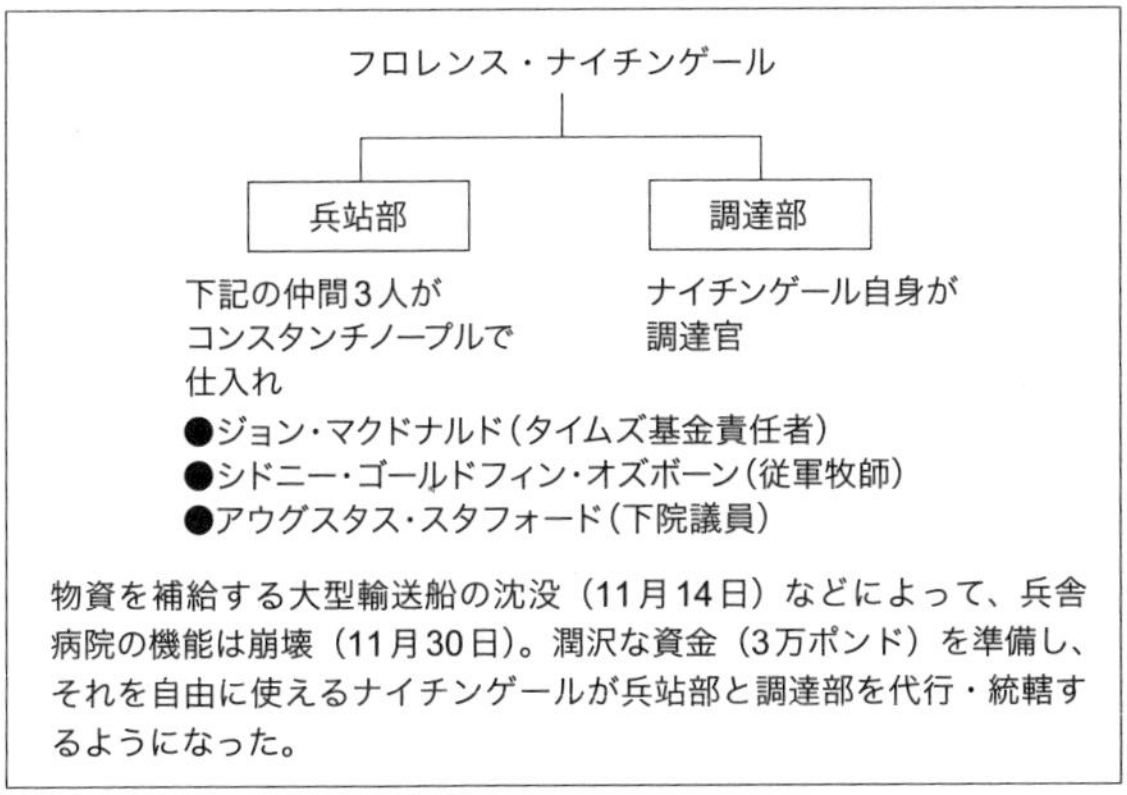

フロレンス・ナイチンゲール
兵站部
調達部
下記の仲間3人がコンスタンチノープルで仕入れ
●ジョン・マクドナルド（タイムズ基金責任者）
●シドニー・ゴールドフィン・オズボーン（従軍牧師）
●アウグスタス・スタフォード（下院議員）
ナイチンゲール自身が調達官
物資を補給する大型輸送船の沈没（11月14日）などによって、兵舎病院の機能は崩壊（11月30日）。潤沢な資金（3万ポンド）を準備し、それを自由に使えるナイチンゲールが兵站部と調達部を代行・統轄するようになった。

図 7–7　兵舎病院、12 月の状況

しかし、このとき以降、看護師間のトラブルが発生したことと、あまりに過剰な患者が入院したことで看護が多忙になり（一二月一七日から一月八日までに三四〇〇人の患者を受け入れている）、これら以上の新規の有効な対策を打つことはできなかったようだ。ナイチンゲールは行き詰まっている。

一八五五年一月八日　シドニー・ハーバート宛　兵舎病院より
委員会▼21はなんにもしてきませんでした。おそらくその権限は調査することだけに限定されています。カミング▼22は何もしませんでした。ポーレット卿も何もしませんでした。(6)

病院長ら病院幹部の感染対策への理解がなくて、イライラしている感染対策委員のようにみえてしまう。ナイチンゲールは、医師の賛同と指示がなければ動くことはできず、権限は自分が連れてきた看護団に限られていた。
同じ手紙の中で、ナイチンゲールは三人の監察官を送るよう、シドニー・ハーバートに要求している。

▼21　ナイチンゲールと同じ頃に政府から派遣された病院調査委員会。調査だけで、病院に対して行動を起こしたり、病院機構の改変を要求したりする権限はなかった。

▼22　カミングは医官長。ポーレット卿は病院担当軍司令官。前任の医官長メンジーズと軍司令官シラリー少佐は、一二月初めにはすでに解任されていた（図7―7）。現代日本でいえば、医官長は〝病院長〟に、病院担当軍司令官は〝病院理事長〟に相当すると推定される。

8　医療崩壊の法則

筆者はここで「医療崩壊の法則」を提示したい（図7—8）。「病院における需要と供給」を表しただけの自明の事柄ではあるが、このように公式にしてみた。分子の患者数とは、医療の需要を意味し、戦場から送られてきた傷病兵の数である。分母は医療の提供を意味している。医療設備充実度とは、病床数、病院環境の充実度・清浄度などを指す。医療従事者数は、医師、看護師、雑役兵（看護助手）などの人数を指す。物品の量は、生活物品（食器・リネン・食料・水・石けん）、および医療物品（医薬品・包帯・消毒液）の量を指す。

この公式から、ナイチンゲールの介入を評価すると、彼女が必要な設備・物品を準備して、病院の機能崩壊を一生懸命に防ごうとしていたことがわかる。

分子の入院患者が増えることに対して、彼女は何もコントロールすることはできない。入院してきた患者に対して必要な物品を準備し、供給するのみである。医療設備に関しては、環境の清掃のみならず、ボイラーを設置して、リネンを熱湯消毒し、ノミを駆除して、発疹チフスの発生を抑えた。それ以外の病原体の接触感染防止にも効果があったであろう。

医療従事者に関しては、これまたナイチンゲールにとってはコントロール不可能であった。もともと医療部がナイチンゲール看護団を無視していたために▼23、看護師

▼23　スクタリの医師団は当初、ナイチンゲール看護団を、不要なもの

$$\text{医療崩壊度} = \frac{\text{患者数}}{\text{医療設備充実度} \times \text{医療従事者数} \times \text{物品の量}}$$

図7–8　医療崩壊の法則

に対して自由に傷病兵を看護する指示すら出せなかった。規律を守らずに風紀を乱す看護師を本国へ返すことくらいしかできなかった。シドニー・ハーバートは医療従事者の補充のためか、ナイチンゲールに相談することもなく、多くの修道女らを追加で、スクタリに送ったが、彼女らはナイチンゲールの指示に従わず、看護師としての能力にも欠け、宗教活動が目的の者も多くいて、職場に大混乱をもたらした。ナイチンゲールが病に倒れたのは、このストレスが最大の原因であろう。

物品については、兵舎病院の機能が崩壊した一八五四年一二月以降は、資金豊富なナイチンゲールの独壇場であり、多くの生活物品・医療物品をナイチンゲールとその仲間たちがコンスタンチノープルに出掛けて購入し、現場に分配した（**図7—7**）。

ナイチンゲールは、患者の栄養を改善し、病棟環境の改善（清掃・消毒）に尽力したが、どうしても乗り越えることのできない壁があった。それが兵舎病院のハード面（建物、下水・給水関係、トイレ設備など）であった。ここにメスを入れるには、病院指導部（軍司令官・医官長）の協力を得るか、彼らを越える〝執行権限〟がなくてはできないことであった。

であり、自分たちのプライドを傷つける存在とみなしていた。物資は十分にあり、看護師も不要であるという前提で彼らは行動していた。むしろ看護団を本国へ追い返そうとたくらんでいた。

9　衛生委員会の介入

一八五五年二月末、イギリス政府は二つの委員会（物品供給委員会・衛生委員会）を編成し（**図7—9**）、スクタリ、クリミアへ派遣した。これを発案したのは、イギリ

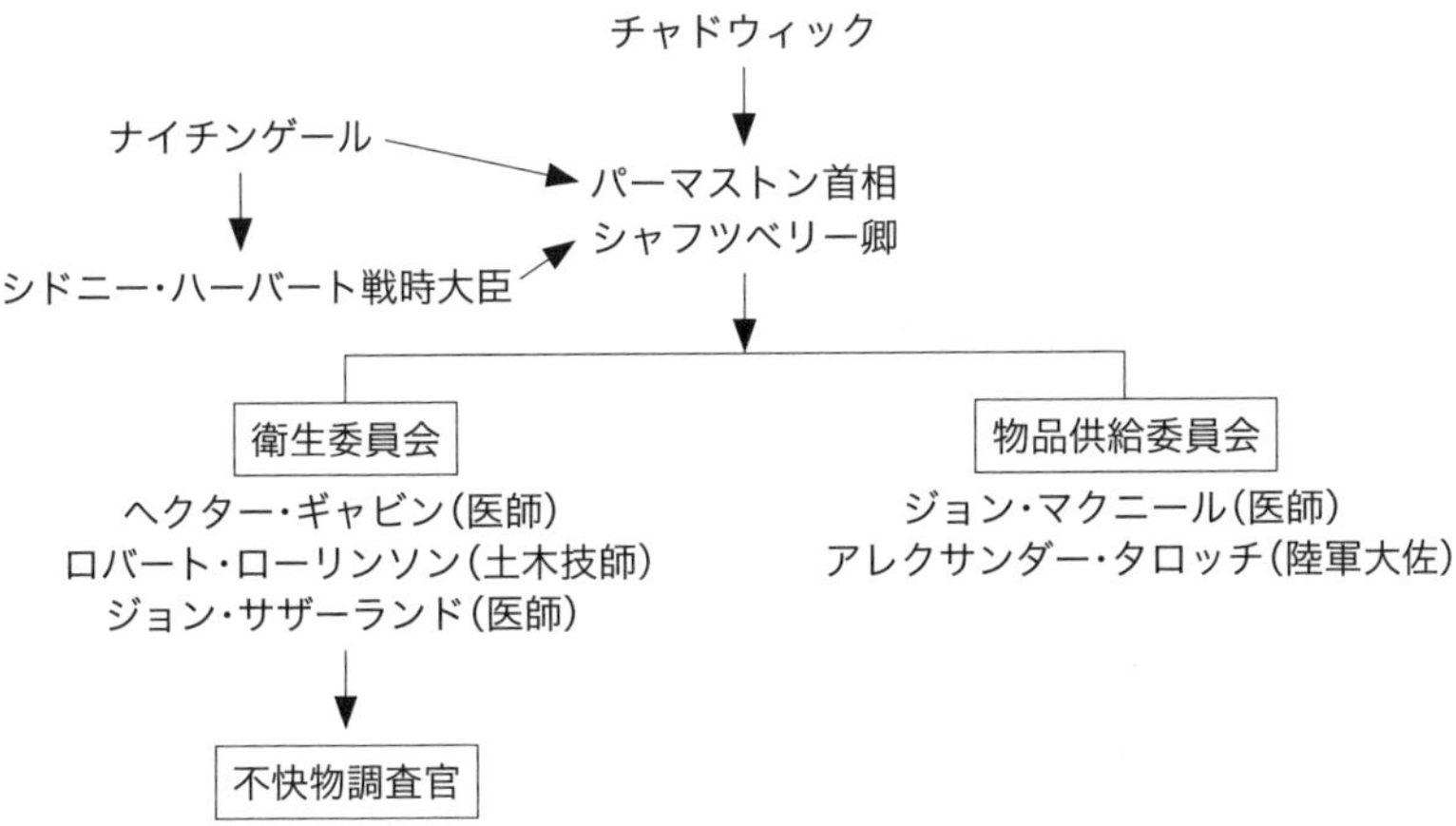

図7–9　衛生委員会をめぐる人間関係

スのパーマストン首相▼24と義理の息子のシャフツベリー卿▼25であった。この二人はナイチンゲールとはツーカーの関係、つまり気心の知れた仲であった。

　パーマストンは、ハンプシャー州ロムジーに近いブロードランドに大邸宅▼26を構えていた。ナイチンゲール家の冬の別荘エンブリー邸はここから三kmのところにある。フロレンスが二〇歳の頃から、ナイチンゲール家とパーマストン家は深い親交があった。フロレンスが二二歳のとき、のちの求婚者リチャード・モンクトン・ミルンズ▼27と出会ったのもこの邸宅だった。

　パーマストンとシャフツベリーは、長い間イギリスの公衆衛生局長として君臨したエドウィン・チャドウィック▼28の影響を受けており、ともに筋金入りの衛生改革派であった。パーマストンは政治

▼24　**パーマストン**（一七八四―一八六五）イギリスの政治家、貴族。

▼25　**シャフツベリー卿**（一八〇一―一八五）精神障害者や工場労働者の救済に生涯を捧げた人道主義的政治家。アシュリー卿とも呼ばれる（第6章一七三頁）。

▼26　ナイチンゲール家の別荘であるエンブリー邸とともにパーマストンの邸宅も現存しており、ハンプシャー州の観光スポットになっている。

▼27　**リチャード・モンクトン・ミルンズ**　第2章六七頁参照。

▼28　**エドウィン・チャドウィック**（一八〇〇―一九〇）〝瘴気説〟派の親玉的存在であった。彼は「衛生科学は工学の一部門であり、医療従事

家としてチャドウィックの擁護者でもあった。本章第5〜7節で紹介したシドニー・ハーバート▼29へのフロレンスの手紙はこの二人にも供覧されていた。

この衛生委員会の委員長はシャフツベリーであったが、委員会に医師のジョン・サザーランドを推薦したのはチャドウィックであった。シャフツベリーは思慮深い人であった。シャフツベリーは衛生委員会に、兵舎病院の医師の権限を超える〝調査・実行の権限〟を与えた。ナイチンゲールの苦境を知っていたのだ。

衛生委員会の三人のうち二人である、ヘクター・ギャビンは到着後に事故死し、ロバート・ローリンソンは流れ弾で負傷して帰国し、サザーランド一人が残る形となった。しかし、サザーランドは、リバプール出身の「不快物検査官」と称する一団を率いていたことで、事態は徐々に好転していく。彼らは下水設備調査の専門家集団であった。

彼らはスクタリに到着するや、活動を開始した。兵舎病院の最深部に入っていき、下水管、下水溝を調査し、至る所でそれらが閉塞して機能していないことを発見した。汚水が海へと流れていかず逆流し、悪臭とともにトイレから病棟へ流れ込んでいた。

給水路も汚染されていた。病院の給水の大部分が、馬の死体の中を通り抜けていた。中庭の給水槽に水がためられていたが、この給水槽は下痢患者のためにつくられた臨時トイレに接していた。ナイチンゲールが奮闘した当時の状況を記す文献でこのくだりを読んでいると、ブロード街のコレラ・アウトブレイク（集団感染）を思い出す▼30。入院患者にコレラが流行していたとしたら、その原因は汚染した給水槽ではなかったか。

者の出番がほとんどない科学」と捉えていたというが八）、筆者は一理あると思う。換気や上下水道の専門的なことは医療者にはわからない。

▼29 **シドニー・ハーバート**（一八一〇—六一）政治家、貴族。ナイチンゲールの親友。クリミア戦争時の戦時大臣。ナイチンゲールに対し、看護団を編成して、スクタリの病院に援助に行くよう依頼した。

▼30 詳しくは第5章一三〇頁参照。

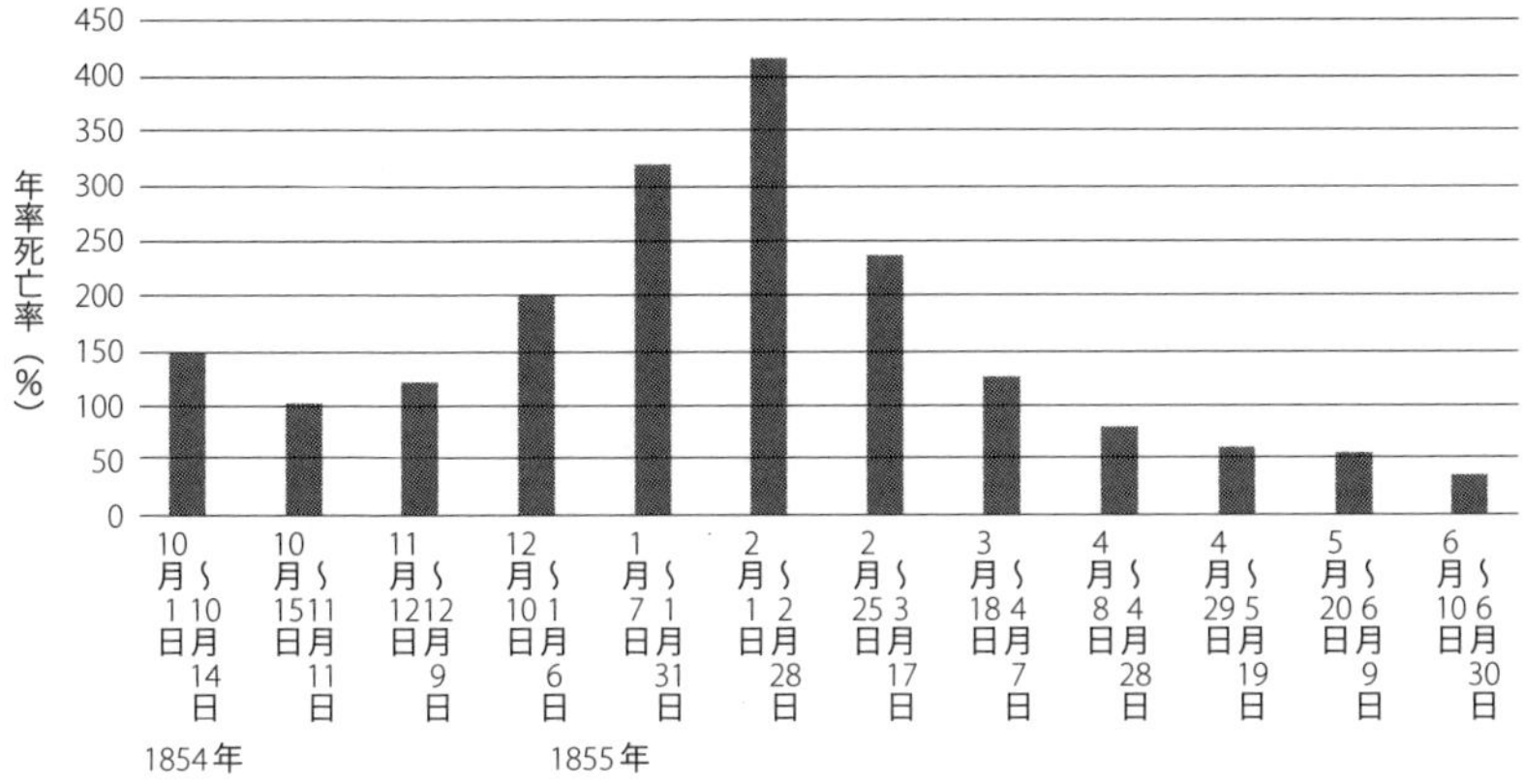

図 7–10　スクタリの病院における死亡率の月別推移
（1854 年 10 月 1 日～ 1855 年 6 月 30 日）

また、トイレにはフタもなく、水洗設備もなかった。多くの感染性下痢症は接触伝播するので、こうした不潔なトイレは最大の感染源となる。

検査官たちはすぐに中庭と病院区域内の清掃を命令した。最初の二週間で五五六台の手押し車と大かごいっぱいのゴミ廃棄物が除去され、二四匹の動物の死骸と二頭の馬の死骸が埋められた。委員会は下水をフラッシュして浄化し、壁に石灰塗料を塗り、害虫を駆除し、「トルコの寝椅子」とよばれる木製の棚（病棟に張り巡らされてネズミの巣となっており、兵舎病院の悪評となっていた）を引き剥がし始めた。効果は即座に現れ、ついに死亡率が低下し始めた[1]。

さらに、窓の改修工事（換気のための開

口部の設置)などによって、初めて病院内の換気ができるようになり、新鮮な空気が外から入ってくるようになった。これによって空気感染も減少していったことであろう。

衛生委員会の介入によって、死亡者数は激減した。**図7―2**はスクタリとクリミア(バラクラバ)の病院を合わせた全体の死亡者数である。そして**図7―10**はスクタリの兵舎病院だけの死亡率をグラフにしたものである。(2) これをみると、**図7―2**とは若干の違いがある。**図7―2**では一八五五年一月に死亡者のピークがあるが(死亡率も同じ)、**図7―10**では一八五五年二月にピークがある。そして三月から減少している。やはり二月末に派遣された衛生委員会の介入が効いたことがよくわかる。**図7―2**では六月に再上昇がみられるが、**図7―10**ではそれはなく、確実に減少が継続している。

こうしてスクタリの兵舎病院における院内感染事件は終結した。

10　疾患別死亡者数から、兵舎病院における院内感染を評価する

表7―1は、クリミア戦争におけるイギリス軍兵士の死者数とその原因を記載したものである。(2) 筆者がデータを抜粋し、一部改変している。死亡率のカラムは筆者が作成した。原本はウィリアム・ファー▼31が作成したものである。(2) 実際はナイチンゲールとの共同作業であろう。

これは、スクタリの兵舎病院だけのデータではなく、スクタリ〜クリミアのすべての病院のデータである。従って、兵舎病院の感染状況はこの表から推測するしかない

▼31　ウィリアム・ファーについては第5章一四〇頁を参照のこと。

が、この表の内訳とは大きく異なってはいないと考える。兵舎病院にも下痢症・コレラの患者は多かった。多くはバルナやバラクラバからの兵舎病院への持ち込みによるものではないだろうか。

表内に登場する用語の「発酵性（zymotic）」とは、感染症を意味している。感染症をここでは発酵病とよんでいる。パスツール（第2章七五頁）以前だから仕方がない。病院の死亡者の約八〇%（一万八〇五七人のうちの一万四五〇七人）は感染症だったことがわかる。

瘴気性（miasmatic）とは、「空気感染による疾患」という意味である。瘴気性は、

表 7–1　東方の陸軍病院における入院者・死亡者数
（1854年4月10日〜56年6月30日）

	入院	死亡	死亡率
全症例	162,123	18,057	11.1
種類別			
発酵性	112,651	14,507	12.9
原因別			
瘴気性	108,577	14,503	13.4
疾患別			
天然痘	21	4	19.0
麻疹	5	2	40.0
猩紅熱	924	9	1.0
丹毒	78	21	26.9
発疹チフス	25,841	3,075	11.9
インフルエンザ	9,506	144	1.5
赤痢	8,278	2,259	27.3
下痢症	44,164	3,651	8.3
コレラ	6,970	4,512	64.7
マラリア	2,406	60	2.5
弛張熱	2,975	311	10.5
リウマチ（急性・慢性）	5,044	233	4.6
気管支炎	1,688	199	11.8
胸膜炎	264	23	8.7
肺炎	590	167	28.3
計	108,754	14,670	13.5

表7-2　クリミア戦争時のイギリス軍兵士が罹患した感染症：感染経路別疾患内訳（筆者作成）

感染経路	患者数	割合（%）
飛沫〜空気感染	18,120	17
水系〜接触感染	59,412	56
虫媒介感染	28,247	27
合　計	105,779	100

発酵性（感染症）の死亡者のほぼ一〇〇％（一万四五〇七人のうちの一万四五〇三人）となっている。しかしこれは間違っている。これは、ファーとナイチンゲールの偉大なる誤りといえよう。科学が未発達であったための、やむを得ない誤りである。ジョン・スノウと早くから知り合っていれば、この誤りは回避できたかもしれない▼32。ただし残念なことに、スノウはナイチンゲールに出会うことなく早逝してしまった。

疾患別とは、感染症の種類別ということになる。一つ一つ感染経路別にカテゴリー化してみよう。

赤痢、下痢症、コレラは、空気感染ではなく、水系感染（飲用水による感染）あるいは接触感染に属する疾患である。麻疹は空気感染する疾患、発疹チフスはシラミ、マラリアは蚊が媒介する。天然痘、インフルエンザ、気管支炎、胸膜炎、肺炎は、広く飛沫〜空気感染のカテゴリーに入る。猩紅熱や丹毒は溶連菌感染症である。リウマチ（とくに急性）も溶連菌感染に入れるとすれば、広い意味で飛沫〜空気感染のカテゴリーに入る。溶連菌が空気感染するエビデンスは多い[9]。

以上を考慮に入れて、感染経路別に割合を計算してみると、やはり水系〜接触感染が大半を占める。飛沫〜空気感染は一〜二割である（表7―2）。瘴気性（空気感染）がほぼ一〇〇％であるとする主張は間違っていた。換気だけでは院内感染は防げなかったのだ。

▼32　ジョン・スノウについては第5章を参照のこと。

では、ナイチンゲールの主張「換気が看護の第一原則である」は間違っていたのだろうか？　筆者はそうは思わない。ナイチンゲールは、現実には十分役割を果たした。ボイラー設置によるリネンの熱湯（煮沸）消毒、病棟環境の徹底した清掃、物品の共用の禁止など、換気の前提となる「清潔の原則」を貫いた。確かに飲用水による感染は盲点だったかもしれないが、細菌学がなかった時代だから、やむを得ないところがあった。

ナイチンゲールは、環境の清潔、換気（空気の清潔）を主張し、当時としては最高レベルの感染対策を提示した。今の時代のように、マスク、手袋、エプロン（ガウン）などの個人防護具はなく、アルコール手指消毒薬もなかったが、当時の病院感染対策のレベルを可能な限り引き上げた。この功績は大きい。

現代においても、不潔で換気の悪い病院は多数存在する。多くの伝記作家がナイチンゲールの瘴気説的感染対策を誹謗するが、それこそ間違いである。空気伝播による院内感染は、残念ながら今も存在する。それを思えばこそ、クリミア戦争当時にここまでの感染対策をしてみせたナイチンゲールの歴史的意義を知るべきであろう。

11　空気感染対策の原理発見

ナイチンゲールは一八五五年五月、クリミアのバラクラバで病に倒れた。搬送されたのは丘の上に立つ「城病院」であった（**図7—11**）。ここに二週間ほど入院し、回復

図7—11　チェンバロ砦の城病院に向かうナイチンゲール（一八五五年）

することができた。風の吹く丘の上に立って、ナイチンゲールは何を思っただろうか？城病院では兵舎病院ほど感染がないことを実感していたのではないか。

ナイチンゲールはイギリスへ帰国後、スクタリとバラクラバの病院の感染率を比較した。著書『病院覚え書』の中で、彼女はこう述べている。(10)

スクタリの兵舎病院で、あるとき、一つ屋根の下に二五〇〇人の傷病兵がいたが、五人に二人が亡くなった。クリミアのテント病院では、シェルター（避難場所）もなく、ブランケットもなく、適切な食料も医薬品もないのに、死亡率はスクタリの半分ほどであった。各テントには二〜三人の患者しかいなかった。小さなバラクラバ総合病院でも、これと同じ程度だった。そこでは病人の一部は、離れた一戸建ての木造の小屋に収容された。一方、バラクラバの丘の上に立ち、海からのそよ風を受けて換気のよい一戸建ての小屋から成る城病院では、その後の期間、傷病兵の死亡率は三%にも満たなかった。

さらに、彼女は確信をもって語る。

空間容積が不足しているところは、どこでも換気が悪い。従って、空間容積と換気は密接な関係にある。この法則は、病院、兵舎、すべての住居に当てはまる。過密、あるいはそれに伴って換気が悪いと、健康者の間にも病気が発生する。病院の患者の間では、その現象はさらに顕著に起こる。（図7―12）

$$\text{空気感染の発生} = \frac{\text{空気感染症患者数}}{\text{空間容積} \times \text{換気（換気回数or空気の流れ）}}$$

・空気感染症患者数：ある空間にインフルエンザやコロナのような空気感染する疾患患者が多いほどリスクが大きい。当然である。コレラやマラリアは空気感染しないので、この公式は成り立たない。
・空間容積：ドーム球場やコンサートホールでは巨大である。戸外では無限である。
・換気回数：回数が多いほど、空気は希釈され、空中を浮遊する病原体の濃度は低下する。濃度が低下すれば、感染は起きない。
・空気の流れ：風速といってもよい。流れがあるほど、病原体は拡散し、その濃度は低下する。

図 7–12　ナイチンゲールの言葉をもとにした空気感染の法則

バラクラバ（城病院）こそ、ナイチンゲールが空気感染の法則、空気感染対策の原理を発見したところであり、さらに看護の原理を発見した地ではないだろうか。そして、城病院に入院していたからこそ、それを確信できたのではないだろうか。すなわち、病に倒れたバラクラバこそ、ナイチンゲールの心の原点、希望の原点ではないだろうか（図7―13）。

もちろん、上下水道の完備や手指衛生を前提としたうえでの、空気感染対策だと思うが、「空間容積と換気」に対するナイチンゲールの言葉は真実を語っていると思う。

12　わたしは忘れない

イギリスへ帰国後、ナイチンゲールは、兵士の亡霊にとりつかれたようになったという[1]。

あなたたちをクリミアの墓に置き去りにして、イギリスに帰るなんて、私は悪い母親だ。六か月の間に八つの部隊の七三％が、病気だけのために死んだ。今、誰がそのことを考えるだろうか？[11]

九〇〇〇人▼33の私の子どもたちは、予防できたかもしれない原因のために、忘

図7―13　バラクラバの兵舎（手前）。奥にバラクラバ湾とチェンバロ砦の丘

▼33　九〇〇〇人とは兵舎病院での死者数だろうか。

表7–3　ナイチンゲールの肉声

At Florence Nightingale's House, London, July the 30th, 1890
" When I am no longer even a memory, just a name,
I hope my voice may perpetuate the great work of my life.
God bless my dear old comrades at Balaclava,
and bring them safe to shore. "

Florence Nightingale

「私がいなくなって、追憶さえもなくなり、名前だけになったとき、私の声が私の人生の大きな仕事を思い出させてくれることを望みます。バラクラバの私の愛する、懐かしい同志たちに神の恵みあれ。そして彼らを安全に岸まで運んでください」

れられた墓の中に横たわっている。しかし、私は決して忘れることができない(6)。

私は殺された兵士たちの祭壇の前に立っている。そして、私は生きている限り、その原因と戦う(6)。

子を亡くした母のようにナイチンゲールは叫ぶ。

しかし、この悲しみこそ、ナイチンゲールがこれからの人生を生きてゆく心の支え、エネルギーの源泉となったのではないだろうか。彼女は、兵士たちの墓の前で、「あなたたちを死なせた原因と戦う」と誓ったのだ▼34。

いわゆる「ナイチンゲール誓詞」は、ナイチンゲール自らがつくったものではない。一八九三年、アメリカ・デトロイトの看護学校長夫人を委員長とする委員会が、「ヒポクラテスの誓い」▼35にならって作成したものといわれている。だが、ナイチンゲール自身は誓いを立てるという行為を否定していた。『看護覚え書』のなかで、われわれは誓いをすることはない（We make no vows）と記している(12)。しかし、筆者は僭越ながら新「ナイチンゲール誓詞」をつくってみた（次頁）。

▼34　余談ではあるが、このくだりを執筆している際に、筆者は『風と共に去りぬ』の一場面が頭をよぎった。アメリカの南北戦争前後を舞台にした物語のなかで、主人公のスカーレット・オハラが夕日を背景に涙とともに絶叫する場面である。As God is my witness, as God is my witness they're not going to lick me. I'm going to live through this and when it's all over.（神よ、私は誓います。私は絶対に負けません。私はこの試練をさいごまで生き抜きます）

▼35　医師の職業倫理についての宣誓文。ヒポクラテスは、紀元前五世紀頃の医師で、「医学の父」と称される。

七〇歳のときのナイチンゲールの肉声が残っている[13]。その声は明るい。そのなかで、「バラクラバの私の愛する、懐かしい同志たちに神の恵みあれ。そして彼らを安全に岸まで運んでください」とよびかけている（**表7—3**）。「岸」とは、イギリス本土のことであろうか？　あるいは、彼岸（天国）のことであろうか？

ナイチンゲールは晩年においても、死んだ兵士たちのことを忘れなかった。ナイチンゲールは墓前の誓いを果たせたであろうか？

彼女のその後の多くの活動、多くの著作によって、若い兵士たちへの誓いを十分に果たすことができたと筆者は信じている。

ナイチンゲールの言葉はクリミアの兵士たちだけではなく、多くの人々の心の中に刻まれ、その人道的な精神は永遠に輝き続けるであろう。

新「ナイチンゲール誓詞」（筆者作）

クリミア戦争のとき、多くの若い兵士が最悪の病院環境の中で栄養不足と感染症のために、亡くなりました。

わたしはけしてこれを忘れません。

わたしは生きているかぎり、あの人たちの命を奪った原因と戦います。

わたしは看護師を天職として選びました。

わたしは看護師として、患者に回復のための最善の環境を保つことを誓います。

わたしは、患者に清潔な水と空気、十分な陽光、暖かい食物が与えられることに最大の努力を注ぎます。

わたしは看護師として患者に害を与えず、患者を感染症から護ることを誓います。

第7章　参考文献

（1）Cecil Woodham-Smith: Florence Nightingale. Constable, London, 1950.
（2）The Royal Commission appointed to enquire into the Regulation affecting the Sanitary of the Army: Mortality of the British Army: at home and abroad, and during the Russian war, as compared with the mortality of the civil population in England; illustrated by tables and diagrams. Harrison and Sons, London, 1858.
（3）Pam Brown: Florence Nightingale. Exley Publication, UK, 1993.
（4）Wendy Moore: The Knife Man: Blood, Body Snatching, and the Birth of Modern Surgery. 2006.
（5）Hugh Small: The real "nurses' tower", Florence Nightingale's forgotten legacy: Public Health laws. http://www.florence-nightingale-avenging-angel.co.uk/?page_id=3527（二〇二二年一二月八日閲覧）
（6）Sue M. Goldie: Florence Nightingale, Letters from the Crimea 1854-1856. Mandolin, Manchester, 1997.
（7）Country Joe McDonald: Florence Nightingale, Plan of the Quarters. https://www.countryjoe.com/nightingale/plan.htm（二〇二二年一二月八日閲覧）
（8）Hugh Small: A Brief History of Florence Nightingale: and Her Real Legacy, a Revolution in Public Health. Robinson, London, 2017.
（9）Lemon HM, Loosli CG, Hamburger M: The Transmission and Control of Respiratory Disease in Army Barracks: II. The Spread of Hemolytic Streptococcal Infections among Enlisted Personnel. The J Infect Dis, 82（1）: 72-85, 1948.
（10）Florence Nightingale: Notes on Hospitals, Longman Green, Longman, Robert and Green, London, 1863.
（11）Monica Baly: As Miss Nightingale said.... Scutari Press, London, 1991.
（12）Florence Nightingale: Notes on Nursing. Harrison and Sons, London, 1860.
（13）transformingArt: Voice of Florence Nightingale (1890). https://youtu.be/ax3B4gRQNU4（二〇二二年一二月八日閲覧）

おわりに

本書は、昨年（二〇二一年）四月より、本年（二〇二二年）三月まで一年間に渡って看護学雑誌『ナーシング・キャンバス』（学研メディカル）に「ナイチンゲールへの長い旅」というタイトルで連載したものを、単行本として再編集・再構成したものです。再構成は藤原書店編集部によるもので、多くの方に理解していただける、きわめて明快な流れになりました。

本書のタイトルは、西村秀一先生（国立病院機構仙台医療センター）の総説[1]に「ナイチンゲールは空気感染対策の祖である」と書かれていたことから、藤原書店編集部の提案により『ナイチンゲール――「空気感染」対策の母』となりました。本書の内容を一言で表しています。

また、本書では連載時の誤植や誤訳を修正しました。ハウやジョウェットの大切な言葉も翻訳し直しました。再び注目していただきたいと思います。

本書が、我が国における「空気感染対策の先駆者としてのナイチンゲール」への認識が一段と進化してゆくことへの一助となれば幸いです。

また、本年七月、コロナ空気感染対策の論稿[2]を東京農工大学の原宏先生との共同執筆で発表することができました。こちらも併せてお読みいただければ幸いです。

さいごに、私の長年の夢であった、本書の単行本化を快く引き受けてくださり、様々な修正のアドバイスを頂いた藤原書店社長の藤原良雄様に心より深く感謝致します。また、再編集・再構成の労を取っていただいた編集部の刈屋琢様をはじめとするに編集部の皆様に多大なる感謝を申し上げます。

向野賢治

おわりに　参考文献

（1）西村秀一・樋口昇：「空気感染を中心とした感染経路研究の進化――COVID-19に連なる歴史の道」、『公衆衛生』85（11）「[特集] 感染症対策の変化と進化――コロナがもたらしたもの」、二〇二一年、七三四―七三九頁。
（2）向野賢治・原宏：「[緊急寄稿] COVID-19は空気感染対策に注力を」、『日本医事新報』No. 5125（二〇二二年七月一六日発行）、三〇―四〇頁。https://www.jmedj.co.jp/journal/paper/detail.php?id=19893

著者紹介

向野賢治（こうの・けんじ）

1951年生。鹿児島大学医学部卒業。医学博士。福岡大学医学部微生物学教室助手，UCLA腫瘍外科研究員，福岡大学第二内科講師を経て，現在，社会医療法人大成会 福岡記念病院感染症内科・リウマチ科部長，感染制御部長。

主な著作に『いいことだらけの抗菌薬マネジメント10のルール』（メディカ出版）。

ナイチンゲール——「空気感染《くうきかんせん》」対策《たいさく》の母《はは》

2022年10月30日　初版第1刷発行©

著　者　向　野　賢　治

発行者　藤　原　良　雄

発行所　株式会社　藤　原　書　店

〒162–0041　東京都新宿区早稲田鶴巻町523

電　話　03（5272）0301

FAX　03（5272）0450

振　替　00160 - 4 - 17013

info@fujiwara-shoten.co.jp

印刷・製本　中央精版印刷

落丁本・乱丁本はお取替えいたします
定価はカバーに表示してあります

Printed in Japan
ISBN978–4–86578–363–6

科学と詩学を統合した世界的免疫学者の全貌

多田富雄コレクション（全5巻）

四六上製　各巻口絵付　**内容見本呈**

◎著者の多岐にわたる随筆・論考を精選した上で、あらためてテーマ別に再構成・再編集し、著者の執筆活動の全体像とその展開を、読者にわかりやすく理解していただけるように工夫した。
◎各巻の解説に、新しい時代に向けて種々の分野を切り拓く、気鋭の方々にご執筆いただいた。

(1934–2010)

「元祖細胞」に親愛の情　**石牟礼道子**（詩人、作家）
名曲として残したい多田さんの新作能　**梅若玄祥**（能楽師シテ方、人間国宝）
倒れられてから生れた「寛容」　**中村桂子**（生命誌研究者）
知と感性を具有する巨人　**永田和宏**（細胞生物学者、歌人）
多田富雄の思索の軌跡を味わう喜び　**福岡伸一**（生物学者）
なにもかも示唆に富み、眩しすぎた人　**松岡正剛**（編集工学研究所所長）
病を通して、ことばに賭けた多田さん　**養老孟司**（解剖学者）

1 自己とは何か〔免疫と生命〕　〈解説〉**中村桂子・吉川浩満**

1990年代初頭、近代的「自己」への理解を鮮烈に塗り替えた多田の「免疫論」の核心と、そこから派生する問題系の現代的意味を示す論考を精選。

344頁　口絵2頁　**2800円**　◇ 978-4-86578-121-2（2017年4月刊）

2 生の歓び〔食・美・旅〕　〈解説〉**池内紀・橋本麻里**

第一線の研究者として旅する中、風土と歴史に根ざした食・美の魅力に分け入る。病に倒れてからも、常に愉しむことを忘れなかった著者の名随筆を。

320頁　カラー口絵8頁／モノクロ2頁　**2800円**　◇ 978-4-86578-127-4（2017年6月刊）

3 人間の復権〔リハビリと医療〕　〈解説〉**立岩真也・六車由実**

新しい「自己」との出会い、リハビリ闘争、そして、死への道程……。生への認識がいっそう深化した、最晩年の心揺さぶる言葉の数々。

320頁　口絵2頁　**2800円**　◇ 978-4-86578-137-3（2017年8月刊）

4 死者との対話〔能の現代性〕　〈解説〉**赤坂真理・いとうせいこう**

現代的な課題に迫る新作能を手がけた多田富雄が、死者の眼差しの芸能としての「能」から汲み取ったもの、その伝統に付け加えたものとは何だったのか？

320頁　口絵2頁　**3600円**　◇ 978-4-86578-145-8（2017年10月刊）

5 寛容と希望〔未来へのメッセージ〕　〈解説〉**最相葉月・養老孟司**

科学・医学・芸術のすべてと出会った青春時代の回想と、「医」とは、科学とは何かという根源的な問い、そして、次世代に託すもの。　**附＝著作一覧・略年譜**

296頁　口絵4頁　**3000円**　◇ 978-4-86578-154-0（2017年12月刊）

新型ウイルス被害予想の唯一の手がかり

日本を襲った スペイン・インフルエンザ （人類とウイルスの第一次世界戦争）

速水 融

世界で第一次大戦の四倍、日本で関東大震災の五倍の死者をもたらしながら、忘却された史上最悪の"新型インフルエンザ"。再び脅威が迫る今、歴史人口学の泰斗が、各種資料を駆使し、その詳細を初めて明かす！

四六上製　四八〇頁　**四二〇〇円**
（二〇〇六年二月刊）
◇978-4-89434-502-7

呼吸器系ウイルス感染症の第一人者が提言！

新型コロナ「正しく恐れる」

西村秀一 国立病院機構仙台医療センター ウイルスセンター長
井上亮 編

フェイスシールド、透明間仕切り、屋外でのマスク、過剰なアルコール消毒……日常に定着したかに見える「対策」は、本当に有効なのか？"過剰""的外れ"な対策を見極め、「人間らしい生活」を取り戻すために、新型インフルエンザ、SARSなどを経験してきた第一人者が提言！

A5並製　二二四頁　**一八〇〇円**
（二〇二〇年一〇月刊）
◇978-4-86578-284-4

呼吸器系ウイルス感染症の第一人者の提言、第二弾

新型コロナ「正しく恐れる」II
問題の本質は何か

西村秀一　井上亮＝編

新型コロナ発生から一年余。リスクの「本質」をどう伝え、どう対策するのか？　いまだに発生当初と変わらない「不要」な対策が蔓延し、さらに「変異株」問題が過大に喧伝されるなかで、医療資源・病床利用、ワクチンへの評価、そして「リスクコミュニケーション」の必要性など、新型コロナ問題への「本質的」な対策を提言。

B6変上製　二五六頁　**一八〇〇円**
（二〇二一年六月刊）
◇978-4-86578-316-2

各分野の第一線による徹底討論

ウイルスとは何か （コロナを機に新しい社会を切り拓く）

中村桂子 生命誌研究者
村上陽一郎 科学史家
西垣 通 情報学者

科学万能信仰がはびこる今、そこから脱し、生態系の中で「生きもの」として生きていくという「本来の生活」「本来の人間の知性」をいかにして取り戻していくか？

B6変上製　二三二頁　**二〇〇〇円**
（二〇二〇年一〇月刊）
◇978-4-86578-285-1

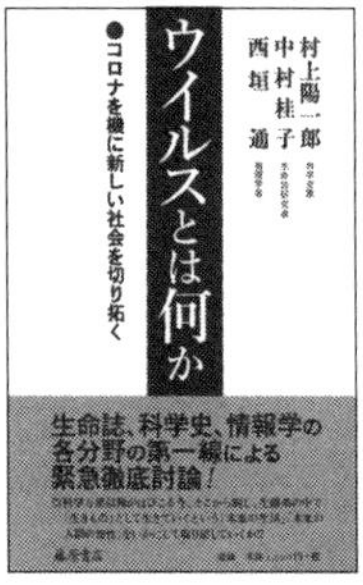